智慧与谋略

天才简史 著

湖南文艺出版社　博集天卷

·长沙·

© 中南博集天卷文化传媒有限公司。本书版权受法律保护。未经权利人许可，任何人不得以任何方式使用本书包括正文、插图、封面、版式等任何部分内容，违者将受到法律制裁。

图书在版编目（CIP）数据

智慧与谋略 / 天才简史著 . -- 长沙：湖南文艺出版社，2025. 5. -- ISBN 978-7-5726-2425-4

Ⅰ . B228.05

中国国家版本馆 CIP 数据核字第 2025CB5960 号

上架建议：畅销·经管

ZHIHUI YU MOULÜE
智慧与谋略

著　　者：天才简史
出 版 人：陈新文
责任编辑：张　璐
监　　制：王远哲
筹划出版：岛石文化
策划编辑：朱子叶
文字编辑：罗　钦　赵　静
营销编辑：秋　天
封面设计：末　末
版式设计：李　洁
内文排版：谢　彬
出　　版：湖南文艺出版社
　　　　　（长沙市雨花区东二环一段 508 号　邮编：410014）
网　　址：www.hnwy.net
印　　刷：北京嘉业印刷厂
经　　销：新华书店
开　　本：680 mm×955 mm　1/16
字　　数：229 千字
印　　张：17.25
版　　次：2025 年 5 月第 1 版
印　　次：2025 年 5 月第 1 次印刷
书　　号：ISBN 978-7-5726-2425-4
定　　价：52.00 元

若有质量问题，请致电质量监督电话：010-59096394
团购电话：010-59320018

自序
世界的另一面：《鬼谷子》的启发

《鬼谷子》这本书涉及的领域非常丰富，涵盖了哲学、政治学、军事学、心理学、社会学、文学、情报学等多方面的内容。要想系统地消化它，掌握它，首先要抓住核心，即从彻底地领悟鬼谷之道入手。领悟了鬼谷之道，才能将鬼谷之术正确、灵活地运用。

彻底地领悟鬼谷之道

在谈鬼谷之道前，我想先和大家聊一个爱情话题。假如你特别喜欢一个人，尽管得到这份爱情的难度很大，但你还是利用各种手段达到了目的，这算是智慧的体现吗？

可能有人会说，那当然是了，《鬼谷子》这本书主打的不就是这个世界上没有办不成的事吗？我们学习这本书，学习制胜六术，不就是为了解决这类难题吗？

不得不说，要是这样理解的话，那就误解鬼谷子的智慧了。《鬼谷子》之所以被很多人看成是讲述阴谋诡计的书，就是因为他们只知其"术"，不知其"道"。

一个真正聪明的人，他的爱情智慧绝非体现在得到一段获取难度有多高的感情上，而是体现在能够看清楚这段感情到底适不适合自己上。如果经过理性判断发现不适合，那再喜欢也会果断地放弃，这才是爱情智慧的体现。因为不适合的爱情，即使得到它，给自身带来的也将是痛苦和折磨。

真正的智慧，是在看清楚自己的同时也能看清楚别人。就像我们在职场中，遇到其他公司的高薪邀请，到底要不要跳槽；在创业的过程中，面对一些很诱人的项目，到底该不该投资；等等，都是需要慎重考虑的。很多东西并不是我们喜欢，我们感兴趣，就真的适合我们。很多机会对我们来说不见得就是机会，也可能是毁掉职业生涯的"坑"。

归根结底，鬼谷子的智慧，是建立在对事物发展的客观规律有着清醒认识的基础上的。在这个基础上顺势而为，用"术"来实现自己的目的，而不是违背事物发展的客观规律，强行运用"术"去按照自己的喜好行事。那样即使一时见效，最终也会自食其果。

尊重并顺应事物发展的客观规律，这正是鬼谷之道的核心。鬼谷之学名为纵横之术，实为纵横之道。所以，我们想学好《鬼谷子》，就一定要先彻底领悟鬼谷之道。

那什么是鬼谷之道呢？提到鬼谷之道，我们就要先说说老子之道。老子的"道"，从形而上的角度揭示了天地间万事万物运行的普遍规律，实际上是诸子百家的共同源头。"道"虽然是先秦诸子普遍讨论的概念，然而百家之道，实际上是把老子之道具象化地演绎出来了，是老子之道的外延和枝叶。比如，兵家把道运用于军事，儒家把道运用于政治伦理和人生价值，名家把道运用于逻辑推理，法家把道运用于帝王学和法治，墨家把道运用于手工业生产和社会理想，等等。

作为纵横家创始人的鬼谷子，则把老子之道运用于外交和游说。所谓"捭阖"，正是道在外交和游说过程中的具体体现。老子认为，道是宇宙的根源，是万事万物生发的底层逻辑。鬼谷子则认为，外交和游说舞台上的纵横捭阖都源自道，并时刻受道的支配。

这种底层逻辑你只能顺应它，利用它，不能违背它，不然就会栽跟头。尤其是与人打交道，这里头的道更具隐蔽性，需要我们时刻保持清醒的头脑，认真思考。人都是逐利的，并且受到诸多因素的影响。每个人的价值观、性格、能力、目标、审美、动机都不一样。想改变一个人是很难的事情，我们必须顺应相处之道，顺势而为，才能实现谋略的目的。

谋略的出发点，是让事情向好的方向发展，而不是给自己找麻烦。所以，我们不能受私欲的支配，而应该冷静客观地去思考底层逻辑。鬼谷子要求策士们必须拥有高尚的道德和情操，要学会修身养性，这样就不会被私欲蒙蔽双眼，从而看不清"道"的脉络和轨迹。很多人被美色、金钱、权势所迷惑，偏离了人间正道，等待他们的只能是失败。

所以，鬼谷之道要求我们必须树立远大的理想和正确的价值观。对国家来讲，国家富强，民心所向，这就是正道。对企业而言，做大做强，服务于社会，这就是正道。对我们个人来说，事业有成，家庭美满，这就是正道。我们要看透并把握道的方向，顺应着它为国家、为人民、为社会、为自己的人生理想去创造奇迹，而不是被私欲牵着鼻子走，做出违背道的举动。

在彻底领悟鬼谷之道后，我们想要运用好鬼谷之术，就要先做到"自知"，即故知之始己，自知而后知人也。人必须充分了解自己，才能运用好鬼谷之术。

自知，是用好鬼谷之术的关键

我们说杯子可以装水，勺子可以舀汤，漏勺可以盛面，铲子可以炒菜。一个事物的"形",决定了它的"势";而它的"势",也就决定了它的有为空间。

在人际交往中也是一样的,只有充分了解自己,我们才能够充分发挥优势,弥补自己的不足。在这个信息大爆炸的时代,我们每天都要应对各式各样的人和事,如果对自己没有清醒客观的认识,就很容易做出错误的判断。自知并不是自负或者自卑,而是一种自省和自觉。对自我的剖析也不是固定和绝对的,而是变化和相对的。比如,某人脾气有些不好,当他认识到这个缺点后,努力克服,让自己的情绪稳定下来,继而变得更加稳重和成熟,不一直用以前的标准来审视自己,这就是一种进步。

自知也不是封闭自我,而是开放和勇于与外界交流。只有通过与他人互动,我们才能更清晰地看到自己的优势和短板,从而向更强大的自我迈进,形成更强大的"势",拥有更广阔的有为空间。

自知可以帮助我们控制和调节自己的情绪,避免被外界的诱惑所干扰,保持自我的平静和理性。自知也能帮我们明确和坚持自己的价值观,从而让我们遵从内心和良知,做出正确合理的选择。很多人做了一些选择后会后悔,这都是没有充分自知导致的,他们搞不清楚自己选择的到底是不是真正想要的。

自知也可以帮助我们设定更适合自己的目标,根据兴趣和潜能,规划好自己的发展和成长。比如公司里的领导嫉妒新入职的高才生,怕几年后对方会威胁到自己的地位,但又没有合适的理由开除对方。于是,就趁对方工作经验不足、涉世未深之时,揠苗助长,在舆论、职位、口碑、所承担的工作任务等各个方面将对方抬高到不切实际的高度,然后等着看对方的笑话。如果这位高才生能够做到自知的话,就不会上领导的当,去承接那些自己根本无法做好的工作;而如果这位高才生做不到自知,他就可能以为领导是在赏识自己,给自己提供大好的机会。

由此可见，在复杂的人际关系中，自知是多么重要。做到了自知，别人就很难钻你的空子，你也能将犯错的概率降到最低。

那怎样才能做到自知呢？

我们可以先从问己做起，经常问自己一些问题，比如，我是谁、我想要什么、我能做什么、我该怎么做，这些问题可以帮助我们更深入地思考和了解自己。接着，我们可以定期评估自己的表现，看看自己做得好不好、对不对、有没有进步空间，这些评估可以帮助我们检验和改进自己。

一个公司尚且要经常召开研讨会来总结一个时间段内的工作，检查问题并寻求解决方案。我们作为个人，也该有这种反思自我的觉悟，跳出自我设定，从另一个人的角度来审视自我。接着，我们可以不断更新自己的知识技能，经常性地问自己，我需要学什么、该怎么学、能学到什么，系统性地提高我们的能力。最后，我们可以经常性地回顾和总结自己的经历和感受，问问自己我为什么要这么做、我从中得到了什么、我还有什么不足，动态地认识和提升自己。

当我们有了足够的自知之后，就能更好地去了解别人了。因为人和人之间有很多共同点和相似性，我们在剥离出共同点和相似性后，就能清晰地看到对方的优点和缺点。我们可以借鉴并学习别人的优点，利用对方的缺点。

当我们既了解自己，又了解别人的时候，就可以实现真正的有智慧了。而这也是运用鬼谷之术的前提，即充分了解别人。

知人，充分地了解别人是用好鬼谷之术的前提

既然鬼谷之学是游说者与被游说者之间的较量，那么也就只有做到知己知彼，才能产生奇谋了。我们在充分做到自知后，就能更好地看透

别人了。

为什么这么说呢？因为一个人想自知，就会先问自己一系列问题，比如我是谁、我是什么身份、我为什么要这么做、我能得到什么、我有什么长处、我身上存在什么短板等等，这是一套自省自觉的方法论。将这套方法论用在别人身上，就可以做到知人，认清对方是谁、对方是什么身份、对方为什么要这么做、对方能得到什么等等。

如果一个人连自省自觉都做不到，又何谈剖析别人呢？当我们把自知自省的方法用在别人身上时，首先会获得知人的基础，那就是共情，明白对方行动的动机。其次我们会从彼此的差异中剥离出对方的优点和缺点，在知人的同时也明白该如何利用对方的优缺点设计奇谋，继而达到自己的目的。很多人连知人都做不到，就更别提利用对方的优缺点设计奇谋了。这样，即使用了谋略也必然会失败。

就像古代的很多大臣，虽然一心为国为民，冒死进谏，却得不到皇帝的认可，甚至落得被贬黜甚至杀掉的下场。是皇帝的脑子坏掉了，不明白大臣们说的事情的逻辑吗？或许有时是这样的，但更多时候是这些大臣没有做到知人。比如唐元和年间，唐宪宗搞了一出"迎佛骨"的闹剧。他把"三十年一现"的释迦牟尼的一节指骨迎到长安，先在宫里放了三天，然后又在长安各大寺庙里展览。一时间，王公贵族和百姓们争相观瞻施舍，唯恐不及，以至于倾家荡产者不计其数。

时任刑部侍郎韩愈一看，这太铺张浪费了，害国害民，于是就写了一篇《谏迎佛骨表》的文章上奏给唐宪宗，历数佛教泛滥的危害，还用实例证明笃信佛教的皇帝都短命。唐宪宗看完韩愈的文章后勃然大怒，直接把他贬到了潮州当刺史。

这件事从表面上看，是晚年的唐宪宗昏聩糊涂，不务正业，但如果从"知人"的角度来剖析，就不难看出其中的玄机了。古代当和尚、尼姑是不用纳税的，也不用服徭役，愿意出家的人多了去了。但都想出家,谁来交税?所以,出家这事也是有门槛的。从北魏开始,朝廷就制定了一系列条条框框,每个州郡都有限制的名额。可上有政策,下有对策,皇帝可以卖官鬻爵,官员们也可以出售做出家人的名额。唐中宗时期,韦后和上官婉儿就明码标价,称三十万可以当官,三万可以做出家人。虽然这种"低端商品"官宦们看不上,但对普通老百姓来说还是很有诱惑力的。唐敬宗时期,徐泗藩镇的观察使王智兴忽悠敬宗,以给皇帝过生日为由,在泗州设戒坛超度僧尼。于是,江淮子弟一窝蜂地找王智兴超度,王智兴也分分钟登上了"大唐富豪榜"。浙西观察使李德裕告诉唐敬宗,王智兴这是在薅大唐的羊毛啊,赶紧叫停,不然等你生日过完,两浙和福建将减少六十多万男丁。唐敬宗这会儿才醒过神来,叫停了超度活动。所以,当官吏们把持了"出家人"的生意时,皇帝的利益是极其受损的。大量钱财进了官吏们的口袋,皇帝不但一个子儿都捞不到,还因为合理避税的人越来越多,国库越来越穷。

唐宪宗面临的正是这样的问题,他是怎么做的呢?他变"黑市"为"白市",亲自推出"佛骨豪华套餐",直接把钱收入自己的腰包,薅"薅羊毛的人"的羊毛。佛骨三十年一现,法力无边,达官显贵们自然不会错过,都拼命砸钱以求佛祖保佑。为了加强中央集权,平定藩镇,唐宪宗把国库里的钱都花光了,极其缺钱,只能用魔法对付魔法。其实这招唐玄宗也用过,安史之乱时,杨国忠受唐玄宗之命到太原"招生",十来天就凑到了百万缗钱。所以,韩愈劝谏唐宪宗的话,就相当于让唐宪宗不要吃垃圾食品,那对健康不利,会早死。然而唐宪宗面对的情况是:"我都已经穷到要吃垃圾食品了,你还跟我谈健康?还说我会早死,我不收拾你收拾谁?"由此可见,很多话不见得你说得对,对方就会听你的,关键是做不到知人,就无法做到内揵;做不到内揵,别人自然不会听你的话。

我们在人际交往中,一定要多问问自己:我的身份是什么?我为什么会这么做？我这么做会得到什么？我面临着哪些问题？接着，我们再相应地思考一下别人：他的身份是什么？他为什么这么做？他这么做会得到什么？他面临着哪些问题？如此这般，循环反复，也就领悟了鬼谷子反应术的精髓了。

在做到自知且知人后，我们就可以根据对方的优缺点制定谋略，做出决断，以达到自己的目的了。比如，对方如果是愚蠢的人，像虞国的国君一样，贪婪且迷信，那你用鬼神去吓唬他，用利益去诱惑他，就要比讲大道理管用得多。如果对方是拥有大智慧的人，像秦穆公一样，那你动之以情，晓之以理，耐心讲述事情牵涉的利害关系就能撬动"杠杆"。宫之奇劝谏之所以失败，烛之武游说之所以成功，都是这个道理。对牛弹琴不是牛的错，而是我们没有做到知人而已。

另外需要注意的是，我们在运用谋略做一件事的时候，一定要注意灵活性，要以动态发展的眼光看问题，不可拘泥于一端，要像"圆环"一样灵活变通。"环"是《鬼谷子》中十分重要的思想，强调了我们的思维要随形势变化而变化的概念。

这个世界上的很多事，其实没有所谓对与错，只有适合与不适合，这也是鬼谷之道的精髓。

要像"圆环"一样灵活地看问题

老子提出了阴阳之间可以相互转化的观点，但并没有将这种关系比喻为圆环，将阴阳关系形象化地比喻为圆环始于《鬼谷子》。《捭阖》中有言："阳动而行，阴止而藏；阳动而出，阴隐而入。阳还终始，阴极反阳。"《内揵》又有言："环转因化，莫知所为，退为大仪。"北宋的周敦颐画阴阳鱼图，实际上是受到了《鬼谷子》的启发。

因为圆是环状的，所以没有明确的方向。故而，纵横家们的价值观也不是固定不变的，而是根据道的发展而变化的。这就像我们手中的方向盘一样，方向盘是个圆环，该左转还是右转，抑或要朝某个方向打死，都是根据道路的方向决定的，而不是被固定地定义为左转对还是右转对，只要把车开平稳了就是对的。

这一点跟儒家思想有很大不同，儒家把仁、义、忠、孝视为明确不可变的价值观，但在纵横家看来，如何做选择，只看道的发展方向。比如合纵和连横这两种战略，纵横家从来不定义哪个对，哪个错，选择合纵只是因为符合当时的需要，选择连横也只是因为符合形势所需。连横不久后可以改为合纵，合纵不久后也可以改为连横，一切都是根据形势变化和事物发展的客观规律而定的。

我们在做选择的时候，要看清事物发展的客观规律，看清道的变化方向，牢牢地跟道保持方向一致，不要跑偏。做到了这一点，我们就能立于不败之地。

总而言之，凡事"因事而制"，而不是刻板地死守一人一地，更不能明知不可为而为之。

我们讲，马克思主义活的灵魂就是具体问题具体分析。鬼谷子的思想也体现了这一点，而要想做到这一点，我们就要时刻保持头脑清醒，拥有看清前方道路的慧眼，灵活地操控手中的"方向盘"。私欲诱惑、感性羁绊，以及情绪的不稳定，都是干扰我们视野的"雾霾"，让我们对"路况"做出错误的判断。

另外还需要注意的是，鬼谷子的思想是一种强势的、主动的思想，它依赖于我们主动思考和摸索，而不是盲目借鉴别人的成功之道。

前面明明没有路了，却还要按照"导航"走，这是愚蠢的。比如新民主主义革命时期，其他国家革命的成功道路是先攻打大城市再占领农村，这就不适合中国的国情。而伟人就能看清这一点，不依赖其他国家的"导航"，认清中国要走的革命道路，成功带领我们取得了伟大的新民主主义革命的胜利。

正因为鬼谷子思想的灵活性,它也被后人批评为"有奶就是娘"和"朝秦暮楚",这都是对鬼谷子思想的错误理解。我们学习鬼谷子,首先要认清鬼谷之道是什么,这是基础,然后做到自知且知人,再运用鬼谷之术制定相应的谋略实现目的。

当然,重中之重是要拥有像圆环一样的思考方式,握紧手中的"方向盘",不被私欲、干扰项和个人情感左右意志,时刻保持和道的发展方向一致。

落实到我们个人身上,无论是事业、爱情、家庭,还是个人的人生理想,都既要符合国家发展的大道,也要符合实现自我价值的人生之道,灵活地进行调节和把控,这样才能做出正确的选择。

我想这就是鬼谷子给我们最大的启发。

导论
鬼谷子和他的时代

谋圣何人？神秘的鬼谷子和他的著作

2005年7月12日，在伦敦的佳士得进行的"中国陶瓷、工艺精品及外销工艺品"拍卖会上，一件元青花鬼谷子下山图罐以1568.8万英镑的价格成交，折合人民币2.3亿多元。这一价格刷新了当时中国瓷器的最高成交纪录。到了2015年，该瓷罐更是被文物机构重新估价为人民币16亿元。

可能大家会很好奇，这件元代青花瓷罐到底贵在什么地方？除了元青花本身就价值极高外，这件瓷罐上面所刻画的内容才是重点。元青花上面所描绘的正是鬼谷子下山的情景。画中的鬼谷子端坐在由一虎一豹所拉的车辇之上，身体微微前倾，神态自若，超凡若仙，表现出了圣人运筹帷幄，决胜千里之外的神态。

我们都知道老子出行是骑青牛，孔子出行是坐马车，而鬼谷子出行则是由老虎和豹子开道，这实在是太拉风了！同时，这也侧面说明在古代鬼谷子的形象已然神仙化了，被笼罩上了极重的神秘色彩，甚至比老子还要神秘。

鬼谷子教出的几个高徒，如苏秦、张仪、孙膑、庞涓等，还真像虎豹一样，驰骋列国，纵横天下。苏秦配六国相印，张仪两度出任秦相，此二人之辩才，重于九鼎之宝；三寸不烂之舌，强于百万之师。景春说："公孙衍、张仪岂不诚大丈夫哉！一怒而诸侯惧，安居而天下熄。"（《孟子·滕文公下》）孙膑和庞涓是战国时期著名的军事家和将领，直接改变了齐魏两大强国的国运。可以说，鬼谷子教出的学生，都是能撼动乾坤，影响天下走向的奇人。

而鬼谷子本人，则被认为拥有通天彻地的智慧，是智谋的化身。他精通百家，深谙自然之规律，天道之奥妙，以天下为棋盘，让弟子们出将入相，左右列国的存亡，推动历史的发展。

鬼谷子不但是先秦兵法之集大成者，更是纵横家的始祖，亦是历代谋略家所崇拜的圣人，被称为"谋圣"，与老子和孔子齐名。可能因为太牛了，鬼谷子也被后人描述成无所不知、无所不能的神仙。道家更是直接称鬼谷子为"洞府真仙"和"玄微真人"。

鬼谷子所著的《鬼谷子》融汇了他毕生研究的精华，包含了无穷无尽的谋略智慧，被视为旷世奇书。只不过由于将智谋的底层逻辑揭示得太彻底，令人细细想来不禁心生恐惧，所以历朝历代都将《鬼谷子》列为禁书。

那么在真实的历史中，真有鬼谷子这样一个神仙般的人物吗？他是真实存在，还是后人杜撰出来的？抑或说，他是一群隐居的智者的统称呢？

如果真有鬼谷子的话，他到底是个什么样的人呢？

在中国的历史上，鬼谷子是一个极神秘的人物。他的神秘源自两点：第一是他太牛了，牛得有些不可思议，教出了一批可以左右天下的奇才；第二是他太低调了，隐居深山，来无影去无踪，没人知道他的详细情况，正史中关于他的记载也极少。

正因此，关于鬼谷子的野史和民间传说大行其道，各种关于他出身、外表以及生平的说法层出不穷，以至于越传越神，都快传成神话故事了，比如鬼谷子可以撒豆成兵、呼风唤雨以及活了二百多岁。

有些事说得太玄乎了，也就引起人的怀疑了：这鬼谷子到底是不是真实存在的？对此，历代学者有三种看法：第一，认为鬼谷子确有其人；第二，认为鬼谷子并不存在；第三，认为鬼谷子可能是一群隐居的智者的统称。

我们先来说说第一种。关于鬼谷子这个人的记载，最早出现在司马迁撰写的《史记》中。《史记》里两次提到了鬼谷子，分别在《苏秦列传》和《张仪列传》的开篇中："苏秦者，东周雒阳人也。东事师于齐，而习之于鬼谷先生。""张仪者，魏人也。始尝与苏秦俱事鬼谷先生，学术，苏秦自以不及张仪。"

我们都知道，《史记》是我国正史的开山鼻祖，太史公司马迁记载了从炎黄到汉武帝时期上下三千余年的历史，通过与甲骨文、金文以及地下出土的简牍、帛书上所载的内容进行比对，其中大部分内容都可以得到印证。

西汉的扬雄在《法言·渊骞》中写到有人问他："仪、秦学乎鬼谷术，而习乎纵横言，安中国者各十余年。是夫？"他回复道："诈人也，圣人恶诸。"尽管扬雄不认可鬼谷子的学说，但这也从侧面说明他是知道有鬼谷子这么一个人的。

到了东汉，著名思想家王充不仅认为鬼谷子确有其人，更明确指出纵横家的创始人就是鬼谷子。此外，《风俗通义》《文心雕龙》等作品都明确记载了鬼谷子确有其人。鬼谷子作为真实存在过的纵横家创始人，这一点从西汉一直到唐初从未被怀疑过。

我们再说说否认鬼谷子存在的观点。一些学者认为《鬼谷子》这本书其实是苏秦写的，或者说是苏秦和张仪两人共同的作品，而所谓二人的老师鬼谷子并不存在。比如唐宋八大家之一的柳宗元就认为，"汉时刘向、班固录书，无《鬼谷子》，《鬼谷子》后出"，也就是说《汉书》里并没有提到过鬼谷子，鬼谷子是汉代之后的人杜撰出来的。明代学者胡应麟认为，《汉志》中有《苏秦》三十一篇、《张仪》十篇，《鬼谷子》是东汉的人将二人书中之言汇集到一起假托鬼谷子之名写成的。还有学者认为，《鬼谷子》是苏秦为了让自己的学说神秘化，故意假托鬼谷子之名写成的。

最后我们再说说认为鬼谷子是隐居智者们的统称的说法。唐朝的李善在为《文选》作注时说："鬼谷之名，隐者通号也。"按照这种说法，"鬼谷子"指的是很多人，苏秦和张仪的老师或许只是其中一个。

司马迁作为家族传承的累世史官，撰写《史记》自然是慎之又慎，其参考资料一是来自当时官方所藏的大量先秦典籍，二是依靠本人实地考察，周游各地，遍访实物和遗迹所得。苏秦和张仪二人是先秦时代的风云人物，司马迁所处的年代和他们相差并不远，必然有相当多的资料可供稽考，所以他才会得出他们是鬼谷子学生的说法。司马迁撰写《史记》极其严谨，但凡有一处拿不准的，都会以"或曰"作为前词，不轻易下结论。

我们的书决定跟随司马迁的观点，认为鬼谷子这个人是真实存在的。当然，不论相信以上哪种观点，其实都不影响阅读《鬼谷子》。因为不管鬼谷子是谁、《鬼谷子》一书是否为其他人所杜撰，书中的深邃思想都经受住了时间的考验。

当然由于野史和民间传说为鬼谷子加上了很多神话设定，所以我们也有理由怀疑，关于鬼谷子的信息并不全都可信。比如有些人认为商鞅、白起、吕不韦、李牧、王翦，甚至秦始皇时代的徐福都是鬼谷子的学生。然而，这显然不符合逻辑，从秦孝公时期的商鞅到秦始皇时期的徐福，中间隔了一百多年，鬼谷子活多久才能教出这么多学生？这只能说明鬼谷子的影响力太大了，先秦时代但凡有一个能影响天下大势的牛人，人们都愿意将其归为鬼谷子的弟子。至于他们是否真的曾拜在鬼谷子门下求学过，这已经不重要了。由此也可以理解，为什么唐朝人会认为鬼谷子是一群隐居智者的统称了。其实类似的情况在老子身上也发生过，也有人怀疑老子是一群道家智者的统称。

我们再说说鬼谷子本人。"鬼谷子"这个称呼，一看就是名号，根据现有资料来看，鬼谷子应该姓王，名诩，春秋战国时期的楚国人，祖籍是商朝旧都朝歌。

据说鬼谷子额头前有四颗肉痣，成鬼宿之相，当然这只是传说，至于是不是这样也无法考证。他隐居在云梦山鬼谷之中，故而自称"鬼谷先生"。

后人一般认为，鬼谷子不但是纵横家的始祖，还影响了兵家、阴阳家、法家、名家的思想。他所著的《鬼谷子》一书，在一些时代甚至被列为禁书，不光是因为书里包含了太多做局的窍门和谋略之法，更是因为它对人性的审视实在是太透彻了。对纵横家来说，只要利用好人性的弱点，世界上就没有办不成的事。

试想一下，封建王朝的统治者们面对这样一本书，能不慌吗？毕竟臣民们想办却办不成的事太多了，而这里头既有好事，也有坏事。正因此，《鬼谷子》这本书也被历朝历代视为"智慧的禁果"，和《韩非子》一样，是不让普通百姓阅读的。

以弱胜强的《鬼谷子》

《鬼谷子》是先秦时代纵横家们的代表性理论著作，是专门研究社会政治斗争中谋略权术的智识之书，也是讲如何以弱胜强的智谋宝典。可能有人会问，为什么要专门强调以弱胜强呢？这里需要说明一下，《鬼谷子》的出发点，是让那些除了智谋和口才之外，一没权势，二没财富的人可以说动强者，进而从强者碗里分一杯羹，甚至操控与掌握一国的政治、经济、军事大权。

比如苏秦，家里世代皆为贫农。在他成功之前，老婆嫌弃他，嫂子看不起他，甚至连父母都不跟他说话。据说，苏秦和韩非子都有说话结巴的毛病。这起点可以说够糟心的了。苏秦自己也感慨："妻不以我为夫，嫂不以我为叔，父母不以我为子，是皆秦之罪也！"他觉得这一切，都是他自己无能造成的。然而，当他学成鬼谷之术纵横天下，佩六国相印，"一笑天下兴，一怒诸侯惧"之后，他的嫂子便前倨后恭，匍匐于地，像蛇一样蠕动着迎接他，把苏秦看得都有点不好意思了。

大家看到了吗？这就是人情冷暖，世态炎凉。当人处于弱势的时候，改变命运的渴望才会尤为强烈。《史记》就记载了苏秦的心声："且使我有雒阳负郭田二顷，吾岂能佩六国相印乎！"

所以，《鬼谷子》并非强者不能看，如果你很强的话，你可以利用它对付更强者，获得更大的成功。毕竟《鬼谷子》的本质就是一本通过沟通游说实现"对上管理"的书。它和《韩非子》里那种强调法、术、势的帝王心术正好相反，一个是对上，一个是对下。

中华民族一向以智慧著称于世，从文化发展史的角度来看，春秋战国是我国民族文化大总结的时代。在谋略文化的总结中，出现了两类著作，一类是以《孙子兵法》为代表的军事谋略著作，另一类则是以《鬼谷子》为代表的政治斗争谋略著作。《孙子兵法》是站在统帅的立场上写的，它的用智对象是旗鼓相当的军事对手。从这个意义上来说，它是上位者的智谋宝典。而《鬼谷子》的用智对象则是至高无上的君主，它教会弱者发挥个人优势，借力用力，从而改变甚至掌控局势，以弱胜强，变弱为强。

所以，《鬼谷子》是普通人的智谋宝典。在当今这个商品经济竞争日益激烈的时代，我们既需要有强者的智慧，也需要有以弱胜强的谋略。

让人看清世界真相的宝典

《鬼谷子》能教会弱者如何从强者碗里分一杯羹，所以历朝历代主流思想对它的抨击非常多。比如，唐朝的长孙无忌就说《鬼谷子》是"便辞利口，倾危变诈"，柳宗元批评它"怪谬异甚，不可考校，其言益奇，而道益狭"，明朝大儒宋濂更是称《鬼谷子》为"蛇鼠之智"。

总而言之，历史上的士大夫们都是站在道德的制高点上对《鬼谷子》进行抨击的，给它打造了"有奶就是娘""蛇鼠之智""奸猾之术"之类的负面标签。

然而，这个世界既需要崇高的道德和理想，也需要尊重客观现实的精神。阳的一面和阴的一面，既是对立的，也是统一的。只有阴阳兼备，才能真正立足于社会。

这也是为什么德国大诗人歌德会说："只懂一门语言的人，其实他什么语言也不懂。"

光明正大的君子，如果不了解小人的花花肠子，那他怎么能斗得过小人呢？儒生们总想以半部《论语》治天下，但理想很丰满，现实却往往很骨感。故而，我们在"以德服人"的同时，也要学会"以术驭人"。这就需要一套行之有效的方法，比如做好充分的调查、摸清对方的底牌等。

看过《三国演义》的朋友一定还记得其中有一个情节，曹操在进入宛城后，问左右："此城中可有妓女？"把典韦给搞得一脸蒙。对此，可能很多人会觉得曹操就是个好色之徒，一点出息也没有。如果要这样理解，那就大错特错了。睥睨天下的魏武帝绝不是一个只贪图美色的无谋匹夫，那样和董卓、吕布之流还有什么区别？他也不可能成就一番大事业。

实际上曹操的操作别有深意，那就是从当地妓女的口中，是可以问出很多有用信息的。比如，当地的经济水平、青壮年数量、男性的年龄结构等。另外，妓女跟很多达官显贵接触，了解很多他们的隐私，比如裙带关系、资产状况等；而达官显贵们吹牛的时候，也会无意间泄露很多其他官员的隐私。

了解了对方的隐私，你就有了对方的把柄；洞悉了对方的弱点，你就能制定针对性的策略。正所谓"得其情，乃制其术"，只有充分地做了调查研究，了解了对方的实际情况，才能制定合适的策略，然后采取有效的措施。如果在掌握实际情况前就盲目行动，那必然会遭到失败。在职场中也是一样，不能洞察上级领导的意图，不了解事态背后的隐情，不清楚其中的利害关系，盲目出招，不但不能说服人，还极有可能拍马屁拍到腰上。

当然，《鬼谷子》一书，绝不是鼓励大家去学歪门邪道的小聪明，它只是强调要认清阴阳共存的世界真相，掌握阴阳皆备的处世方法。

世界上的万事万物，就像一张纸，用绝对的白和绝对的黑都是看不清本质的，只有黑白皆有，才能点点滴滴地勾勒出万事万物的真实轮廓。

如果说心理上有洁癖，看不得一丁点丑陋的现实，那就好像站在满是白雾的马路上，处境十分危险。同理，如果满脑子都是偷奸耍滑的小聪明，毫无道德感，那也犹如置身于伸手不见五指的黑夜里，早晚得栽跟头，自绝于天下人。

鲁迅先生说："捣鬼有术，也有效，然而有限，所以以此成大事者，古来无有。"说的就是这个道理。所以，鬼谷子非常强调策士们必须修身养性，强化自己的道德修炼。只有道德修炼上去了，才不会被欲望迷惑了双眼，利令智昏，从而做出错误的判断。

正所谓"心为之舍，德为之大"，心是精神的依托之所，只有具备道德才能使精神伟大。毕竟人间正道是沧桑，了解并深谙现实残酷的一面，却依旧坚守道德和理想，这才是《鬼谷子》要表达的真意。比如秦始皇在统一六国的过程中，虽然发动间谍大军，用了很多上不了台面的手段，但最终目的还是让天下人不再受兵戈之苦，结束数百年的战火。所以，他成功了。再比如唐太宗李世民，虽然对付自家人的手段非常之狠，但他最终给老百姓带来了贞观之治，打造出了封建王朝的"理想国"。我们不能只看到纵横家不择手段的一面，也要看到其背后坚守的"正道"。

揭示人类社会底层逻辑的《鬼谷子》

这个世界上所有人都可能欺骗你，包括父母、妻儿、老师、同学以及同事。这话虽然很难听，却是直面人心的现实。可唯独有一样东西骗不了你，那就是环环相扣的因果逻辑。糖为什么是甜的，盐为什么是咸的，这些东西骗不了人。

摸清了因果的底层逻辑，人也将立于不败之地，否则便什么事也做不成。比如经济基础决定上层建筑，这是社会发展最基本的规律，老百姓只有家里粮食充足，才会顾及礼节，也就是管仲所说的"仓廪实则知礼节，衣食足则知荣辱"。纵观史册，但凡出现人吃人的现象，都是因为老百姓没饭吃。

不否认存在安贫乐道的人，他们即使活得很贫苦，也会秉承高尚的道德和礼节。但抛开比例谈个例，就像抛开剂量谈毒性一样，属于耍流氓。然而耐人寻味的是，几千年来，以正统自居的"君子们"却总认为，但凡天下大乱，一定是道德出了问题。比如春秋战国时期，礼崩乐坏，孔子认为人心不古，所以要恢复西周的礼仪和道德。中国人讲究"以形补形，吃啥补啥"，既然是道德出了问题，那就要疯狂地"补德"。但问题的关键是，东周的礼崩乐坏，真是因为人们的道德出了问题吗？这个因果逻辑成立吗？世道之所以乱，是因为没了秩序才没了道德，而不是没有了道德才没了秩序。

为什么会没了秩序？韩非子的看法就一针见血，尧舜禹汤时人口少，人们摘几个果子就能活，而到了春秋战国时期，农夫们辛苦一年都不一定能吃饱肚子。

有限的食物给你了，我就没了，秩序能不乱吗？要想解决这个问题，就应该调整生产关系，解放生产力，而不是一味地给老百姓"补德"。

同样的道理对现代的企业来说也是适用的。光喊建设企业文化的口号，却老是拖欠员工工资的公司，也不可能长久地经营下去。这不是员工缺不缺道德的问题，而是领导有没有脑子的问题。

《鬼谷子》极其强调要弄清运行在事物表面之下的底层逻辑，正如《内揵》所说，"或结以道德，或结以党友，或结以财货，或结以采色"，当你在和别人沟通的时候，一定要明白你们之间的关系是建立在什么基础之上的，是道德、财物、团体需要，还是外貌？只有对此有足够清晰的判断，你才能制定相应的策略，否则盲目出招，那必然会倒霉。和贪图钱财的人谈仁义，同喜欢美色的人谈道德，那怎么能说服对方呢？

鬼谷子的纵横之术强调尊重事物发展的客观规律，而尊重事物发展客观规律的前提是看清隐藏在表象之下的本质。《鬼谷子》中的谋略，看似是阴谋，实际上是不可抵挡的阳谋，因为它顺应客观规律，顺势而为，所以总能收获成功。

导论二

世上没有办不成的事，先秦纵横家如何撬动政治杠杆？

哲学上有一条基本规律：事物都是普遍联系的，这个世界上没有绝对割裂的、静止的、独立存在的东西。

既然万事万物是普遍联系的，那么顺着这层联系，你就有可能撬动一切杠杆。这就是纵横家们的底层逻辑，即世上没有办不成的事，关键是看你要怎么办。

社会是由人构成的，人与人之间的各种羁绊和利益纠葛构成了万事。如何发现并利用好其中蕴藏的逻辑关系，就是撬动杠杆的关键。《鬼谷子》这本书，就是教人如何发现并利用好这些杠杆支点，以达到自己的目的的。它是先秦纵横家行之有效的方法论总结。从《鬼谷子》中，我们既可以领略先贤的伟大智慧，也可以学会洞察破局的契机，以解决现实中的难题。

《鬼谷子》一共有十七篇，其中《转丸》《胠乱》两篇已佚，现存的十五篇分别是《捭阖》《反应》《内揵》《抵巇》《飞箝》《忤合》《揣篇》《摩篇》《权篇》《谋篇》《决篇》《符言》《本经阴符七术》《持枢》《中经》。每一篇都有专属的智慧，每一篇也都有专属的窍门，将理论与具体事件相结合，我们就能掌握鬼谷子哲学的精髓。

"门"的大智慧

生活中我们遇到了难事，总是感觉找不到门路，那么这个"门"到底在哪儿？

找不到"门"，我们连发力点都没有。所以《鬼谷子》的第一篇，就是讲"门"的学问。门是我们生活中最普通常见的一种"家具"了，它有两个功能，一个是开，一个是关，而"捭阖"的"捭"字就是开的意思，"阖"字就是关的意思。

可能有的读者会觉得，一扇门的开和关有啥学问呢？这东西不应该是最简单、最基本的道理吗？看不出有啥深奥的地方。这就太表面了。但凡真理，都是靠点点滴滴看起来不言自明的简单逻辑推演出来的。就像复杂艰深的几何学，就是靠几条不言自明的公理，一砖一瓦搭建起理论大厦。门能开，就延伸出了两个功能，一是把利益和福引进来，二是让我们从危险中逃出去。门能关，也延伸出了两个功能，一是把灾祸挡在外面，二是防止将我们的弱点或者财富暴露给别人。

掌握捭阖术，就能在沟通中因势利导，完成不可能完成的事情。比如在谈判中，我们试图说服别人，就应该为对方开启纳福或吸收利益的门，关闭可能带来灾祸的门；为对方预留可以逃生的门，关闭可能会暴露弱点的门。如此这般，谈判基本上就没有不成功的。

"烛之武智退秦师"是可以用来说明这一点的典型例子。当时春秋五霸中的两大霸主晋国和秦国联合攻打弱小的郑国。郑国国都被秦晋联军团团围住，灭国只是顷刻间的事。在这种情况下，想要挽救郑国似乎是不可能的事情。但郑国大夫烛之武的操作，彻底扭转了局势。他趁着夜色让人从城头垂下绳子把自己放到城外，然后跑到秦军大营前放声痛哭。秦军士兵立刻把他抓住，押送到秦穆公帐前。

秦穆公不认识他，就问他："你是干什么的，为什么大晚上不睡觉，跑到秦军大营前痛哭？"烛之武回答："我是郑国的大夫，郑国被大国夹击，马上就要亡国了，所以痛哭。"秦穆公嗤之以鼻，说："郑国要完蛋，你要哭也该跑到你们国君那里哭，跑到我这儿哭什么？"烛之武回答："我不光是为了郑国哭，更是为了秦国哭。"秦穆公一脸不屑，说："郑国国都马上就要被攻破了，秦军将要大胜，你为秦国哭什么？"烛之武说："郑国弱小，被灭是板上钉钉的事，但郑国在晋国东边，秦国在晋国西边。郑国被灭后，是晋国的土地得到增加，秦国得不到任何好处。"秦穆公不以为然，说："就算得不到土地，秦国也会得到晋国其他方面的酬谢。"烛之武回应道："世上的人都知道，晋文公重耳曾得到您莫大的帮助，可他早晨在您的帮助下渡河回到了晋国，还没等到天黑呢，就在边境筑城防备秦国。晋国本就欲求无度，吞并了郑国后，再谋求土地，还有比向西扩张更好的办法吗？秦晋为邻，此消彼长，晋国变强大了，不就等同于秦国变弱小了吗？留着郑国，还可以策应秦国；而消灭了郑国，对晋国有百利，对秦国无益反而有害，我这才为秦国哭泣啊。"

秦穆公一琢磨，确实有道理，留着郑国不仅能掣肘晋国，必要的时候还能利用一下。倘若郑国灭了，那晋国就可以没有后顾之忧地对付秦国了。于是，秦穆公答应和郑国结盟，不但下令退兵，还把自己的副将和部分军队留下，帮着郑国镇守国都，以免郑国被灭。晋国见状，不愿意得罪秦国，便逼迫郑国断了和楚国的联盟后也退兵了。

复盘烛之武的操作，不难看出，他为秦穆公关上了可能带来灾祸的门，同时也开启了能够掣肘晋国，为秦国带来利好的门。一开一关间，这政治杠杆也就撬动了。

军事是政治的外延，而外交则是政治的外延。所谓兵戎相见，都是谈到没的谈了，实在没办法了才付诸刀枪。所以，一个好的外交官，其价值绝对不亚于一个好将军。

口舌之间，亦是刀山血海。有时候游说之人口中"开门"迎来的利益，和"关门"躲避的灾祸不一定是真的，但只要被游说的一方相信，那就足够了。这就要求游说的人深入把握对方的情况，看看对方是以国家为重还是以私利为重。了解了对方的秉性后，才能见缝插针，针对对方的弱点运用捭阖术。

秦昭王时期的国相范雎，可以说有经天纬地的才华，正是他给秦昭王制定了"远交近攻"的长远战略部署，让秦国国力得以不断增强。但范雎有个缺点，那就是小心眼，睚眦必报，私心比较重。白起在长平之战后，本想一鼓作气拿下赵国。赵国和韩国惊恐之际，急忙派出苏秦的兄弟苏代前往秦国游说范雎。

苏代对范雎说："白起如果灭了赵国，秦王可以称帝，白起厥功至伟，肯定位列三公，到时候他必然在你之上，你不愿意也不行。"说完个人，苏代又说到国家，他告诉范雎："当初长平之战的时候，原本属于韩国的上党百姓都投奔了赵国，天下的老百姓并不愿意成为秦人。倘若赵国被灭，秦国的疆土北到燕国，东到齐国，南到韩魏，原本赵国的百姓必然会投奔他国，秦国根本获得不了多少人口，不如让韩赵割地求和，这样白起既压不了你一头，秦国也能得到实惠。"

范雎被说动心了，于是劝说秦昭王让白起班师回朝，放弃了提前几十年灭掉赵国的机会。

不得不说，苏代的这番操作是运用捭阖术的经典案例。他看准了范雎虽有大才，但心眼小的坏毛病。范雎此时位极人臣，怎么能让白起站在自己的头上呢？于是，苏代替范雎关闭了灾祸之门，同时打开了能让秦国得到利益的门，成功说动了范雎。范雎毕竟是秦国的国相，纵然再有私心也会站在国家的立场上去考虑问题，更何况苏代为范雎提供的是私人利益和国家利益两不误的方案。

至于赵国没有履行承诺，割让城池给秦国，反而以六座城池为条件，和齐国达成了合纵抗秦的联盟，那就是后话了。最起码在当时的历史节点上，苏代成功撬动了政治杠杆。从这个案例我们就能看出来，鬼谷子为什么要反复强调必须修炼道德，不让自己被私心、物欲和情绪干扰。思维如果被欲望干扰了，那人就很难做出理智清晰的判断，从而容易被别人的话术所迷惑，纵然像范雎这么牛的人物也难以免俗。

鬼谷子所讲的捭阖术，不光是针对被游说者的，更是针对游说者自己的。我们在与人的交流中，一定要先搞清楚对方是什么样的人。我们可以顺着对方的爱好和欲望，找到其薄弱之处，然后进行试探，充分摸清对方的情况。在具体操作方面，要开、关并用，灵活操作。比如试探，这就是"开"，属于抛砖引玉，打开一道门缝，目的是诱使对方把"门"开得更大，让你能看到对方的弱点。接着选择"关"，冷静观察，分析对方的话，搞清楚对方的意图，看看跟自己的目标是否相同。当双方的目的和利益相同时，便可以公开强化利益共同点，否则绝对不能公开自己的目的。

想要"开"时，就应该考虑周全；想要"关"时，就要严丝合缝，不露出一点马脚。这可以说是最厉害的阳谋了，撬动杠杆，无往不利。

飞箝，人世间最厉害的阳谋

人在江湖走，有时候身不由己。比如说敬酒，对方把你吹捧一番，然后举杯想跟你碰一下。你不喝吧，好像不给他面子；可是喝了吧，自己胃里难受。最后，只能勉强喝下。再比如聚会的时候，大家都说你唱歌唱得好，让你来一曲，表演一下。你不唱吧，显得自己格局小，小家子气；可是唱吧，你这会儿又确实不想唱歌。

别人通过吹捧的方法，将你置于两难的境地，牢牢地钳制住，牵着你往前走，这就是飞箝术。当然，这类方法也经常用于收买人心和笼络人才上，让人才死心塌地给你卖力。

《三国演义》里有一个经典案例，张松带着西川地图，原本是要献给曹操的，但曹操却冷落了他，还因为不喜欢张松的揶揄嘲讽，命左右将其棍棒打出。反观刘备这边，他不仅和诸葛亮对张松百般吹捧，甚至亲自给张松牵马，把张松感动得稀里哗啦的，最后张松将西川地图拿出来献给了刘备，解决了刘备进驻西川的重大难题。

要知道，在古代，地形图可是相当宝贵的东西，制作地图需要花费大量的人力和物力。刘备和诸葛亮没费多大力气就取得了意想不到的效果，成功撬动了杠杆，足见飞箝术的厉害。当时，张松不拿出西川地图怕是都要不好意思了。

鬼谷子认为，用好飞箝术，旨在有意识地大肆赞扬对方，让其忘乎所以，然后再驾驭对方。

春秋战国时期使用飞箝术的最典型的例子，莫过于范雎成功让赵国在长平之战中用赵括换下廉颇了。在长平之战初期，廉颇虽然也犯了一些小错，但他在整体战略上是清醒的。他选择坚筑壁垒，迟迟不与秦军决战，如此一来，两军相持了三年难分胜负。当时秦赵两大强国都以数十万大军在前线硬耗，把两国的家底都快耗空了。

虽然说秦国的综合国力要强于赵国，粮食产量更高，能源源不断地供给前方，但秦国运粮路线长，属于劳师远征。要知道，运粮食的人也得吃饭啊，几十万大军的粮食，需要差不多数量的农夫来帮忙运送，一边走一边吃，这消耗实在太大了。如此下去，秦国的难受程度跟赵国相当，甚至更严重。

这时候，范雎派了一个心腹门客从便道进入赵国都城邯郸，用重金贿赂了赵孝成王身边的人，一边忽悠赵孝成王，一边散播谣言，说秦军最怕的人不是廉颇，而是赵奢的儿子赵括。赵括年少有为，精通兵法，如若为将，恐难胜之；廉颇老且胆怯，现已不敢出战，为秦军所迫，过不了多久就会投降。

这些鬼话说动了赵孝成王，也说得赵括心花怒放，觉得自己确实了不起，名声都传到秦军那边了。赵括如此自负，其实并非盲目自大，他也是有两把刷子的。

赵括的父亲赵奢是赵国的名将，曾在阏与大败秦军，斩杀秦兵过半。那也是秦国自变法强大以来，经历过的最大的一次惨败。赵括熟读兵书，口才极好，早年讨论兵法，连赵奢都说不过他。

可以说，如果各国要组织个军事理论大赛，赵括绝对能拿第一名。但问题是，理论是理论，实践是实践，两者根本不是一回事。这一点，赵奢看得很明白，他在临死前反复嘱咐妻子，千万不能让赵括为将，赵括的母亲也请求过赵孝成王不要让赵括为将。但赵孝成王可不管那些，直接让雄心壮志的赵括走马上任，结果遭遇惨败，赵军被坑杀四十多万，整个赵国也被彻底打垮。

这件事讲起来并不复杂，但其实里面耐嚼的细节特别多，范雎撬动杠杆的方法是很有讲究的。运用飞箝术有一个基本要素，那就是要充分了解对方，把对方吃透，然后投其所好，迎合其需求，这样才能达到预期效果。如果吃不透，拍马屁拍到腰上，纵然是好听的话，对方也是不会买账的，甚至还可能起反作用。比如夸一个胖子苗条，夸一个矮子高，这听上去完全像讽刺。赵括自我感觉良好，却没有得到父亲的认可，他是很不服气的。做他的"知己"，吹捧他的军事能力，他必然会上当。赵孝成王苦于国内粮食消耗太多，急于结束长平之战，这个欲望很强烈，他也就很容易受骗。

鬼谷子在《内揵》中说得很清楚，人一定要心静，杜绝各种情绪、偏见、欲望的干扰，这样才能做出理智的判断。但很明显，赵括和赵孝成王被范雎吃透了，也被个人情绪和欲望冲昏了头脑，稍微夸夸就能"飞上天"。这很像是一幅漫画，一只黄鼠狼站在悬崖边上，冲一群鸡说:"不振翅翱翔,你怎么知道自己不是一只鹰?"群鸡跃跃欲试,都觉得自己是雄鹰,于是,这只黄鼠狼就有了吃不完的鸡。

可能有人会认为,赵括的本领应该也不差,理论知识也不能说没有用,毕竟那是前人总结出来的经验,赵括之所以失败,还是因为对手白起太强了,别说赵括,就是赵括的爹赵奢来,都不见得能打得过白起,毕竟人家是战国四大名将之首啊。换一个一般将领,赵括肯定能完胜对方。

其实,这个问题可没有那么简单,里面有很隐蔽的障眼法。关于理论到底有用还是没用的问题,庄子在《天道》中讲得很清楚,他讲了一个故事,一个叫扁的老头是专职给宫里做车轮的,一天他看见齐桓公小白在读圣贤书,就告诉他圣贤书上写的都是糟粕,读了也没用。小白问他为什么。扁回答说读圣贤书就像做车轮一样,心里明白,手上明白,但说不出来,但凡说出来了,那就是糟粕了,以至于他现在一大把年纪了,连儿子都教不会,只能自己亲手做车轮。

这个故事告诉我们,很多前人的经验,是不能拿来直接用的。比如,我们都知道手动挡的车比自动挡的车省油,但前提是开的人他会开手动挡的车呀。如果你让一个没有掌握手动挡操作的人开手动挡的车,他一个劲地用低速挡踩油门,那手动挡也不省油了。所以,光记住手动挡比自动挡省油这个结论,是完全没有用的。

就像很多成功人士传授别人经验的时候,免不了会忽略一些不言自明的细节。这倒不是说他们小气,不肯好好讲,而是有些不言自明的东西,他以为你懂,但你其实真不懂,并且他不知道你具体哪儿不懂,而你又光记住了一条结论。这就导致你很难在以后的实操中不出错。

任何一个成功案例,都是多因素交叉互动的结果,这里头但凡有一根筋搭不对,存在盲点,那就要出问题。所以,真正的成功有时候是很难复制的。

赵括的可悲之处就在于，他自己都不知道自己傻在哪儿。在"置于死地而求后生"这个环节上，根据理论知识，狂踩"低速挡油门"，结果直接把车给踩熄火了。按道理来讲，同样是背水一战，韩信能在井陉之战中以三万兵力打败拥有二十万兵力的对手，那是包子有肉不在褶上，人家后面还有一股力量包抄了对手的老窝，连军旗都给换了，让对手军心大乱。

韩信的"置于死地而求后生"，可不是光凭一腔热血。所以，人家兵力悬殊也能以少胜多，赵括兵力相当却惨败收场，这就是死背理论，只知其然，不知其所以然的结果。实践才能出真知这个道理，赵奢明白，范雎也明白，唯独赵括和赵孝成王不明白。

撬动杠杆的各种制胜之术，都有一个核心要点，那就是充分摸清对方，了解对方的真实成色，这样你就可以给对方量身打造各种局，让对方往里跳，然后实现自己的目的。

目录

第一部分 《鬼谷子》详解

捭阖：
如何抓住人生的"开关" —002

反应：
钓语之道的妙用 —015

内揵：
最高效的沟通方式 —028

抵巇：
如何将灾祸扼杀在摇篮中 —040

飞箝：
低成本打通人脉的方式 —051

忤合：
如何做出正确的选择 —062

揣篇：
探究事物本质的能力 —073

摩篇：
窥测内心的方法 —085

权篇：
说服他人的语言技巧 —099

谋篇：
成事的核心与本质 —113

决篇：
如何做出正确的决定 —127

符言：
如何做一个优秀的领导者 —136

本经阴符七术：
如何修炼强大内心 —148

持枢：
如何顺应规律办事稳赢 —166

中经：
御世的策略和技巧 —169

第二部分　鬼谷之术

捭阖术：纵横捭阖，顺势而为
——谋略者的基本功 —182

反应术：慧眼识势
——如何培养出能看清真相的能力 —192

内揵术：
如何让别人接受自己的意见 —202

抵巇术：
如何把灾祸扼杀在萌芽状态 —212

飞箝术：
如何让别人心甘情愿地为你效劳 —221

忤合术：
如何正确地做选择 —231

第一部分

《鬼谷子》详解

捭阖：
如何抓住人生的"开关"

在导论部分，我们简单介绍了《鬼谷子》的成书背景以及主要思想。然而，想更系统、更全面地了解鬼谷子的智慧，我们还是应该从原著《鬼谷子》中充分汲取养分。通过解读原文，我们才能更深入地理解鬼谷子的思想和哲学。因此，接下来我们将逐篇讲解《鬼谷子》的原著内容。

《鬼谷子》的开篇为《捭阖》，"捭阖"一词，如果我们只从字面上理解，它就是指门的"开"和"关"。但其实这里头的学问可太大了，奥妙无尽，变化无穷。它不仅代表着这个世界万事万物对立统一的两面，更代表着根据事物发展的客观规律，具体该如何操作，继而走向成功的法门。

深谙捭阖之道者，在这一开一关之间，能抓住人生和事业的机会，左右事态发展的走向，让自己永远立于不败之地。

○ 原著研读

> 粤若稽古，圣人之在天地间也，为众生之先。观阴阳之开阖以名命物，知存亡之门户，筹策万类之终始，达人心之理，见变化之朕焉，而守司其门户。故圣人之在天下也，自古及今，其道一也。

追溯古代的历史，可以看出圣人存在于天地间，是大自然中一切生命的主宰。圣人通过观察万事万物的对立统一来给它们命名，他们知道生死存亡的关键，能够谋划事物从产生到死亡的过程，了解普通人内心的细微变化，可以预见事物变化的征兆，从而掌握事物发展变化的规律。所以，从古到今，圣人所遵循的道始终如一。

○ 智慧分析

我们要理解这一段，就要先从鬼谷子所说的"圣人"说起。什么是圣人？古代圣人的含义很多，可以指道德完美的人，也可以指君主。鬼谷子所说的圣人，指的是聪明人。

《说文解字》中说："圣，通也。"清代文字训诂学家段玉裁注解为："凡一事精通，亦得谓之圣。"近现代历史学家顾颉刚在《"圣""贤"观念和字义的演变》一文中指出："'圣'的意义，从语源学上看，最初非常简单，只是聪明人的意思。"在《尚书》中，"圣"字出现多次，全都是指聪慧之人。可见，最初的"圣"，仅仅表示聪明，与品德和地位无关。后来在《道德经》中，"圣人"有了统治者的含义，比如"圣人处上而民不重，处前而民不害"。再后来，《论语》《孟子》则更强调"圣人"概念中的道德含义。不过，先秦儒家同时强调，"圣人"是人类中最出类拔萃的人，比如"圣人之于民，亦类也，出于其类，拔乎其萃"。

所以，我们理解鬼谷子所说的圣人，应该从"智慧者"的角度切入。

鬼谷子认为，人类中出类拔萃的智慧者，在大自然中总善于观察一切事物的两面性。大自然中的一切，都是由生死、黑白、明暗、始终、高低、硬软、前后、美丑、上下、强弱等一系列对立统一的概念构成的。它们就像编辑事物的源代码一样，逻辑层层交织，构成了万事万物。

聪明人能明辨事物对立统一的两面，将它们一一归类命名，并从这条复杂且严密的逻辑链中理出头绪来，洞悉事物发展的全过程，找到关键控制点，继而左右事物的发展。

这个原理用在人心上也是一样。人心有善恶之分、贤愚之别，有勇敢的也有胆怯的，有坚强的也有脆弱的，有贪婪的也有寡欲的，这些对立统一的属性决定了人的思维。

事是人办的，只要能洞悉别人内心变化的细微端倪，就能左右事态的发展。最后，鬼谷子强调，从古到今，凡是聪明人都在用这套方法。

古人写文章，最喜欢开宗明义，开篇就把最核心的东西讲出来，比如《道德经》中的"道可道，非常道"。《鬼谷子》的开篇也是一样，直接把整本书的内核给说出来了，那就是要有强势、主动的思维模式。

很多人处理事情，总是抱着"赌一赌"的心态，将结果交给运气。面对困难时，也是希望别人能帮自己一把，或替自己主持公道，或同情、体谅自己。在家靠父母，在校靠老师，上班靠领导，将主动权都交给了别人，很少思考自己该怎么操盘。故而，这就是一种弱势、被动、总是想依靠别人的思维模式。

而鬼谷子则强调，聪明人玩的都是强势、主动的思维，玩的都是对立统一的逻辑链，将主动权牢牢地攥在自己的手里，而且从古到今都是这样。

○ 原著研读

> 变化无穷，各有所归，或阴或阳，或柔或刚，或开或闭，或弛或张。是故圣人一守司其门户，审察其所先后，度权量能，校其伎巧短长。

世间的万事万物是变化无穷的，各有归宿，有的表现为阴，有的表现为阳；有的表现为柔，有的表现为刚；有的开放，有的封闭；有的松弛，有的紧张。因此，圣人掌握了世间万物的阴阳变化，就能审察万物的先后，度量万物的才能，比较万物各自的短长。

○ 智慧分析

鬼谷子认为，世界上的一切都在变化中，随着事物的变化，一些事情的结果是可以预判的。这里具有一定的隐蔽性，但聪明人却总能洞察先机，并牢牢地抓住关键点。

只有这样，才能做出正确的选择。看待人的时候也是一样，可以通过一个人的某些表现，预见他的长处短处。

我们举一个例子，第一次世界大战末期，新诞生的苏维埃政权为了摆脱帝国主义之间的战争，同德国签订了《布列斯特-立托夫斯克和约》。这一和约极其苛刻，苏俄不但要割让近一百万平方千米的土地，支付高额战争赔款，还要损失大量工业资源和人口。当时的苏俄似乎除了圣彼得堡和莫斯科，只要能结束战争，什么都豁出去了。

然而，这看似"断臂保命"的和约，背后的真相可没有那么简单。就在和约签订后，德国集中精力把部队从东线调往西线时，德国国内却爆发了十一月革命，德意志帝国旋即灭亡，德国宣布无条件投降，第一次世界大战结束。就在德国宣布无条件投降的第二天,苏俄政府宣布废除《布列斯特-立托夫斯克和约》。对德国来说,到口的"肥肉"只含了八个月就又吐了出来。

通过这个案例,我们可以看出列宁敏锐地洞察到德国虽然看似强横无比,但已经是强弩之末了,走向覆灭的"归宿"只是时间问题。所以,他利用这个条约让苏俄成功退出了第一次世界大战,为巩固苏维埃政权,恢复和发展经济,建立红军赢得了宝贵的时间。并且,"肥肉"最终并不会真的让德国吃掉。

很多事情看似很重要,却急不得;有些事情不显山露水,但要马上动手完成。谁是前,谁是后?谁是轻,谁是重?哪个该急,哪个该缓?

该如何选择,就在于对鬼谷子所说的"各有所归"的判断。对方的归宿到底是兴,还是亡?是弱,还是强?聪明人总是能够看透的,不会被表面的现象所迷惑。

对事如此,对人也是一样。比如官渡之战时,曹操面对袁绍大军来袭,压力不可谓不大,但郭嘉却能通过对袁绍这个人的分析,得出"绍有十败,公有十胜"的结论,给曹操指明了正确的战略方针,也为曹军打赢官渡之战奠定了理论基础。

由此可见,遇事别慌,让子弹多"飞"一会儿,只要你能判断出最终打在谁身上,就能知道该怎么办了。

○ 原著研读

> 夫贤不肖、智愚、勇怯有差,乃可捭,乃可阖;乃可进,乃可退;乃可贱,乃可贵,无为以牧之。审定有无与其实虚,随其嗜欲以见其志意。微排其所言而捭反之,以求其实,贵得其指;阖而捭之,以求其利。

人的资质是有差别的，有的贤能，有的不肖；有的聪慧，有的愚蠢；有的勇敢，有的怯懦。针对不同的人，分别采用或捭或阖、或进或退、或贱或贵的方法和手段，顺应他们的特点来驾驭他们。如果要弄清对方的虚实有无，方法通常是顺着对方的欲望和喜好推测出对方心里的真实意图。可以通过暗中排查对方的言辞、观察对方的反应来反复揣摩对方，然后借由反问来摸清对方的真伪和虚实。先"阖"后"捭"，从而获得对我们自己有利的东西。

○ 智慧分析

俗话说得好，人心隔肚皮。想成功地驾驭一个人，必须先弄清对方的底色，这样才可以有针对性地出招。

那怎样才能看清一个人呢？鬼谷子提出了"无为"的概念，即不要着急表露自己的态度，先让对方充分地展示，暴露本性，这样你才能看清真相。比如一鸣惊人的楚庄王，他足足"面瘫"了三年来观察满朝文武，充分识别了忠奸善恶后，才开始大刀阔斧地整治。

鬼谷子的捭阖之道，就像是在下棋。"开"和"合"这两个操作，次序要搞清楚，先守后攻。先采用"无为"的守势，这是"阖"；让对方充分地"开"，袒露心扉，表现出欲望、意图和志向，这是让对方"捭"。对方"捭"得越多，你获得的信息就越多，等到完全吃透对方后，你再"捭"，就把他拿捏住了。

当然，也不是每一个人在面对你的"无为"时都会暴露底色。这个时候，就需要适当地刺激刺激，稍微"捭"一点，开个小缝，引对方上钩，让对方把"门"开得更大。

比如，诸葛亮想让孙权联刘抗曹，但摸不清孙权的真实态度，就先故意说曹操如何如何强，然后劝孙权投降。等孙权问刘备为啥不投降时，诸葛亮则表示刘备乃皇室后裔，绝不会向汉贼投降。

这话的潜台词就是你孙权又不是啥体面人，投降不丢人，但刘皇叔可丢不起这个人。一番话把孙权气得拂袖而走，诸葛亮也由此摸清了孙权的真实态度。

同样的方法，诸葛亮还用在了周瑜的身上。一句"揽二乔于东南兮，乐朝夕之与共"，极大地刺激了周瑜敏感的神经。城府极深的大都督也被诸葛亮牵着鼻子走，表露了自己的心志：誓与曹贼势不两立。

由此可见，对于摸清别人的内心，鬼谷子提供了一套系统全面的方法论。面对道行不高的东吴群臣，诸葛亮可以先"无为"，让他们丑态尽出或亮明忠贞。

针对道行高的孙权和周瑜，诸葛亮又用另一套方法反复试探，从而驾驭对方。

○ 原著研读

> 或开而示之，或阖而闭之。开而示之者，同其情也；阖而闭之者，异其诚也。可与不可，审明其计谋，以原其同异。离合有守，先从其志。即欲捭之贵周，即欲阖之贵密。周密之贵微，而与道相追。
>
> 捭之者，料其情也；阖之者，结其诚也。皆见其权衡轻重，乃为之度数。圣人因而为之虑，其不中权衡度数，圣人因而自为之虑。
>
> 故捭者，或捭而出之，或捭而内之；阖者，或阖而取之，或阖而去之。捭阖者，天地之道。捭阖者，以变动阴阳，四时开闭，以化万物。纵横反出，反覆反忤，必由此矣。

我们可以把实情向对方公开，也可以把实情隐藏起来。当我们的情况和目的与对方一致时，适合公开；当我们的情况和目的与对方不同时，就不能公开。是否公开的关键就在于，彼此的目的和谋划是否一致。无论是离还是合，都要等待合适的时机，先尽量满足对方的意愿，然后伺机而动。想使用"捭"的方式，向对方坦陈时就要考虑周全；而如果选择"阖"的方式，则要做到严防死守，不该说的话一个字都不提。保证周全与严密的同时还要做到隐秘，隐秘的最佳效果就像无形的"道"一样，让人感觉不到。

用"捭"，是为了试探对方的虚实；用"阖"，是为了确定对方的实情，从而彻底摸清对方的底细，做到审时度势，权衡轻重。在弄清别人的底牌后，圣人都是根据实际情况进行谋划，如果分析和预测的结果不理想，就会提前给自己留好退路。

所以，用"捭"或者是为了让对方暴露真实情况，或者是为了让对方接纳自己的观点；用"阖"则或者是为了让我们有所收获，或者是为了使我们躲避灾祸。

捭阖，就是天地间的道，能使阴阳变动，从而令事物内部对立统一的各个方面发生变化。阴阳变化产生四季，四季更替化育万物。纵与横、返与出、翻与覆、顺从与违背，都是由捭阖产生的。

○ 智慧分析

所谓"捭阖之道"，就是要充分琢磨对方，吃透对方，然后想对策。对自己有利的就开放，对自己无利的就封闭，做好趋利避害的措施。

其实"捭阖"两字，原本的意思就是指门的"开"和"关"。门是一种充满哲学、充满智慧的家具，这里面的学问可太大了，奥妙无穷。开门，我们可以吸收利好和财富，观察外面的情况，关键的时候还能逃生，但同时也可能"引狼入室"，让灾祸、噪声、风雨、虫鼠等有害的东西进来。此外，开门还可能暴露自家的财富，从而让别人产生觊觎之心，惹来灾祸；相应地，开门也可能让别人看到自家的窘迫，给别人"看碟下菜"的机会。关门，我们可以挡住灾祸，把粮食、家具等有用的东西藏在屋里，但同时也会将机会、财富拒之门外。并且，把门关死，我们也将没有逃生之路。所以这一开一关之间，蕴含的祸福与利弊可太多了。

鬼谷子认为，人的内心也应该有一扇门。什么时候开，什么时候关，什么东西要关在屋里，什么东西要挡在门外，对于这些问题一定要思考清楚，做到周详缜密，攻守兼备，这样才能趋利避害。"捭"的时候要考虑周全，"阖"的时候要自守门户，韬光养晦，并留好退路。

我们举一个守门人报复大臣的例子来对此进行说明。齐国有个叫夷射的中大夫，陪齐王喝完酒，醉醺醺地从宫里出来，身子依靠在廊门上。一个守门人向他讨酒喝，夷射非常瞧不起守门人，直接把他怒骂一顿。守门人一声不吭地退下了，等到夷射走后，他便在廊门的屋檐下洒了一些水。第二天，齐王走出来看见廊门下面潮乎乎一片，就责问守门人："谁在这里尿尿了？"那个守门人回答："我没看见有人在这里尿尿，不过昨天中大夫夷射曾经站在这里过。"齐王一听，勃然大怒，立刻下令把夷射给杀了。

在这个案例中，在看到廊门下潮乎乎一片时，齐王便怀疑有人在这里尿过尿，非常生气。这和守门人要报复夷射的目标可以达成一致，所以这个时候守门人就可以"捭"了。在"捭"的时候，守门人是考虑周全的，没有把所有东西都"捭"出去，而只是说夷射曾经站在这里，并没有造谣说有人在这里尿过尿，这就是在给自己留后路。毕竟有人尿尿是齐王猜的，守门人可没说有人尿尿。

守门人只是"捭"出了部分事实，并没有说谎，因为夷射确实曾站在廊门下过。不过他"阖"住了洒水的关键信息，从而也就达到了借刀杀人的目的。

再比如电视剧《雍正王朝》中有一个情节，图里琛押肖国兴去宁古塔后回来复命，告诉康熙肖国兴一路喊屈，因为八阿哥利用康熙的名义诱使他说出太子是幕后主使，并保他无罪。康熙听完大怒，说了句："其心可诛。"这个时候，图里琛就说自己要杀了肖国兴。康熙骂道："谁让你去杀肖国兴？"

这个情节就充满了"捭阖"的智慧。康熙愤怒并不是因为肖国兴，他的"其心可诛"是在骂八阿哥，觉得八阿哥为了扳倒太子，无所不用其极，太过歹毒。如果这个时候图里琛选择"阖"，不吭声的话，那就代表他赞同康熙的态度。

但对哪个皇子中意，对哪个皇子反感，这种事皇帝是绝对不能让下人知道的，否则就可能会"处理"掉他。所以这个时候，沉默就不再是金了，必须要适当地"捭"一下，开下门，给自己留后路。图里琛说要杀肖国兴，如此"捭"是为了告诉康熙自己只是个政治白痴，听不懂皇帝在说啥。

通过这个案例我们就能看出，捭阖之道是非常灵活的。什么时候捭，什么时候阖，捭什么，阖什么，这些都是有门道的，万万不可胡来。

○ 原著研读

> 捭阖者，道之大化，说之变也。必豫审其变化，吉凶大命系焉。口者，心之门户也；心者，神之主也。志意、喜欲、思虑、智谋，皆由门户出入。故关之捭阖，制之以出入。
>
> 捭之者，开也，言也，阳也；阖之者，闭也，默也，阴也。阴

> 阳其和，终始其义。故言长生、安乐、富贵、尊荣、显名、爱好、财利、得意、喜欲，为"阳"，曰始。故言死亡、忧患、贫贱、苦辱、弃损、亡利、失意、有害、刑戮、诛罚，为"阴"，曰终。诸言法阳之类者，皆曰始，言善以始其事；诸言法阴之类者，皆曰终，言恶以终其谋。

捭阖是阴阳变化的一种体现，是游说时应变的关键。游说前必须充分考虑事物发展的各种可能性，祸福吉凶的关键全系于捭阖。口是心灵的出入口，心灵是精神的居所。志意、喜欲、思虑、智谋这些都是从口而出。因此，要用捭阖来控制讲话，该说的说，不该说的不要乱讲。

捭就是开，就是发言，就是阳；阖就是闭，就是沉默，就是阴。阴阳相互调和，从开始到结束，都要遵循捭阖之道，这样方能善始善终。所以说，把长生、安乐、富贵、尊荣、显名、爱好、财利、得意、喜欲等美好光明的事物，都视为"阳"，称为"始"；把死亡、忧患、贫贱、苦辱、弃损、亡利、失意、有害、刑戮、诛罚等不吉利的事情，都视为"阴"，称为"终"。那些游说时谈论"阳"一类的事情的，我们可称为"始"，他们都是从事物好的一面来进行游说，劝诱对方行动，从而达到目的。那些游说时谈论"阴"一类的事情的，我们可称为"终"，他们都是通过谈论有害的事情来进行游说，从而让对方的谋略无法施行，终止行动的。

○ 智慧分析

这一部分鬼谷子还是强调灵活运用捭阖术的关键性。该说的一定要说，沉默不见得总是金；不该说的，说一个字都是多嘴。必须充分把握事态发展的脉络，不要施展捭阖术不当，把自己带进沟里去。

图里琛嚷嚷着要杀肖国兴的操作就非常完美，捭出了自己的活路，阖住了灾祸的入口。另外，鬼谷子在这一段中也将"捭阖"的内涵进行了延伸，体现了对立统一的哲学思想。

一切好的东西都可以归为阳，一切不好的东西都可以归为阴。虽然种类林林总总，但对立统一的逻辑关系是一样的。

鬼谷子强调，捭阖术既然是"门"的哲学，就不能光用来周全自己，也可以主动出击去游说别人，以达到自己的目的。我们可以通过游说，给别人打开"利好"的门，让他看到希望和甜头；同时也要为他关闭"灾祸"的门，为他出谋划策，躲避灾祸。

双管齐下后，绝大多数的游说都可以实现目标。由此可见，捭阖之道的内涵和外延是非常丰富的，用法也极其灵活。

○ 原著研读

> 捭阖之道，以阴阳试之。故与阳言者，依崇高；与阴言者，依卑小。以下求小，以高求大。由此言之，无所不出，无所不入，无所不可。可以说人，可以说家，可以说国，可以说天下。为小无内，为大无外。益损、去就、倍反，皆以阴阳御其事。
>
> 阳动而行，阴止而藏；阳动而出，阴隐而入。阳还终阴，阴极反阳。以阳动者，德相生也；以阴静者，形相成也。以阳求阴，苞以德也；以阴结阳，施以力也。阴阳相求，由捭阖也。此天地阴阳之道，而说人之法也。为万事之先，是谓圆方之门户。

捭阖之道，就是反复地从阴阳两面来试探对方。对于积极进取者，就要说"阳"类的事；对于消极保守者，就要说"阴"类的事。下与小，均为阴，故可以用低下的去迎合志向渺小的人；高与大，均为阳，故可以用高尚的去迎合志趣高远的人。这样去游说，则没有什么是不可完成的，能达到无往而不胜的境界。用捭阖之术，可以游说他人，可以游说大夫，可以游说诸侯，亦可以游说天子。不论内部有多小，也不论外部有多大，均不能局限于自身，而应该多角度考虑。所有的增益和损害，所有的离开和靠拢，所有的背叛和依附，都可以用阴阳开合之道来驾驭。

阳就是运动前进，阴就是静止隐藏；阳即活动显出，阴即隐藏潜入。阳到了极点就会变成阴，阴到了极点就会变成阳。阳动，道德就会与之相生；阴静，形体就会与之相成。从阳的方面去追求阴，要以道德来包容对方；从阴的方面去追求阳，就要走出暗处实际去做。阴阳之间相互依赖、相互转化，这是由捭阖之道决定的。捭阖阴阳之道，是天地阴阳的大道，也是游说他人的根本方法。捭阖是处理万事的根本，是天地的门户。

○ 智慧分析

见不同的人说不同的话。我们在与人共事或交谈之前，应该按照鬼谷子说的，先给对方归一下类，看看他到底是阳属性还是阴属性。在确定了属性后，再选择用阴言还是阳言与之交流。

为人处世，想达到自己的目的，使别人对自己推心置腹，就要充分了解别人，尤其要了解他的志向，这样才能和对方聊到一块去。不然就会出现曲高和寡的悲凉，或者对牛弹琴的尴尬。

此外，鬼谷子再次强调了阴阳对立统一的两面性。不管事物具体表现出哪种类别的归属，兴亡、损益、强弱也好，高低、快慢、去返也罢，总的逻辑原则是不变的，那就是相互依赖和相互转化。这也是捭阖之道的哲学基础，更是《鬼谷子》这本书的理论核心。只有真正理解了捭阖之道对立统一的关系，才能更透彻地理解《鬼谷子》后续的篇目。

反应：
钓语之道的妙用

《鬼谷子》的《捭阖》开宗明义，讲述了捭阖之道的奥妙无穷，也给整本书的哲学思想定下了基调。从第二篇《反应》开始，《鬼谷子》的各个篇目将陆续阐述各种具体的谋略和处理问题的手段。

所谓"反应"，和我们今天的"反应"一词并不是一个概念，它强调的是反复循环思考的意思。

在反复循环思考中，我们借鉴历史，借鉴他人，反观自己，可以摸清事情的真相和事物发展的规律。其中灵活运用"象""比"的钓语之道，是行之有效的方法。

真相和规律都摸清了，这个世界上还有什么事是办不成的呢？

○ 原著研读

> 古之大化者，乃与无形俱生。反以观往，覆以验来；反以知古，覆以知今；反以知彼，覆以知己。动静虚实之理，不合于今，反古而求之。事有反而得覆者，圣人之意也，不可不察。

古时候的圣人，与大道共同存在，用大道来教化万物，总能遵循自然和社会发展的规律。他们返回去可以看到以往，覆过来可以预见未来；返回去可以了解古代，覆过来可以知晓现在；运用"反"可以知道对方，运用"覆"可以了解自己。对于动静虚实的真相，如果和当今的情况不符，就回到过去反复探求前人的经验来寻求答案。任何事情都可以通过运用"反"而得到"覆"，这是圣人教导我们的，不可不仔细考察。

○ 智慧分析

俗话说，以铜为鉴，可以正衣冠；以史为鉴，可以知兴替；以人为鉴，可以明得失。"他山之石，可以攻玉"，我们通过借鉴别人的经验，就可以增加自己的智慧。

人的生命是有限的，不可能什么事都经历，但可以大量从别人的经历中吸收经验，或者从别人的失败中吸取教训，这是聪明人获得智慧的好方法。

我们的老祖宗是很聪明的，他们观察大量实践活动，总结出了很多规律。非常具有代表性的就是各种成语，比如守株待兔、缘木求鱼、削足适履、刻舟求剑、揠苗助长等。这些故事的主人公虽然听起来很可笑，但类似的错误人们每天都在犯。有时候错误还是那个错误，但换了一张"皮"，人们往往就不认识了，继续在一个坑里栽跟头。

这是犯错的人不聪明吗？不懂成语中蕴含的道理吗？当然不是，只是因为他们没有进行反复思考和做类比。

倘若能认真思索事物中的逻辑关系，反复做对比，我们就能避免生活中的很多错误。像水滴石穿、上善若水、声东击西、后发制人、鹬蚌相争渔翁得利等成语，都代表着别人获得成功的经验。如果能很好地领会前人的这些智慧，我们做起事来也就能事半功倍。

当然，我们今天面临的情况和古人的不尽相同，不能生搬硬套，这就需要我们反复探求历史，比出异同，这样才能得出正确的结论。

○ 原著研读

> 人言者，动也；己默者，静也。因其言，听其辞。言有不合者，反而求之，其应必出。言有象，事有比。其有象比，以观其次。象者象其事，比者比其辞也。以无形求有声。其钓语合事，得人实也。其犹张置网而取兽也，多张其会而司之。道合其事，彼自出之，此钓人之网也。常持其网驱之。

对方说话，表现为动；自己沉默，表现为静。要少说多听，尽可能多地听对方说的话，从中获得更多的信息，从而揣摩他的真实意图。如果对方说的话不是我们想要的，就可以通过"反"的方法来求，这样对方就一定会做出相应的回应。话语中有"象"，事物中有"比"，通过象和比的方法来探求对方话语背后隐藏的真实意图，从而更深入地了解对方。所谓"象"，就是用形象的修辞比喻事物；所谓"比"，就是用同类的言辞来做类比。因为运用象、比的方法都不直说，因此可以在无形中获得对方的回应。如果运用象、比方法说出的用作引诱的话与对方的心意相合，对方就会透露实情给我方。这就像张开兽网狩猎一样，只要在野兽出没的地方多设一些网，伺机而动，就一定能等到野兽落网。针对对方使用的方法只要切合事理，对方自然就会暴露实情，这就是钓人之网。在实际生活中，常常要持钓人之网去驾驭对方，使对方为我方所用。

○ 智慧分析

交流是门大学问，无论是听别人说话，还是自己说话，都是门艺术。别人在说的时候，不要着急反驳，而是要认真梳理他的逻辑链，针对他的逻辑漏洞提出疑问，再聆听他的回答，这样你就可以洞悉他的意图。接着运用象、比之法，引导他说得更多，你就能更全面地了解这个人，从而掌握实情。与此同时，你也能用象、比之法来劝谏他，以达到自己的目的。

和鬼谷子同时代的古希腊哲学家苏格拉底非常喜欢和别人辩论，但他的辩论，从来不是反驳别人，而是认真聆听对方的话，然后按照对方的逻辑进行询问，让对方说出更多的话。如果对方的逻辑是错误的，那么他肯定无法形成逻辑闭环，最后理屈词穷，相当于自己把自己给驳倒了。

有一次，一个青年人和苏格拉底讨论什么是恶行。青年人认为欺骗和偷盗就是恶行。苏格拉底没有反驳他，而是问："如果一个将军用计谋欺骗了危害自己国家的敌人，偷走了他们的粮草物资，帮助我们在战争中获胜，那他的行为是恶行吗？"青年人说那当然不是，并补充说："欺骗和偷盗如果是对敌人，那就不是恶行，我所说的恶行指的是对自己的亲人和朋友实施欺骗和偷盗。"苏格拉底又问："如果一个将军在部队被敌人包围丧失士气的时候，欺骗士兵说援军马上就到了，让士兵们坚持住，最后赢得了战争的胜利，这是恶行吗？"青年人说："当然不是。"苏格拉底又问："如果一个孩子生病了，嫌苦不吃药，这时父亲欺骗他说药很好吃。孩子听完吃了药，病好了，这是恶行吗？"青年人回答："这是善行。"苏格拉底又说："如果一个人想自杀，他的好朋友偷走了他藏在枕头下的刀，这是恶行吗？"青年人说："这当然不是恶行了。"苏格拉底说："可是你刚才说恶行指的是对自己的亲人和朋友实施欺骗和偷盗。"青年人抓狂了："哎呀，我也不知道啥是善行啥是恶行了。"苏格拉底告诉他："善与恶并非一成不变，要具体情况具体看待，不能简单地一概而论。"

你看，苏格拉底就是通过一连串的举例和质询，让对方不得不亲口否认了自己的观点。不得不说，苏格拉底的这套辩论方法和鬼谷子的钓语之道有异曲同工之妙。

生活中其实很多话语和事物都是可以运用象、比之法的，各个民族都有，比如阿拉伯谚语"河水总有源头，事情总有因由"，蒙古谚语"先长出来的耳朵没有后长出来的犄角坚硬"，我国古代谚语"冰冻三尺，非一日之寒"，这些都是逻辑上具象化的智慧类比。

通过象、比思维，我们可以很清晰地听出对方言语中的错漏和意图，然后再运用象、比之辞，引导对方继续往下推，直到发现实情，或者让他意识到错误，进而我们就可以引导他改变自己的想法。

比如有的人死心眼，只专注眼下，不看未来发展趋势。听他们发表言论和想法，我们就可以用"羊儿只知低头吃草，不抬头看路"的象、比之法来总结和归纳。有的人缺乏闯荡精神，但又没有好出路，我们就可以用"树挪死，人挪活"这样的俗语来象、比，并规劝他们。

鬼谷子总结的这套钓语之道，可以用来"听话听音"，套出实情，也可以用来规劝别人，让他们迷途知返。

我们再举一个古代的例子来对此进行说明。春秋战国时期，秦国趁着赵国国丧期间攻打赵国。赵国向齐国求援，齐国说发兵可以，但必须让赵太后的小儿子长安君来当人质。满朝文武都来劝说赵太后，但赵太后就是不同意。这个时候，老臣触龙就巧妙运用钓语之道成功说服了赵太后。他没有上来就说送长安君去当人质的事，而是先询问赵太后的衣食出行，然后提出想走关系让自己的小儿子进宫当侍卫。他强调自己年纪大了，希望能在死前把孩子的工作给解决，进而诱导赵太后聊到了对小儿子的喜爱上。

两个人都说自己最喜欢小儿子，可这时触龙却故意刺激赵太后，说赵太后喜欢女儿燕后要强于小儿子长安君，因为燕后出嫁后，赵太后不想她回来，是希望她能在燕国稳居后位，让子孙后代一直做燕王。然而赵太后并没有给小儿子做长远打算，如果赵太后百年之后，长安君一没人保护，二没有功劳，根本无法在赵国立足。最终，触龙的一番话终于说动了赵太后，让她同意将长安君送去齐国当人质。

从这个案例我们就能看出，所谓钓语之道，就是用象、比之法让对方发现自己的逻辑漏洞，从而发力说服对方。触龙用自己给小儿子走后门做长远打算为象，来对比赵太后疼燕后胜过长安君，从而让赵太后意识到自己的错误，实现劝谏的目的。

所以，钓语之道的魅力就在于多设"网"，像引诱野兽一样将对方一步步引诱进自己的网里。

○ 原著研读

> 其不言无比，乃为之变。以象动之，以报其心，见其情，随而牧之。已反往，彼覆来，言有象比，因而定基。重之袭之，反之覆之，万事不失其辞。圣人所诱愚智，事皆不疑。

如果对方沉默不语，或者言语中没有什么可以用来做类比的信息，这时就要换一种交谈沟通的方式。用"象"的方法触动对方，主动迎合对方的内心，以此获知对方的实情，继而驾驭对方。经过几番往来交流后，就可以通过揣摩对方话语中的"象""比"来了解对方的底细，进而确定基本的应对策略了。只要交流有来有往、反反复复，就没有什么信息是套不出来的。无论对方是愚者还是智者，圣人运用反听之法都不会有差错。

○ 智慧分析

钓语之道的用法是多种多样、灵活多变的，有时一味地打比方、引导对方是没用的，你要在适当的时候剑走偏锋，从另一个渠道暗合对方的内心，这样就可以让他在无形中说出真话。

春秋时期，楚成王立商臣为太子，后来又觉得不妥，想废黜商臣。商臣虽然听到了点风声，但难以确定真假，就找他的老师潘崇来商量对策。潘崇认为，这事江芈肯定知道，商臣只要设宴招待她，并在席间故意对她不敬，就可以通过她的态度分辨出传闻的真假。江芈是楚成王的妹妹，贵不可言，但性格暴躁，所有人见到她都毕恭毕敬，唯恐出半点闪失得罪她。

商臣依计而行，宴请江芈。席间他故意用言语冒犯江芈，让她十分恼怒。离席时，江芈愤怒地骂道："你果然是个不成器的东西，怪不得大王要废除你！"

听到江芈说这话，商臣确认了传闻的可靠性，于是当机立断，发动宫廷政变，逼死了父亲楚成王，夺得了王位。

从这个故事我们能够看出，所谓暗合别人的内心，可不是指一味迎合别人的好心情，而是要看人下菜碟，化解他的理性，让感性主导他的行为。可以用迎合的方式使他飘飘然，愿意对你说实话；也可以用刺激的方式，逼他把实话说出来。

不同的人用不同的招数，最终的目的就是钓出他的实话。

像江芈这样的人，你迎合她是没有用的，因为在她的生活圈子里，别人迎合她是常态，你无法让她陷入被感性主导的状态。然而她的软肋恰恰是从来没受过气，你气她一次，感性必然占据她思维的上风，你也就能探求出真相了。

所以，鬼谷子所谓"以报其心"，暗合对方的内心，可不是光指讨好对方，尽说些芳香且美好的漂亮话。而是要针对对方的内心特点，看碟下菜，以求最终获得真相。就像商臣一样，暗合江芈易怒的内心，无形中逼她说出了真话。

再举个例子，武则天时期，为了巩固统治，武则天任用了来俊臣和周兴这两个酷吏。有人告发周兴谋反，武则天便让来俊臣去审问周兴。来俊臣深知周兴不好对付，所以就琢磨着如何击垮他的心理防线。来俊臣邀请周兴来家里喝酒。酒席上，来俊臣叹了口气说："兄弟最近审了一些犯人，死也不招供，可把我愁死了，老兄有啥好办法没有？"周兴笑着说："这还不好办？你找一个大瓮，架在火上，烤得滚烫，再让不肯交代的犯人进去体验一番，犯人就肯招了。"一听这话，来俊臣拍手叫好，便命人抬来一个大瓮，按照周兴所说，在四周架上炭火。然后，他对周兴说："周兄，现在有人告发你谋反，请老兄你自己钻进瓮里去吧。"一见这架势，周兴知道自己栽了，乖乖地跪地求饶，立刻招认了。

在这个案例中，来俊臣暗合了周兴变态扭曲的内心，以请他支招为钓语，成功获知了周兴最害怕的刑罚，从而瞬间击破了他的心理防线。

所以，钓语之道这门学问，运用象、比之法终归是要暗合对方的内心，让对方的感性战胜理性，从而把真相给吐露出来。

○ 原著研读

> 故善反听者，乃变鬼神以得其情。其变当也，而牧之审也。牧之不审，得情不明；得情不明，定基不审。变象比，必有反辞，以还听之。欲闻其声反默，欲张反敛，欲高反下，欲取反与。欲开情者，

> 象而比之，以牧其辞。同声相呼，实理同归。
> 　　或因此，或因彼，或以事上，或以牧下。此听真伪，知同异，得其情诈也。动作言默，与此出入，喜怒由此以见其式。皆以先定为之法则。以反求覆，观其所托，故用此者。己欲平静以听其辞，察其事，论万物，别雄雌。虽非其事，见微知类。若探人而居其内，量其能射其意，符应不失，如螣蛇之所指，若羿之引矢。

所以善于反听的人，可以像鬼神一样变化莫测，从而获知对方的实情。我们言语应变得当，就能详尽地考察对方。如果不能详尽地考察对方，主要是对对方的实情掌握不够；对对方的实情掌握不够，也就不能确定驾驭对方的策略。如果对对方的实情掌握不够，就要运用"变象比"的方法，不断变换我们言语中的"象""比"，这样对方必定会有回应，然后我们再认真聆听以获知对方的实情。总之，想要对方开口说话，我们就应先沉默不语；想要对方张开，我们就该先收敛；如果想要升高，我们反而要先下降；想要获得利益，我们反而要先学会付出。想使对方敞开心扉，就要运用象、比的方法，以便驾驭言辞。言辞相同就会有所共鸣，看法一致就会走到一起。

反听之法可以用在很多方面，既可以用在这里，也可以用在那里；可以用来应对上级，也可以用来管理下级。这种方法能够有效听出事情的真伪，知道对方与我们的异同，看出对方是真诚还是狡诈。对方外在的身体姿势或者内心的喜怒哀乐，都与反听之法相合拍，也都可以由反听之法来掌握规律。所有这些，都以我们事先做好准备为法则。之所以要用反听之法，是因为要用"反"来使对方给出回应，从而观察对方的真实意图。我们要内心平静地听对方的言辞，继而察明事理，议论万物，分清好坏。可以从同类事物的微小特征来推断所谈论之事的类别、实质和发展趋势。这就像识人时钻进了对方心中一样，可以知悉对方的能力，捕捉对方的意图。这种方法就像螣蛇占卜祸福一样准确，也像后羿张弓射箭一样精准。

○ 智慧分析

鬼谷子教导我们，要多倾听别人说话。这里的"话"，我们不要狭义地只理解为言语，它还包括广义的眼神和肢体动作。如果说嘴巴是心灵的大门，那么眼神就是心灵的窗户。如果别人话里有话，我们要搞懂其中的含义。人是感性和理性的结合体，理性会阻止一个人把所有实情都告诉我们，而感性则会让他无意间暴露出更多的信息。这就需要我们锻炼听话听音的能力。

举例来说，在公安系统中，刑侦大神们就有通过人的反应来判断犯罪嫌疑人是否说谎的方法，效果比单纯的测谎仪要强大得多。2017年，某建筑工地发生了一起铊投毒案，导致多人中毒，其中一人还成了植物人。通过侦查及一一询问相关人员，刑侦专家很快就锁定了重大嫌疑人白某。一开始人们都觉得白某文化程度很低，其知识储备不足以支撑他认识并使用铊来作为投毒物。他的生活十分落伍，家里没有网，用的手机还是老人机，而且他也是中毒者之一，按理说这样的人不可能是投毒者。然而，刑侦专家还是从这个极会表演的白某的反应中看出了端倪。他在谈及最先发病的两个同事时，神情有微妙的变化，于是刑侦专家立刻使用钓语之道，问道："既然大家都中毒了，那这个作案人是要自杀喽？"此话一出，白某的脸部马上有了细微的反应。刑侦专家意识到，这个人肯定有问题，进而顺藤摸瓜侦破了案件。

除了别人不经意间暴露的"语言"外，我们还要善于听别人说出的"弦外之音"。比如秦孝公临死前跟商鞅说想把国君之位传给他，然而商鞅坚定地拒绝了。从这件事就能看出，虽然秦孝公跟商鞅君臣知遇，关系非同一般，但秦孝公一直提防着商鞅。秦孝公试探商鞅的同时，也让商鞅看透了秦孝公的内心。这样的例子还有很多，像唐太宗就曾故意在朝堂上发怒，想看看大臣们是跟自己据理力争，还是违背良心顺从自己，从而判断谁是忠直之臣，谁是"墙头草"。

古代的帝王们也经常故意冤枉一个人，或者说错一件事，从而观察臣子们的忠奸善恶。

这些都是灵活运用钓语之道，从而窥探别人内心的方法。鬼谷子认为，只要钓语之道运用得好，象、比之法运用得灵活，就有鬼神莫测之能，是没有什么秘密刺探不出来的，而且能做到准确无误。

○ 原著研读

> 故知之始己，自知而后知人也。其相知也，若比目之鱼；其见形也，若光之与影。其察言也不失，若磁石之取针，如舌之取燔骨。其与人也微，其见情也疾。如阴与阳，如圆与方。未见形，圆以道之；既见形，方以事之。进退左右，以是司之。己不先定，牧人不正。事用不巧，是谓忘情失道。己审先定以牧人，策而无形容，莫见其门，是谓天神。

所以从"知"的角度来说，想了解别人，必须先了解自己；不了解自己，也无从了解对方。自知与知他人，就像比目鱼一样，是两两并列而行的。对方现形时就像光一样醒目，我们则像影子一样能立即掌握对方的实情。我们做到了自知，在审视对方的言语并从中获取信息时，就会像磁石吸引钢针、舌头吮食烤烂的骨头上的肉一样轻而易举。我们暴露给对方的微乎其微，但掌握对方的实情却十分迅速。做到这一点，就像阴阳互变、方圆相化一样自如。如果没有掌握对方的实情，就用迎合的方式来引诱对方说出实情；如果掌握了对方的实情，就用已经定好的策略来行事。无论前进还是后退，都可以据此来定夺。如果我们不能先定下策略，就无法有效地驾驭对方。定策略的前提是吃透对方，如果没有掌握对方实情就仓促行事，那就是违背获得实情的客观规律。我们确定策略然后驾驭对方，做到策略不露形迹，对方看不出破绽所在，这是获得对方实情的至高境界。

○ 智慧分析

鬼谷子教导我们，想了解别人，就要深刻地了解自己。别人的遭遇搁在我们身上能不能接受？对于别人的选择，我们能不能设身处地地去理解？只有真正做到换位思考，才能真正摸清对方的情况，让自己的判断符合客观规律。只有判断对了，摸清了事情的真相，你才能有针对性地制定策略，从而驾驭对方。

需要特别注意的是，鬼谷子强调的是设身处地、换位思考的概念，而不是让大家纯粹以自己的想法去揣度他人。如果不能深度地进行换位思考，就根本无法了解别人的心境，这也就偏离了真实情况，违背了客观规律。

举例来说，孔子的学生子贡做了好事，官府给了他赏赐，但子贡拒绝接受，从而受到了孔子的批判。孔子说："你不能拿你的思想去要求别人，如果你不接受赏赐，那以后谁还做好事呢？"子贡很有钱，但他没有站在别人的立场上去考虑，这就脱离了事物发展的客观规律，相当于好心办坏事。

鬼谷子总结出了一套方法，让不同的人得以灵活运用反应术，就像看镜子里的自己一样，没有什么看不清的。而看清了真相，根据真相来制定策略，那还有什么人是驾驭不了的呢？

我表现出来的东西微乎其微，却能够准确地驾驭你，这就像神明一样，无所不知，却又让人猜不透，从而左右全局。比如公司在选拔优秀的管理者时，往往青睐从基层一步步干上来的人，也就是韩非子所说的"袭节而进"。这样的人了解各个级别人员的心中所想，懂得他们的情绪，会按照事物发展的客观规律进行工作，从而更加有效地管理公司。

　　总而言之，鬼谷子的反应术，强调的就是反复试探，反复思考，反复揣摩，让自己的判断无限地向真相和客观规律靠拢。而以客观规律来办事的人，又怎么可能会失败呢？

内揵：
最高效的沟通方式

　　《鬼谷子》的《反应》讲述了如何摸清对方真相的学问。摸清了真相后，就该对症下药，制定相应策略来驾驭对方了。

　　人与人之间的关系是很复杂的，别人选择听你的话，相信你，都不是理所当然、毫无根据的。因此，掌握说服他人的技巧至关重要，而《内揵》就是教大家如何进退自如地说服他人的。

　　"内"的本意是指内心世界，"揵"的本意是指门锁，"内揵"的字面意思就是从内心深处锁住。引申来讲，"内"是指进献说辞，走进他人的内心；而"揵"就是向他人进献计谋，打通彼此之间的阻碍。

　　沟通是门大学问，特别是与上级的沟通，我们应该有一套巧妙且高效的操作方法，这样我们才能在赢得别人信任的同时达到自己的目的。

○ 原著研读

> 君臣上下之事，有远而亲，近而疏，就之不用，去之反求。日进前而不御，遥闻声而相思。

君臣上下之间的事是很复杂的，有的人与君主相隔很远但关系亲密，有的人与君主距离很近却关系疏远。有的人主动亲近君主却不被重用，有的人要离开反而被君主所诏求。有的人每天都守在君主身边却得不到信任，有的人君主只是听说过名声就朝思暮想地想要得到。

○ 智慧分析

人和人之间的关系是非常微妙且难以预料的，真正的亲疏远近，绝非表面上看到的那么简单。

有的人天天在领导面前晃悠，领导对他也是笑眯眯的，看起来亲密无间，但领导实际上并不信任他，也不会重用他。而有的人一年到头跟领导也见不上几回面，领导却有啥好处和重要任务都能想到他。即使这个人离职了，领导也想着让他回来。

这是为什么呢？

诚然，个人能力是一方面，但决定因素并不是这个。

我们继续从《鬼谷子》中寻求答案。

○ 原著研读

> 事皆有内揵，素结本始。或结以道德，或结以党友，或结以财货，或结以采色。用其意，欲入则入，欲出则出；欲亲则亲，欲疏则疏；欲就则就，欲去则去；欲求则求，欲思则思。若蚨母之从子也，出无间，入无朕，独往独来，莫之能止。

君臣之间关系的不同，取决于彼此内心相知的程度。有的以道德相结交，有的靠朋党相结交，有的靠财物相结交，有的靠美色娱乐相结交。顺从君主的心意，就能想入就入，想出就出；想亲近就亲近，想疏远就疏远；想靠近就靠近，想离开就离开；想到征召就能得到征召，想让君主思念就能让君主思念。这就好像青蚨母子相随而不分离一样，出与入都没有间隙，独自前往，独自返回，谁也没法阻止。

○ 智慧分析

鬼谷子教导我们，与人沟通，摆清楚自己和对方的关系基础是很重要的。对方是自己的领导、长辈，还是老师，抑或是某些特殊的合作关系？这层合作关系是以什么为基础的？拎清这一点非常重要，这是让别人信任自己的关键。不然拍马屁拍到腰上，非但不能实现自己的目的，还有可能惹来祸端。

当然，认清楚关系基础只是一方面，更重要的是迎合对方的心思，以他的心思作为切入点发力。这一点如果操作好了，就能无往而不利，想亲近就亲近，不想亲近也能全身而退。

唐朝名将郭子仪在平定了仆固怀恩叛乱后，声望达到顶峰，唐代宗准备册封他为尚书令。尚书令这个官职在唐朝可不是一般人能担任的，只有当年的秦王李世民，还有唐代宗的长子李适因为平叛有功做过尚书令。郭子仪何其聪明，马上就参透了唐代宗的心思——人家封自己为尚书令，明显就是在试探，看看自己有没有野心。

郭子仪告诉唐代宗："尚书令平时不常设，太子平定了关东之乱才被授予此官职，怎么能授予给我呢？现在冒领功劳的人很多，会乱了朝纲。既然叛贼已经平定，正是端正法纪、审查官员的好时候，那么就请从我开始吧。"

唐代宗听后很感动。

不仅如此，郭子仪后面还有招。他立了大功，自然还是该赏赐的。

只是他要的赏赐别出心裁，居然向唐代宗要了六个美女。要知道，当时的郭子仪已经七十多岁了，可谓德高望重，现在提出这个要求，着实令唐代宗尴尬，也令满朝文武非议，说他老不正经。

然而，这正是郭子仪的高明之处。他拒绝接受尚书令的官职，确实令唐代宗感动，但随之而来的，将会是更大的猜忌！一个立了大功而不要赏赐的人岂不是更可怕？他不要赏赐，是不是可以理解为心更大，已经看不上尚书令了？

郭子仪选择直接将灾祸扼杀在萌芽状态，他提出了要美女，彻底打消了代宗的猜忌。为啥这么说呢？因为但凡阴谋家，在成事之前，都特别在乎自己的口碑，极力塑造"至德"的形象收买人心，比如汉朝的王莽。如果一个人连老脸都可以不要，以贪图美色的名声自居，那自然也是毁了自己的政治羽毛。政治羽毛一旦被玷污了，他的人气和号召力都将大打折扣。和愿意不愿意相比，皇帝更关注你能不能。总而言之，郭子仪算是把皇帝给吃透了，这也是他历经七朝不倒，被历任皇帝信任的原因。

所以说，鬼谷子的所说"用其意"，迎合对方的内心，绝对不是溜须拍马，而是摸透对方的心思后，按照对方内心的痛点出牌，一招一式都与对方合拍，这样他就离不开你。

郭子仪拿捏皇帝的心思到了何等程度呢？他曾经对自己的孩子说，他身居高位，是汾阳王，恩荣无双，却不可也不能急流勇退，因为目前国家不稳定，皇帝还需要他，但也不能不考虑皇帝的猜忌和小人们的妒忌陷害。于是，郭子仪就把自己家的大门敞开，让任何人都可以随便出入，俨然像菜市场一样。这样，别人就没有证据和把柄说他背地里搞事情。

皇帝往往是要用你时离不开你，但也忌惮你，提防你，这几乎是通病。郭子仪算是无死角地扫除了盲点，成了皇帝的"贴心人"，就像是门和门锁的关系一样，紧密结合。

○ 原著研读

> 内者，进说辞也；揵者，揵所谋也。欲说者，务隐度；计事者，务循顺。阴虑可否，明言得失，以御其志。方来应时，以合其谋。详思来揵，往应时当也。
>
> 夫内有不合者，不可施行也。乃揣切时宜，从便所为，以求其变。以变求内者，若管取揵。言往者，先顺辞也；说来者，以变言也。善变者，审知地势，乃通于天，以化四时；使鬼神，合于阴阳，而牧人民。

所谓"内"，就是向君主进献言辞，以言辞来结交君主；所谓"揵"，就是向君主进献计谋，以计谋来打通阻塞，得到君主的信任。想要说服君主，就要暗中揣度君主的心思；想要向君主进献计谋，就要按照君主的意愿顺势而为。要在暗自分析计谋是否具有可行性后，再对君主详尽地分析得失，以此迎合君主的心志。在进献计谋时要选择合适的时机，随机应变，使进献的计谋合乎君主的想法。先经过详细周密的思考再进献计谋，就能使进献的计谋适应形势。

如果我们的言辞或计谋与君主不合，就不能得以施行。因此，我们要揣摩时机是否适宜，从有利于推动言辞与计谋被采用与施行的角度出发来改变策略。要以灵活变通的方式结交君主，取得君主信任，从而像用钥匙开门一样做到随机应变，变被动为主动。游说时，凡谈及以往的事，就应该用顺从君主之意的言辞；凡谈及未来的事，则可以有不同的意见，用有变通余地的言辞。善于随机应变的人要做到知悉各国地势、通晓天文四时的变化，这样就能做到驾驭鬼神，与阴阳之道相合，从而统御民众。

○ 智慧分析

其实人都不傻，世间的大道理，大家几乎都明白，但为什么有人就犯糊涂呢？

这主要还是因为感性思维干扰了理性判断。如果能够发现对方情绪的症结在哪儿，将其进行转移和转化，让他的理性思维重新占领制高点，那么他自然会做出符合事物发展客观规律的判断。所谓良药苦口，这个"苦"字，就是苦在没有有效疏导对方情绪，而一味给对方讲大道理。纵然你说得对，他又怎么能听得进去呢？

良药不一定非得苦口，也可以是很甜的，这才是聪明人的做法。就像触龙说赵太后，如果他一上来就开始讲大道理，赵太后必然会吐他一脸吐沫。但触龙先用给小儿子走门路找关系的事转移话题，让赵太后从情绪迷障中跳了出来，接着再以疼爱燕后的故事一步步牵引，纵然赵太后是个老太太，她也能看出这里面的逻辑关系，从而做出正确的选择。

由此可见，无论是聪明人还是愚钝之人，都是有慧根的，他们不是不明白道理。只是如果你一上来就讲大道理，开始说教，反而会激起他们的逆反心理，最后把事情搞糟。内揵的魅力就在于破除人与人之间的情绪障碍，彼此之间做到情投意合，这样的话就什么事情都好说了。

另外，内揵术和反应术还可以并用，起到相得益彰的效果。

春秋战国时期，楚庄王继位之后当政三年，没有发布一项政令，在处理朝政方面没有任何作为，每天就是打猎游玩，跟妃子们在后宫饮酒取乐，还规定任何人都不准劝谏他，谁敢劝谏他，就处以死刑。楚国的官员们都为楚国的前途而担忧。

右司马伍举很希望劝谏楚庄王，让他振作起来，但又不敢违背楚庄王的禁令。

于是有一天，他趁楚庄王和妃子们猜谜，玩得很开心的时候，灵机一动，让楚庄王猜一个谜语。他说："南方有一只大鸟，落在山岗之上，三年不展翅飞翔，也不鸣叫，沉默无声，大王知道这是什么鸟吗？"楚庄王说："三年不飞是为了生长羽毛，三年不叫是为了观察民情。这只鸟不飞则已，一飞就会冲天；不鸣则已，一鸣就会惊人。我知道你的意思了，请回吧。"

半年后，楚庄王亲自处理朝政，废除十项弊政，兴办九项利于国家的措施，诛杀五个贪赃枉法的大臣，启用了六名智慧的隐士当官，把楚国治理得很好，并且成了春秋五霸之一。

从这个案例我们可以看出，伍举先用反应术中的象、比之法成功引起了楚庄王的好奇心，然后再通过大鸟三年不飞、三年不鸣的事来敲打楚庄王，希望他能够振作起来。人就是这样，如果一上来被别人说教，就会让本能的感性左右，从而产生抵触情绪。而如果有道理相通的其他事情做铺垫，那么理性的判断就会占据上风，从而起到认清事理的效果。

更巧妙的是，伍举通过这个故事成功套出了楚庄王的真实意图，这是非常难得的，说明他触碰并共鸣到了楚庄王的内心世界。

鬼谷子教导我们，内揵的妙处在于随机应变，只要方法得当，就没有打不开的门。我们想进入别人的心门，切不可横冲直撞，而是应该先找打破阻碍的钥匙。

○ 原著研读

> 见其谋事，知其志意。事有不合者，有所未知也。合而不结者，阳亲而阴疏。事有不合者，圣人不为谋也。

> 故远而亲者，有阴德也；近而疏者，志不合也。就而不用者，策不得也；去而反求者，事中来也。日进前而不御者，施不合也；遥闻声而相思者，合于谋以待决事也。

了解君主要谋划的事情，就能够从中洞悉其意愿和志向。若我们所办的事情不合君主之意，那是因为我们对君主之意掌握得还不够。如果对君主之意掌握得不够，那么即使我们主动迎合君主，也不能得到君主的信任，因为我们的关系只是表面亲密而实际上却很疏远。不合于君主之意的事，圣人是不会谋划的。

所以说那些相距很远却得到君主亲近的人，是因为他们和君主心意相通；那些距离很近反而被君主疏远的人，是因为他们和君主志趣不投。主动亲近反而不被任用的人，是因为其主张不合君主之意；离开朝廷反而被君主下令请回的人，是因为其主张被后来的现实证明是对的。每天出现在君主面前却不被信任的人，是因为其主张与君主之意不合；君主只是听说过名声就朝思暮想的人，是因为其主张和君主之意相合，君主正等着他来参与决断大事。

○ 智慧分析

人和人之间的内心世界，其实是很有距离感的。不用说领导与下级、朋友或同事之间，即使是夫妻之间，也有同床异梦的。表面上的亲密并不能说明什么，即使是亲人之间也很难走进对方的内心世界。要不然就不会出现父母让孩子上课认真听讲，孩子完全当耳旁风的情况。

已经进入职场的小伙伴可能都见过这样的情况：有人给团队提了一个挺实在的建议，领导也很认同，但就是没有付诸行动。这就是表面上答应得挺好，但就是不按照你说的做。

鬼谷子认为，想走进别人的内心，就要充分地与别人共情，以"情"为核心，以"德"为辅助，以"谋"为变通之道。可做到共情并不是容易的事，因为站着说话不腰疼，这是普遍存在的情况。

古人中能体察他人内心的高人，白居易绝对算是一个，他总能洞悉别人内心深处最真切、最不易被觉察的情感。在《卖炭翁》中，天寒地冻，卖炭的老汉却"心忧炭贱愿天寒"，即使快被冻死了，还是希望天能再冷点。这搁一般人来看简直无法理喻，毕竟留得青山在，不怕没柴烧，多卖点钱和被冻死哪个更重要显而易见。但在我们现实生活中，多少人不是为了那几两碎银累得一身病，还要拼命地给自己"加杠杆"呢？不到最后一刻，总是觉得自己还行，能再撑一撑，这何尝不是卖炭翁的心态呢？在《琵琶行》中，别人虽然觉得琵琶女可怜，但并不能真正体会到她的失落。可白居易却能读懂琵琶女的内心，以她高超的琵琶技艺来类比自己的诗歌，以她当日的辉煌来类比自己当年"慈恩塔下题名处，十七人中最少年"的风光。正因为走进了琵琶女的内心，他才发出了"同是天涯沦落人，相逢何必曾相识"的感慨。

所以，想走进别人的内心，和亲情、友情、爱情这些毫无关系。哪怕是陌生人，他只要能做到共情，设身处地地站在对方的立场考虑，就能捕捉到对方的痛点。而立足于对方的痛点发力，对方就会按照你的建议去行动，并且离不开你，事事总想让你参谋。

○ 原著研读

故曰：不见其类而为之者见逆，不得其情而说之者见非。得其情，乃制其术。此用可出可入，可捷可开。故圣人立事，以此先知而捷万物。

由夫道德、仁义、礼乐、忠信、计谋，先取《诗》《书》，混

> 说损益，议论去就。欲合者用内，欲去者用外，外内者必明道数。揣策来事，见疑决之。策而无失计，立功建德。
>
> 治名入产业，曰捷而内合。上暗不治，下乱不寤，捷而反之。内自得而外不留，说而飞之。若命自来，己迎而御之。若欲去之，因危与之。环转因化，莫知所为，退为大仪。

所以说如果没有找到双方的共通之处就去游说，必然会遭到失败；没有掌握对方的实情就去游说，也定然会受到非议。只有充分了解对方的实情和意图，才能依据实际情况制定策略。这样推行自己的主张，就可以进退自如，随机应变，轻易地与君主相交，使君主敞开心扉。所以圣人能成就大业，都是在知悉客观情况的基础上，预先知道可否，从而驾驭万物的。

在游说时，凡是涉及道德、仁义、礼乐、计谋这类重要的问题，首先要借鉴《诗经》和《尚书》的智慧，综合分析利弊得失，以此判断我们的言辞应该增加还是减少，通观大局，从而决定是去还是留。若想留下辅助君主，就要谋求君主的接纳；若想离开，就不必迎合君主的心思了。无论决定去还是留，都必须符合与君主相处的规律。遇到疑难之事，先揣测清楚再用计谋解决。如果运用计谋时没有失算，因而受到重用，就能立功建立德业。

既能帮助国君处理好君臣之间的职分，又能治理好百姓使之安居乐业，这就叫做到了与君主心意相投。君主昏庸不能治理好国家，臣民作乱而国君不能觉察，就可以考虑不再为其谋划。对于那些自以为是而不能采纳臣子建议的君主，我们只能假意顺从他，以赢得他的欢心。如果有君主之命传来，那么就接受并执行它，然后使它按自己的意愿运转。如果要离开君主，我们可以说自己继续留在君主身边将会危害到他，这样君主自然会放行。无论选择去还是留，都要像圆环一样根据情况而变换，让人无法轻易识破。做到这样，就称得上是掌握全身而退的大法了。

○ 智慧分析

我们在向别人进献说辞前，一定要充分了解对方，没有调查就没有发言权。不做好调查，盲目支招，提出的建议没有不遭到失败的，也会导致对方的反感。另外，道不同，不足为谋，但不足为谋也犯不着得罪别人，没必要给自己留下麻烦或制造矛盾。这就需要我们有一套像圆环一样的处世方法，进取时潜移默化地影响对方，针对痛点有效发力，用鬼神莫测的方式达到目的；想退出时也能迂回绕出，让别人看不出痕迹和问题来。

鬼谷子是反对愚忠思想的，英雄一旦有了用武之地，就要积极进取，建功立业。然而世事难料，到了该放手的时候，也要果断放手，不可存在非分之想，痴迷于权力和富贵，应该急流勇退，以免引起灾祸。

这个世界上的很多事情，不是你认为对，它就是对的。我们讲问心无愧，但也要分场合，看情况。回到前面提到的话题，为什么在工作中提出中肯的建议，领导虽然同意却并不付诸行动呢？很可能就是因为你提的建议所针对的这个问题对领导来说解决的优先级并不高，他有更看重的事情；又或者执行成本过高，在领导眼里得不偿失；还有可能是因为，这个问题背后涉及很多人的利益，问题比想象中复杂。这种时候如果一直纠结于这个问题，很可能还会把领导惹怒，给自己招来不必要的麻烦。当然，也可能是领导嫉妒你的才能、觊觎你的美色，故意打压你，或者要对你实施精神控制，等等。这种时候你就要警惕了。

总而言之，要吃透对方的内心世界，从阴阳两方面综合考虑，以情为核心，以德为辅助，以谋为变通之道，系统地看问题。比如瓜田不纳履、李下不正冠，我们做任何决策，都不要忽视他人的内心想法。身正不怕影子斜，也要看在什么大环境下。

鬼谷子教育我们，无论是进还是退，都要有像圆环一样的智慧，收发自如，灵活过渡，不要违背他人的内心，从而给自己带来负面的影响和麻烦。

抵巇：
如何将灾祸扼杀在摇篮中

《鬼谷子》的《内揵》讲述了如何跟别人心意相合，打破阻碍，实现有效沟通的技巧，而《抵巇》，则是教大家如何弥补漏洞，将灾祸扼杀在萌芽状态的方法和技巧。

所谓"抵"，是攻击和消除的意思；"巇"是指缝隙，有危险之处的意思；"抵巇"就是消除事物在发展过程中所出现的裂缝和危险之处。

我们在生活和工作中，难免会遇到意想不到的麻烦，这就需要一双敏锐的眼睛，帮我们提前洞悉灾祸的发展逻辑，直接从逻辑链上将其斩断，不让事态向坏的方向发展。

○ 原文研读

> 物有自然，事有合离。有近而不可见，有远而可知。近而不可见者，不察其辞也；远而可知者，反往以验来也。

人和事物的发展有时相合，有时背离，都有其客观的发展规律，不以人的意志为转移。有时距离很近却难以看透，有时远在天边却了如指掌。距离近却相互不了解，那是因为没有考察对方的言辞；距离远却了如指掌，那是因为对历史和现状都进行了深入的研究，能够借鉴往昔来比证当下。

○ 智慧分析

世界是一个复杂的逻辑复合体，因果相承，层层交织，没有一件事是割裂的，所有事物都是普遍联系的。这也就决定了，有些危机是我们平时看不到的。尤其是与我们紧密相关的潜在危险，更是当局者迷旁观者清。如果能够多借鉴前人的经验，多观察是非发展的脉络，就能够有备无患，避免灾祸发生。

举例来说，在山道中开车，遇见拐弯之处不要超车，因为有山体遮挡，你看不到对向车道上是不是有迎面而来的车辆。如果有的话还选择超车，到时候想躲根本来不及。这都是无数血的教训换来的经验，正是因为有这些经验可以借鉴，我们才不至于要承受潜在的灾祸。

然而，人们往往对别人的错误心知肚明，对自己的疏忽却视而不见。比如不系安全带，坐副驾驶座把腿翘到中控台上，骑电动车不戴头盔，等等。人们总是过于自信，殊不知当灾祸真正降临的时候，想让时间倒退一秒都不可能。所以，必须得把功夫下在前面，防患于未然。

真正的高手，哪怕灾祸远在天边也心知肚明；而不明其理的人，哪怕灾祸就在眼前也熟视无睹。这道理听起来比较空泛，那具体应该怎么做呢？我们接着往下看。

○ 原著研读

> 巇者，罅也。罅者，涧也。涧者，成大隙也。巇始有朕，可抵而塞，可抵而却，可抵而息，可抵而匿，可抵而得。此谓抵巇之理也。
>
> 事之危也，圣人知之，独保其身。因化说事，通达计谋，以识细微。经起秋毫之末，挥之于太山之本。其施外，兆萌芽蘖之谋，皆由抵巇。抵巇之隙，为道术用。

巇就是小的裂缝，小的裂缝放着不管，慢慢地就会发展成中等裂缝，中等裂缝最终会发展成大的裂缝。小的裂缝在内部刚刚出现征兆时，可以用"抵"的方式来堵上；小的裂缝在外部出现时，可以用"抵"的方式来消除；小的缝隙公开出现时，可以用"抵"的方式来让它闭息；小的缝隙暗中成长时，可以用"抵"的方式让它藏匿。如果小的缝隙已经大得不能弥补了，那么就用"抵"的方式来将之取代。这就是"抵巇"的基本原理。

危机刚刚出现的时候，智慧的圣人就能觉察，并采取措施进行自保。在自保基础上，他们总是密切地关注客观情况的发展变化，并以此进行分析，提出计谋，以便进一步辨识危机发生的原因。万事万物在开始时都像秋毫一样细小，可一旦发展起来，就会撼动泰山的根基。所以如果要对外施策，必须根据抵巇的原理，在事物尚处萌芽状态时及时发现存在的微小缝隙，并想办法将之堵上。善于运用抵巇术来弥补缝隙，就是圣人处理事情的根本方法。

○ 智慧分析

民间有句俗话：躺在自己的家里，却把街上的人给得罪了。由人构成的社会是普遍联系的，没有人能够真正做到独善其身，完全与社会隔绝。这就需要我们多观察事态的发展脉络，敏锐捕捉到危机爆发前出现的征兆，从而避免让它不断变大，最后引起祸端。

聪明人是能够看到这一点的，因为他们能够根据灾祸的苗头进行合理的逻辑推理，提前预料到未来的灾祸。但糊涂之人不愿意费脑子进行逻辑推敲，只能坐视灾祸的裂缝不断变大。

战国时期有四个礼贤下士的公子，楚国的春申君黄歇就是其中之一。春申君门下有个叫李园的门客，此人虽才智平平，经常遭到其他门客的嘲笑，却有一个国色天香的妹妹李环。李环冰雪聪明，能歌善舞。李园就想利用妹妹给自己的前程铺路。他想好计策后，就向春申君请假，结果假期都过十天了还不回来。

等李园回来后，春申君免不了要责问，他就说："相国恕罪，小人回家，不想在家中碰见了齐国的使者。不知齐王从哪儿打听到了舍妹漂亮，尚未婚配，便想把舍妹纳入宫中。小人是因为招待使者，所以才没能按时回来。"

一听这话，春申君的心就动了，于是就问李园他妹妹是不是已经答应了。李园回答说尚未最终确定。于是，春申君就让李园把妹妹带到他那里见一见。这正中李园下怀。春申君见到李环后，魂立刻被勾走了，将李环留在了府中。三个月后，李环就怀孕了。

李园知道后，便和妹妹商量："现在大王没有子嗣，正为这事发愁，你为何不劝春申君把你送到宫里去献给大王？如果你能生下一个儿子，便可以成为楚国的王后，而你的儿子将来就是楚王。就算生下的是个女孩，你最起码也能做个妃嫔，稳赚不赔。"

李环也想改变命运，就欣然答应了。到了晚上，李环给春申君吹开了枕头风，她先是吹捧春申君，说他深受楚王信任，都超过了楚王的兄弟们。春申君听后很开心。接着，李环又说这份富贵怕是无法长久。春申君问为什么。李环说："大王无子，晏驾后，必定让其他兄弟继位。新王继位后，自然会用自己的亲信，那样的话相国就没用武之地了。况且，相国为相二十多年，大王的兄弟们都很嫉妒，到时必然会打压相国。"一听这话，春申君很害怕，就问李环有无良策。李环说："我有孕在身，大王却没有子嗣，相国可将我献给大王。等我入宫诞下王子后，将来整个楚国都是相国的。而相国屡屡向大王进献美女，把我献给大王，大王定然不疑。"春申君听罢，深以为然，就把李环送入宫中。

楚王一看李环，魂也立刻被勾走了。数月之后，李环诞下了"王子"，立刻被封为王后。昔日饱受鄙视的李园，这时也成了楚国的国舅，地位不可同日而语。地位提高后，李园却担忧了起来，他怕自己天衣无缝的计划泄露，便想杀掉春申君，以除后患。于是，他培养了大批死士，准备除掉春申君，顺便借助妹妹的关系谋求相国之位。

春申君的门客中，有一个叫朱英的人。他虽然不知道李园的秘事，但极善于观察，能见微知著，通过分析预料到了李园的阴谋。于是，他提醒春申君小心，最好先下手把李园杀掉。可春申君却觉得李园连路都走不稳，是个没出息的人，不用多虑。朱英因此离开了春申君。

半个多月后，楚王驾崩，李园接到李环的密报后立刻带人进宫，并传春申君进宫料理后事。在当时的楚国，国君去世后要搞驱鬼仪式，一大群人戴着狰狞的面具，披着熊皮，假扮"神兽"，在驱鬼师的带领下于宫中蹦蹦跳跳。春申君进宫时，正赶上驱鬼，他还煞有介事地想看个热闹，结果被其中一个"神兽"一斧把脑袋给砍了下来。之后，春申君的族人被斩尽杀绝，门客们也作鸟兽散。李园执掌了楚国的权柄，从此楚国大乱。

从这个案例我们可以看出，很多灾祸在发展的过程中是非常具有隐蔽性的，让人很难察觉。原本看起来不会形成灾祸的小事，任其发展下去就可能会演化成致命的危险。李园在将李环送给春申君的时候，很可能并没有要杀死春申君的念头，只是想将他当作可以攀附的高枝。但随着权势和地位不断提高，李园的野心越来越大，春申君也就有了生命危险。所以，这世界上的事，不要光着眼于眼前的几步，而要目光长远，能看到未来的灾祸。这就是鬼谷子强调的，如果发现事态有向不好的方向发展的苗头，就要采取措施弥补漏洞，或者干脆停下来，改变事物发展的方向。羁绊我们生活的每一条逻辑链，都有可能会演化成灾祸，这就需要我们有敏锐的洞察力和分析能力，该弥补漏洞的时候就弥补漏洞，该改变方向的时候就改变方向。千万不要像春申君一样，让灾祸的逻辑链发展到不可收拾的地步。

秦始皇为什么不早早立皇后、立太子呢？这里头有一个很重要的原因，就是韩非子所说的，王后在儿子成为太子后，就会一心想君主能早死。毕竟女子年岁大了以后，容颜不再，而君主年纪大了，好色心却依旧。以年老的容颜去侍奉持久的好色心，这明显是不能成功的。而君主如果临幸其他的年轻女子，年轻女子又恰好生了孩子，那就有可能废掉原来的太子，立年轻女子生的孩子为太子。这样一来，王后和她儿子的地位也就不保了。所以，当太后要比当王后靠谱得多。

人都是以利益为导向的，不同地位的人有不同的利益诉求，所以我们要学会换位思考，不能以自己的立场来审视他人。当一个人的地位发生变化后，他的利益诉求也会发生变化。就像李园，他原本是一个人人都看不起的窝囊废，但人家成为国舅后，社会地位发生变化，利益诉求也就会随之变化了。然而，春申君还将李园视为那个连走路都走不稳的门客，那自然会对李园的所思所想产生误判，从而酿成悲剧。但凡有大智慧的人，比如朱英，都能看出这里面的杀机。

所谓无情最是帝王家，我们以普通夫妻关系的视角去审视宫廷里的夫妻关系，那自然会产生重大的误判。武则天在刚进宫的时候，不会想到自己要当皇帝，但随着地位的变化，她的心思也就变化了。有些人死得很冤，其实并不是因为他们做错了什么，而是他们不小心陷入了别人消弭灾祸的逻辑链中。汉高祖在临死前要杀樊哙，是因为吕后是樊哙的大姨子，他担心日后朝中无人能够遏制吕氏的势力。汉武帝在临死前要诛杀钩弋夫人，也是因为子少母壮，担心他们成为祸患。

聪明人能提前洞察灾祸发生的脉络，率先从危机的逻辑链中跳出来。郭子仪厥功至伟，被封为汾阳王，家中的府邸气派无比，金碧辉煌，但他却把大门敞开，让贩夫走卒都可以进入。汾阳王府俨然成了人民公园。这样一来，就算有小人诬告他在府里搞"不臣之举"，也毫无证据可寻。郭子仪从逻辑上直接堵死了别人的嘴。如果他将家中大门紧闭，就算问心无愧，也会悄无声息地陷入灾祸的逻辑链中。

所以，身正不怕影子斜并不是"万金油"，在以上这些例子中就不好使了。

○ 原著研读

> 天下纷错，士无明主，公侯无道德，则小人谗贼，贤人不用。圣人窜匿，贪利诈伪者作。君臣相惑，土崩瓦解而相伐射。父子离散，乖乱反目。是谓萌芽巇罅。圣人见萌芽巇罅，则抵之以法。世可以治则抵而塞之，不可治则抵而得之。或抵如此，或抵如彼。或抵反之，或抵覆之。五帝之政，抵而塞之。三王之事，抵而得之。诸侯相抵，不可胜数。当此之时，能抵为右。

当天下开始出现纷乱时，国家没有贤明的君主，官吏们不讲道德，小人谗言妄为，贤良的人才不被重用。圣人逃离乱世藏匿起来，贪图利禄、狡诈虚伪的人作乱朝政。君臣之间相互猜忌，各种势力相互攻伐，国家面临土崩瓦解的局面。父子离散，骨肉反目。这些都可以认为是社会出现了裂缝。面对这种情况，圣人就会采取抵巇术来处理。如果世道还能治，就采取抵巇术来弥补，使之走上正轨。如果世道不可治，设法去治理，就运用抵巇术循其缝隙彻底将其打破，然后重新建立一个新的秩序。或者用抵巇术防止形势恶化，达到弥补缝隙的目的；或者用抵巇术任其崩溃，达到取而代之的目的。或者用抵的方法反过来，或者用抵的方法倒过去。五帝当政时，虽然天下也有动荡之时，但圣人可以用抵巇术来弥缝漏洞。三王当政时，天下大乱，圣人只能用抵巇术取代前世君主，建立新的秩序。诸侯间互相征伐，互相取代，这样的事不可胜数。在动乱的时代，采取措施，善用抵巇术，才是处理国家关系的上策。

○ 智慧分析

鬼谷子教导我们，世界上的一切事物在发展过程中都逃避不了生死存亡的逻辑。如果事物在大的逻辑方向上还可以通过抵巇术弥补漏洞，重塑纲纪，那么局势就会转危为安，向好的方向发展。就像人生了病一样，如果尚有药可治，那当然要先治疗他。可如果事物的发展已经坏到极点，无力回天了，那就应该改变方向，塑造新的事物。

安史之乱后的唐朝，虽然国家经历了致命的打击，但整体的管理运行还没有烂到要覆灭的程度，郭子仪这样的圣人就可以出来消弭灾祸，挽救社稷。可如果国家在隋炀帝那样的君主统治下，百姓生活水深火热，到处都弥漫着死尸的恶臭，天下已经烂到了无可救药的地步，那就只能建立新的王朝来取代它。

总而言之，鬼谷子的抵巇术还是以捭阖术为根基的，即严格按照事物的发展规律来操作。尚未到不可救药时，那当然要弥补漏洞，寻求转机；可如果已经无可救药，那也不要留恋，果断弃旧迎新就好。

我们在生活和工作中也是这样，如果一份工作、一个事业尚有挽救的余地，那当然要弥补漏洞，让它向好的方向发展；可如果遇到了不可挽回的事，也要充分尊重事物发展的客观规律，果断放弃，不要钻牛角尖和客观规律硬碰。比如二十世纪末期，胶卷企业仍在蓬勃发展，但数码照相技术一出来，就算胶卷技术再牛，也到了寿终正寝的时候，再执着想挽救也是没有用的。再比如诺基亚，它的功能机曾经无比辉煌，在智能手机进入市场前，手机市场上几乎没有能够与诺基亚一决高下的竞争对手。即使到了2007年，诺基亚在全球手机市场的份额也高居前列。但在智能手机兴起后，诺基亚的市场份额便开始迅速下滑。然而，诺基亚并没有注意到功能机的时代已经结束。诺基亚能够在此前称霸市场，其中有很大一部分原因就是其独家研制的塞班系统得到了用户的广泛认可。可在苹果系统和安卓系统崛起之后，诺基亚依旧在坚持传统手机的生产路线，从而错失了巨大的市场机遇。短短几年内，诺基亚的功能机就消失在了智能手机的大潮中。

我们从事一个行业，应该要有前瞻性，着眼于未来十年甚至二十年，注意到行业的裂缝，看看该行业是否可以"抵巇"。如果它必然会被淘汰，也该提前有所准备。

人也是一样的，好心的引导和规劝固然重要，但也要看当事人是否还有被挽救的余地，如果已经无法挽救，那也只能放弃。比如春申君，他根本听不进去朱英的忠告，那等待他的也只能是死亡。

一个人在企业中，如果不能意识到自己的知识储备已经跟不上企业发展的节奏，还拒绝接受新的事物、新的知识，那等待他的也只能是被淘汰。偏离、跟不上，就是裂缝，努力学习就是抵巇，拒绝学习就是无法抵巇，只能毁灭。

所以，我们应该充分尊重客观规律，不要一根筋，不看未来的发展趋势，违背事物发展的客观规律。但凡是跟客观规律"硬碰硬"的，那只能是头破血流的下场。

○ 原著研读

> 自天地之合离、终始，必有巇隙，不可不察也。察之以捭阖，能用此道，圣人也。圣人者，天地之使也。世无可抵，则深隐而待时；时有可抵，则为之谋。此道可以上合，可以检下。能因能循，为天地守神。

自天地有离合变化以来，万事万物都会在发展变化的过程中出现裂缝，这是不可不察的。要发现裂缝，就要运用捭阖之道，而能运用此道的就是圣人。所谓圣人，就是以挽救天下苍生为己任的人。假如世间没有可"抵"之事，圣人就会隐匿在民众之间等待时机。一旦世间出现了可"抵"之事，圣人就会挺身而出，为国家出谋划策。基于此，圣人上可以暗合君主，下可以治理百姓。如果能够因循此道，就可以掌握天地间的一切变化规律。

○ 智慧分析

无论是个人、企业，还是社会，在发展的过程中，难免会出现这样那样的问题。小问题如果不解决，就会逐渐变大，以至于最终酿成灾祸。而所有不好的东西，它们的产生和发展都是符合辩证统一的逻辑的，认清底层逻辑，就可以将灾祸扼杀在萌芽状态。

几千年来，中国古代的有志之士，往往都会在"出世"和"入世"

的两端徘徊。要么是积极入世，建功立业，造福社会；要么是藏身山林，韬光养晦。对此，鬼谷子给出了很明确的说法，那就是有识之士应该有高度的社会责任感和使命感。当国家和社会出现了问题时，有识之士就应该积极入世，为国家、为社会出力，而不是选择冷眼旁观。当天下国泰民安、百姓安居乐业时，有识之士就可以隐匿在民众中，等待时机，为国家做贡献。当天下已经动乱到无法治理时，有识之士就该"弃旧立新"，为天下苍生创造一个新的世界。

由此我们可以看出，鬼谷子的哲学思想，是一种积极的、强势的、主动的思想。它不受个人情感所控制，而是严格遵循事物发展的客观规律，是一种伟大而务实的精神和智慧。正因为鬼谷子的所有思想都是以事物发展的客观规律为出发点的，所以它也就能永远地立于不败之地。

鬼谷子的抵巇思想衍生出了一种人类的顶级智慧，那就是具体问题具体分析。

这既是马克思主义活的灵魂，也是中国革命的制胜法宝。在腐朽的封建社会即将走向末日时，清末的有识之士也曾发起洋务运动、戊戌变法等抵巇措施，试图进行挽救。当清王朝已经必然被事物发展的客观规律所淘汰，必然要走向死亡时，武昌起义一声枪响，轰轰烈烈的辛亥革命直接推翻了帝制，建立了中华民国。当中华民国在国民党腐朽的统治下已经担当不起历史责任，无法代表广大人民群众的利益时，取代它并建立崭新的新中国就是历史的必然。在中国革命的道路上，既有有识之士"我自横刀向天笑，去留肝胆两昆仑"的悲壮陈词，也有伟人"数风流人物，还看今朝"的豪言壮语。

发现漏洞，弥补漏洞，挽救旧的是一种抵巇；打破旧的，去旧迎新，也是一种抵巇。

抵巇的精髓就在于，永远与事物发展的客观规律保持一致，不拘泥于一端，具体情况具体分析。

飞箝：
低成本打通人脉的方式

俗话说，一个好汉三个帮。想要成大事，没人帮忙是不行的。可如何才能识别周围的人哪些能用，哪些不能用呢？当我们要用别人的时候，又该如何让他们真心实意、竭尽所能地为我们效劳呢？这就是《飞箝》要解决的问题。

用好飞箝术，我们不但可以实现对上管理，让领导不得不为我们做事；也能实现对下管理，充分地整合人力资源，让人才最大程度地发挥能量。我们还可以用飞箝术打通各种人脉网络，大大降低沟通互信的成本；更可以用飞箝术巧妙做局，诱导竞争对手犯错，以达到自己的目的。可以说，"亦正亦邪"的飞箝术是人世间最强的阳谋，也是人们在成功之路上披荆斩棘的利器。

所谓"飞"，即飞语，是指假装赞扬对方，抬高对方声誉，以获得对方的好感；所谓"箝"，即钳制之意；"飞箝"，便是指故意抬高对方，让对方消除戒心，进而钳制对方，使其为我们所用的方法。

○ 原著研读

> 凡度权量能，所以征远来近。立势而制事，必先察同异，别是非之语，见内外之辞，知有无之数，决安危之计，定亲疏之事。然后乃权量之，其有隐括，乃可征，乃可求，乃可用。

凡是考虑问题、权衡情势，一定要广泛地从远或近的各方面来吸收信息，全面了解情况。要想做事情获得成功的态势，继而有效行事，其前提是必须了解对方和我们的观点是同还是异，能够分别对方言语中的是与非，分辨出对方言辞表面和背后的含义，知道对方和我们所拥有的或者没有的，在此基础上才能决断事关安危的大计，确定我们与对方或是亲近或是疏远之事。然后再在实践中加以检验和衡量，对上述的同或异、是或非、内或外、有或无等的做法加以调整和修改，最后才决定如何去取，如何使用。

○ 智慧分析

要想拥有人才，就得先懂人才，能够准确衡量人才的价值，这样才能把周围甚至远方的人才都吸收来。做大事，一定要有明确的目标和纲领，只有事业目标建立起来了，人才才会根据自己的志向向你靠拢。

在事业目标明确的前提下，如果有人才要加入，要考察此人与哪些人意见相同，与哪些人意见不同；要考察此人对是与非的判断，考察他对内对外言辞的异同。通过这些，便可以知道此人的虚实有无。可以问问此人对事关安危的重大事项会如何谋划，看看他的智慧如何。还可以问问此人与谁亲近与谁疏远。最后，把以上这些综合起来加以衡量，就可以对此人的综合能力做出大致的判断。

最值得重视的，是那些具有可塑性的人才。对于可塑性强的人才，可以征召，可以聘请，可以重用。在生活和工作中，无论是拓展人脉，还是网罗人才，首先必须得懂人家的价值和能力，而不是萝卜白菜不分。就像孟尝君，招揽了三千门客，但有用的却没几个。

社会心理学上有一个神奇的"马太效应"：如果他拥有，就给予他更多；如果他没有，那就连他所拥有的也一起剥夺。真正"识货"的人，才能真正吸引人才，而且越吸引越多；而"不识货"的人，人才也不会愿意作践自己，与阿猫阿狗为伍。就像韩信，一开始投奔了项羽，但项羽不拿豆包当干粮，只让他做个执戟郎，最终他选择了离开项羽。项羽到了最后，连亲信范增也离他而去。

由此可见，我们与人打交道，有识人之明，那么我们真正有价值的人脉也会越来越多。反之，如果没有识人之明，那我们身边能提供帮助的人也会越来越少。

对于有些交流，因为无法触及核心价值，所以谈不上是知己谈心，只能算是泛泛之交。就像有些人微信好友比孟尝君的门客还多，又有什么用呢？全都指望不上。

此外，看待人才的时候，不要老盯着人家的缺点，而要全方位、多角度地去看问题。打电话，肯定是要用手机，盖房子自然是砖头更靠谱。尺有所短，寸有所长，把合适的人放在合适的位置上，这样才能爆发出最大的能量。

很多人老盯着别人的缺点或是与自己价值观不相符的地方，继而否定人家的能力，这是非常不可取的。据《史记》记载，有人曾在刘邦面前告发陈平，说他在老家和嫂子私通，还接受下级将领的贿赂，谁给的钱越多，谁得到的好处就越多。刘邦便问陈平怎么回事。陈平说他初来乍到，身上没钱，自然要接受一些钱财，不然没法办事。至于盗嫂之事，陈平都懒得提。刘邦是何许人也，只见他哈哈一笑，说没钱早说呀，于是慷慨地赏赐了陈平很多钱。至于陈平盗嫂与否，刘邦根本不在乎那个。

陈平是西汉的开国功臣，极具谋略，善于布局，成功离间了钟离昧、范增与项羽的关系，也正是他利用两千名妇女吸引楚军的注意力，在荥阳成功救出了刘邦。在西汉开国后，陈平更是智擒韩信，解白登之围，利用匈奴单于的阏氏吹枕头风，把刘邦给救了回来。如果刘邦当初听信老部下的话，认为陈平的人品有问题而不重用他，那他都不知道要死多少回了。

有时候所谓"君子之风"，并不是人才的核心竞争力，这种东西培养起来成本不高，也可以装出来。但具备解决实际问题的真知灼见，这可不是能装出来的，想要获得这种能力，那可是要下大成本的。可很多人就是容易被各种障眼法所迷惑，以至于永远得不到真正有用的人才。

举例来说，鲁穆公曾向孔子的嫡孙子思询问："我听说庞氏的孩子有劣迹，到底咋回事呢？"子思说："君子不言人之恶，不隐人之美，只有小人才会记住别人的过错，我不知道。"子思走后，鲁穆公又问前来觐见的子服厉伯同样的问题。子服厉伯直接说出了庞氏孩子的三个劣迹，都是鲁穆公闻所未闻的，颇受震撼。然而，经过这件事后，鲁穆公自认为掌握了识别君子和小人的技巧，开始愈发尊敬子思，疏远子服厉伯。正是因为鲁穆公这种亲近"打太极"的人，疏远说真话的人的行为，所以韩非子认为鲁国的君权三代都被季孙氏架空纯属活该。

当然，人有三六九等，木有花梨紫檀，对于那些有才能且可塑性强的人，我们应该重点关注。毕竟正是因为他们的可塑性强，我们才能够进一步放大他们的优点，缩小他们的缺点。鬼谷子教导我们，做事业，明确事业目标和纲领是成功的前提。所谓物以类聚，人以群分。你要让大家明白你想干啥大家才有可能帮你，志同道合的人才有可能选择跟你站在同一个战壕里。就像《大话西游》里唐僧说的："你想要说清楚就行了嘛……不可能你说要我不给你，你说不要我却偏要给你，大家讲道理嘛！"

如果没有明确的事业目标，那么向你靠拢的也只能是些混吃混喝的酒肉朋友，没有任何价值。毕竟有识之士，只有跟你的目标相符才会向你靠拢，而不是浪费感情，浪费时间。

○ 原著研读

> 引钩箝之辞，飞而箝之。钩箝之语，其说辞也，乍同乍异。其不可善者，或先征之而后重累，或先重以累而后毁之。或以重累为毁，或以毁为重累。其用或称财货、琦玮、珠玉、璧帛、采色以事之，或量能立势以钩之，或伺候见涧而箝之，其事用抵巇。

很多人都是喜欢听奉承话的，对于这些人，我们可以大肆赞扬他们，使其忘乎所以而泄露实情，再钳制他们。应该根据具体情况灵活运用作为说辞的"钩箝之语"，或同或异，没有定法。对于那些不喜欢虚名，不喜欢听人吹捧，用飞箝之语难以相诱的人，可以先行离开奉承的话题，不断抬高他们的名誉地位，为以后訾毁他们做准备。一次飞扬不成，就反复使用，直到达到毁掉对方的目的。有时候抬高对方的优点而使其暴露缺点是诋毁，有时候历数对方的缺点而使其优点显露出来也是一种重累飞扬的方法，最终目的还是要诋毁对方。可以用对方可能喜欢的财货、美玉、珍珠、玉璧、丝帛、美女等试探对方，也可以通过衡量对方的才能来创造气氛以吸引对方，或者见对方有缝隙可钻就利用对方的缝隙来钳制对方，在这个过程中就要用到抵巇术了。

○ 智慧分析

  每个人都有自己得意的长处和心灵深处独到的造诣，但并不能被所有人都发现和欣赏。倘若双方能够看到彼此与众不同的闪光点，往往就可以最直接地触及灵魂，让彼此成为知己。人一旦认为被对方理解和欣赏，心理防线就会降低，就像俞伯牙和钟子期一样。所以，"识货"的高人，往往能看到人才真正厉害的地方，然后加以夸奖。这样可以最有效地打动对方，而不是拍马屁拍错地方。

  飞箝术的奥秘就在于，放大对方最希望被他人看到的优点，让其飘飘然从而甘愿为我们效力。比如在家里，丈夫对所有家庭成员说，妻子做饭是最好吃的，外面的饭店都比不了。如此一来，妻子不但更愿意做饭了，而且还想做得更好，因为她不想破坏自己在老公心目中"厨神"的形象。朋友之间也是如此，甲夸赞乙看问题独到，能一针见血。乙听到后心里就会跟吃了蜜一样，从而袒露心迹，说这个事其实怎样怎样、如何如何。以后甲再让乙发表意见，乙就会绞尽脑汁替甲思考，而不是敷衍。因为乙不想破坏自己在甲心目中那个智者的形象。

  我们作为飞箝术的发起人，追求的最终结果就是让对方竭尽所能地在相关领域给我们卖力。一切都是为这个目的的服务的。不过，前提是对方在这个领域确实是有过人之处，这样我们才可以将之放大。如果对方没有，我们去夸矮子个高、夸胖子苗条，不但"箝"不住对方，还可能引发矛盾。

  简单来讲，"飞箝"中的"飞"就是指通过赞美激励让对方"飘"起来，使其充满信心、感恩之心或知遇之心，而"箝"则是用情感、处境、舆论、人心向背等牵制住对方，让其心甘情愿地为我们做事。比如，古代的大臣们不想让皇帝做某件事，就说陛下素来如何如何仁德，可不能因为这件事毁了陛下的圣名。这种飞箝术的运用，往往要比讲道理管用得多。

除了认可对方的能力外，飞箍术还可以通过联络感情达到效果。比如楚庄王有一次宴请群臣，突然大风一起，蜡烛全灭了，就有人趁机拉了楚庄王爱妃的衣服一把。这妃子也是有心之人，把对方的帽缨给摘掉了，并告诉楚庄王有人趁黑揩油，她已经留下了证据。然而，楚庄王却让所有人都把帽缨摘掉，让那个揩油之人脱险。三年后，晋楚交战，一个将军奋勇杀敌，五场战斗都冲在了最前面，那不要命的架势令晋军胆寒，楚军一举打败了晋军。

楚庄王很纳闷，便在战后问那个将军，说："寡人平时对你也很一般，今天你咋这么玩命呢？"那个将军回答说："我就是当年宴会上被扯断帽缨之人，正是因为大王宽宏大量，不治我的罪，我今天才肝脑涂地也要报答大王的恩情。"由此可见，赞扬和情感笼络，都可以起到钳制的作用，让对方尽最大力地为我们效劳。

此外，我们也可以针对对方最大的喜好对症下药地笼络对方。有的人喜欢钱，有的人喜欢美女，而有的人只爱古玩字画，还有的人则最想发挥自己的才能，实现人生抱负，得到全天下人的认可。我们一定要精准地发现对方最喜欢的东西，从而笼络对方的情感，这样对方才会真心实意地为我们效力。

对于那些实在没办法笼络的人，可以威逼利诱地进行试探。如果还是不行，那只能毁灭对方。比如秦始皇这辈子最欣赏的男人，恐怕就是韩非子了。他曾坦言，只要能见上韩非子一面，让韩非子和他一起散散步，他就死也没有遗憾了。

可韩非子深深爱着自己的祖国，不管秦始皇怎么试探，他都以"存韩"之念试图拯救韩国。最终，秦始皇也只能默许李斯摧毁韩非子。

飞箍术除了让己方的人尽全力发光发热外，也可以瓦解对手阵营，让更多的人为我们效劳。

○ 原著研读

> 将欲用之于天下，必度权量能，见天时之盛衰，制地形之广狭，岨崄之难易，人民货财之多少，诸侯之交孰亲孰疏、孰爱孰憎，心意之虑怀。审其意，知其所好恶，乃就说其所重，以飞箝之辞，钩其所好，以箝求之。

将飞箝术应用到辅佐一国国君争夺天下的大业中去时，必须能审时度势，预判天时会助该国兴盛还是使其衰败，知悉其疆域是广阔还是狭小、地理条件是有利于进攻还是据守，了解其人口多少、经济实力如何、与其他国家之间的关系怎么样，掌握其国君的亲疏爱憎以及心意所在。要仔细观察国君的意图，迎其所好避其所恶，然后对他最关心的事情展开游说，并用飞箝之辞钩住他的喜好，进而驾驭他，使他能够随着己方的意愿行事。

○ 智慧分析

真正的高手，从来不会只盯着自己身边的人，全天下的人都可以成为他们施展飞箝术来远程遥控的对象。这也是古代的圣贤们以天下为棋盘，纵横捭阖的奥秘。他们收集天下各诸侯的信息，分析各国的山川地势、人口财富、臣子贤愚、国内矛盾以及外交关系，然后制定相应策略对它们进行整体拿捏，从而操控天下。

这方面杰出的代表人物就是辅佐齐桓公九合诸侯、称霸天下的管仲。我们都知道，孙子有句名言——知己知彼，百战不殆。实际上，它的原始版本是管仲的"遍知天下，审御机数"。通俗点讲，就是掌握大数据，根据大数据制定策略，进行间谍战、经济战、策反渗透等方面的工作。管仲让齐桓公派八十个游士到其他国家同官员和百姓们交往，以礼物换取情报。这些游士的任务主要有两个：一个换取情报，把别国的政治、经济、人口等各方面的信息传回齐国；二是搞文化渗透，宣扬齐国的价值观，影响别国的民心士气，让他们向往齐国的"月亮更圆，空气更甜"，继而纷纷移民。

当然，别国的官民也不是傻子，很多数据都是机密，不是给点礼物就能窃取到的。这时管仲就开始换方式施展飞箝术了，他给其他国家的君主、重臣还有社会名流颁奖。只要他们做的事情符合齐国的价值观，就赐予重金和美玉。

当时的齐国是超级大国，齐桓公尊王攘夷，极有声望，所以齐国的大奖也是国际大奖。那时的名士们，穿着齐国赏赐的锦袍，领着"大齐文学奖""大齐经济学奖""大齐和平奖"，纷纷站出来替齐国说话。有些国家的官员甚至主动联系管仲派出的游士，出卖情报，提供"大数据"，大讲本国的政治内情，痛斥本国社会，希望能以此获奖。在这样的操作下，天下很多急于成名的人要么是去了齐国，要么是人在他国，心在齐国。管仲利用获取到的情报，摸清了他国的经济结构，便大玩经济战和贸易战，直接搞垮了鲁国和莱国。历史总是惊人地相似，当今世界上的很多东西都是两千多年前我们的老祖宗们玩剩下的。

所以，多学一些鬼谷子的智慧，对于我们看清很多事情都有帮助。

○ 原著研读

> 用之于人，则量智能、权材力、料气势，为之枢机。以迎之随之，以箝和之，以意宣之，此飞箝之缀也。用之于人，则空往而实来，缀而不失，以究其辞。可箝而从，可箝而横；可引而东，可引而西；可引而南，可引而北；可引而反，可引而覆。虽覆能复，不失其度。

将飞箝术应用到与人打交道中去时，必须先考量对方的智慧和才干，估量他的气势。将充分了解对方作为与之相处的关键。先迎合他、附和他，然后再用飞箝术驾驭他，使其与己方相合。应该有意识地去适应对方，迎合其需求，随其心意，为其谋划解决关键问题，然后再控制他，从而把自己和对方的事业联系在一起，以达到自己的目的，这就是飞箝术。飞箝术用在与人打交道上，自己往往没有付出却能够得到丰厚的回报，使对方与自己紧密联结而不会失去控制，然后再在其言辞上探究实情。做到这些，就能钳制对方，或者使他向纵的方向，或者使他向横的方向；或者使他向东，或者使他向西；或者使他向南，或者使他向北；或者使他返回起点，或者使他返回起点后再返回来。反反复复，始终在自己的掌控之中。

○ 智慧分析

要想使用飞箝术让别人为你效劳，两个人"合拍"很重要，这就需要精准地考量对方的智慧和能力。我们的最终目的是让对方给自己办事，所以就不能以过高或者过低的标准去迎合对方。如果你迎合的标准过高，和对方交流一些他也不懂或者接触不到的，那他也不可能对你尽心尽力，反而会自惭形秽，觉得达不到和你做朋友的标准或者说有种被说教的感觉，从而远离你。如果你迎合的标准过低，试图和对方共鸣的东西让他觉得肤浅，那么他不是会小看你就是会觉得无聊，认为你是在浪费他的感情和时间。

我们在生活中，但凡遇见一个能处处懂你、句句都说到你心坎上，让你觉得和他相处很舒服，不可能发生矛盾的人，那这个人一定是向下兼容的。他能觉察到你的心思和痛点在哪里。

鬼谷子教导我们，要针对对方的实际情况，量体裁衣，打造合适的飞箝策略，这样才能真正地"箝"住人。所谓迎合对方，并非光说好听话，而是要实现"合拍"的兼容，顺应对方的需求和心意，帮对方解决真正的难题。这样你才能"箝"住对方，让彼此在一个战壕里。

春秋战国时期，身为大富商的吕不韦明白异人在赵国做人质时最大的痛点是什么，并以此展开周旋。他很合拍地从异人的痛点发力，用重金疏通秦国高层，并打通了华阳夫人的关系，让她收异人为义子。如果吕不韦不兼容异人的痛点、处境、智慧和才干的话，光是滔滔不绝地讲《吕氏春秋》里的那一套，他也是"箝"不住异人的心的。

鬼谷子教导我们，与人打交道，要反复斟酌自己的言辞，认真打磨，让自己所说的能切中对方的心意，成为对方的知心人。慢慢地，我们就能将自己的事业和对方联系在一起，成为"一伙人"。如此这般，想合纵就合纵，想连横就连横，事业的各个方向任你驰骋，世界上哪还有办不成的事呢？

我们再举一个现实中的例子。某年高考后，一个企业发出了奖励标准，员工的孩子要是能考上211大学奖励五千元，能考上985大学奖励一万元，能考上上海交通大学、复旦大学、浙江大学奖励两万元，能考上清华大学、北京大学奖励五万元。如此这般，既切中了员工的心意，又极大地鼓舞了孩子们为父母争光，谋求利益的积极性，可谓一箭双雕。员工的家人都会对企业充满感激之情，与企业合拍，这比给员工搞培训，讲一些企业文化的大道理要管用得多。

由此可见，飞箝术的奥秘就在于用小成本，甚至不用成本，就能收获极其丰厚的回报，可谓人世间最厉害的阳谋。

忤合：
如何做出正确的选择

俗话说，男怕入错行，女怕嫁错郎。在我们的现实生活中，选择比努力要重要得多。

很多人，不是不聪明，不是不勤奋，也不是没有好资源，但就是没能成功。这样的人并非命运不好，而是在选择上出了问题。

在人生和事业的道路上，我们选择了一方，势必就会放弃另一方。这就像矛盾对立统一的两个方面：阴与阳，黑与白，是与非，左与右，敌与友。它们会随着事物的发展而不断变化。如果我们的选择能够符合事物发展的客观规律，永居善地，那又怎会选错呢？选择对了，人生又怎会不成功呢？

《忤合》就是教我们如何正确做选择的。相悖为"忤"，相向为"合"，可以理解为这是做出正确选择的指导思想。

○ 原著研读

> 凡趋合倍反，计有适合。化转环属，各有形势。反覆相求，因事为制。

事物都有趋向于融合统一或者朝相反方向发展两种趋势，尊重相应的客观规律，是计谋是否合适的关键。这两种趋势之间会相互转化，有各自的发展形势。如果使用计谋要恰当合适的话，就要能像圆环一样随形势变化及时采取应对措施。

○ 智慧分析

这个世界上没有永远的朋友，也没有永远的敌人。我们与对方是敌人还是朋友，就像圆环一样可以旋转互变，要根据具体的形势来做出判断。就像秦国和晋国，一起攻打郑国时，秦晋两国是盟友。然而，烛之武向秦穆公陈说了灭郑的利害后，秦穆公看到了事态发展的方向，遂改变了立场，和郑国成了朋友，还留下了一支军队保护郑国不被晋国攻灭。

我们选择和谁亲近和谁疏远，一定要从事物发展的方向来看。与此同时，我们还要有换位思考的能力，毕竟在我们评估趋势的时候，别人也在思考未来。

不要等朋友变成敌人了，我们还茫然不知，被蒙在鼓里。这也提醒我们，不可过于依赖用一种方式解决所有问题。并不存在永远可靠的方法，如果形势变了，以前的"制胜法宝"也可能会变成束缚自己的"枷锁"。

在第一次世界大战中，英、法两国联合和德国交战，双方采用的都是阵地战。法国在这方面颇有心得，于是斥巨资构建了强大的马其诺防线。但到了第二次世界大战时，战争形态已经从阵地战发展成了依靠机械化部队的运动战，可法国依旧坚持过去的作战思想，结果被德国打得一败涂地。事实上，当时的法国无论是机枪火炮还是装甲部队都比德国先进，但由于作战思想陈腐，法国把所有赌注都押在了马其诺防线上，结果战争一打响，法国抵抗了不到一个月就投降了。

我们在选择取舍时，一定要具体情况具体分析，用发展的眼光看问题。有一次庄子带学生们游学，看见一棵高大的树，但伐木工却视而不见。问其原因，伐木工说这棵树无用，做门容易招惹虫蚁，做家具容易腐坏，做船容易漏水，干啥啥不行，是棵无用之树。庄子感慨："正因为它没有用，所以才能长存啊。"到了晚上，庄子和学生们投宿一户农家。农户要杀鹅款待他们，而且专杀不会叫的鹅。庄子对学生们说："有才能的留下来了，没有才能的就被杀掉了。"学生们很不解，问："为什么白天遇到的无用之树可以长存，夜晚不会叫的鹅却要被杀掉呢？"于是，庄子告诉了他们"龙蛇之变"的道理。如果天时合适，君子该成龙的时候就成龙，在长空翱翔，展示才华。如果天时不对，君子也该有变蛇的能力，在草莽间与蚂蚁蚯蚓为伴，住在污秽的地方吃肮脏的食物。

说白了，做选择时就是要看当时的具体情况，千万不能死心眼，不知变通。

当事物遇到了适合发挥其价值的时机时，就要充分地发挥它的潜力。当天时、地利、人和发生变化，需要它隐遁蛰伏的时候，就应该隐遁蛰伏，不能逞能。比如在高速公路上，就应该按照交通规则保持比较快的速度行驶，如果慢了，造成拥堵不说，还极有可能出现追尾的危险。但进入了省道和村道，这时速度就应慢下来，如果还按照高速公路上的速度行驶，同样会出现危险。所谓"此一时，彼一时"，就是这个道理。如果不会变通，总觉得自己能跑二百迈，不用非跑四十迈，这就是不懂忤合，不会选择，也是不会变通的体现。再比如，如果在职场中遇到了嫉贤妒能的领导，你就应该选择背离，不要表现得太能干，否则就会被鞭打快牛，被他排挤。但如果遇到了求贤若渴的领导，你就可以充分展示才华，抓住升职的机会。

如何选择，关键要看具体情况和周围环境，而不是看自己的意愿和能力。

○ 原著研读

> 是以圣人居天地之间，立身、御世、施教、扬声、明名也，必因事物之会，观天时之宜，因知所多所少，以此先知之，与之转化。
>
> 世无常贵，事无常师。圣人无常与，无不与；无所听，无不听。成于事而合于计谋，与之为主。合于彼而离于此，计谋不两忠，必有反忤。反于此，忤于彼；忤于此，反于彼。其术也。

因此圣人在天地之间，立身处世，施行教化，宣扬名声，必须看准事物发展变化的关键，看清社会发展的状况和趋势，顺应天时，据此判断并决定自己所做的是多还是少。要依据忤合的原理来预判事态的发展方向，根据形势变化做出相应的调整。

世上没有永恒显贵的事物，事物也没有永远不变的效仿对象。圣人做事，没有恒久不变的赞同或不赞同，也没有恒久不变的听从或不听从。圣人的行事都是以事情能否获得成功，所出计谋是否切合实际为根本。计谋与一方相合就一定与另一方相离，不能同时适用于相反的双方，一定会有相合、相逆的情况出现。所谓"忤合术"，就是合于彼就一定会逆于此，合于此就一定会逆于彼。因而要根据实际情况灵活运用忤合术。

○ 智慧分析

鬼谷子的忤合术，绝非是让你"墙头草，两面倒"，而是教你该出什么牌的时候出什么牌。施展忤合术的前提是对事物发展的趋势和时机有着清晰的洞察和把握，它是建立在头脑清醒的基础上的。"墙头草，两面倒"则恰恰是由于没摸准，没看透，没有清醒的预判，所以才会瞻前顾后，左右摇摆。二者根本不是一个概念。

鬼谷子教导我们，不要盲目信从所谓永远对的东西，或者说迷信永远对的榜样。只要我们做的事，是符合事物发展客观规律的，那就没有什么是不能尝试的，也没有什么意见是不能听的。当然，我们做选择时很难做到兼顾两方，选择了一方，势必就要放弃另一方。之所以这么讲，根就在于圣人把事物的本质看得太透了。事物的对立统一是不断变化的，做选择时必须明确且精准。机会往往转瞬而逝，如果想眉毛胡子一把抓，往往会什么也抓不到。

当年朱元璋的地盘夹在陈友谅势力和张士诚势力之间，陈友谅率数十万大军来进攻朱元璋，并且邀请张士诚一起前后夹击。面对如此局势该如何选择，朱元璋的部下们分成了三种意见。有的人认为，双方兵力悬殊，硬拼绝对不是上策，应该先消灭最弱的张士诚，再和陈友谅交战。这样先吃掉弱的，再对付强的，才有可能获胜。也有的人认为，可以先对陈友谅诈降，诈降不成，再与之一战，若战不胜，就退守旧的根据地以图再举。还有的人认为，应该迎头杀上去，打败陈友谅，先啃硬骨头，再收拾张士诚。

面对部下们的意见，朱元璋都没有听，他精准地猜到了张士诚的想法。所谓唇亡齿寒，要是朱元璋被陈友谅吃掉了，那连朱元璋都打不过的张士诚岂不是更没活路？所以，朱元璋断定张士诚不会出兵。陈友谅又是个什么样的人呢？他为了早点当皇上，不顾下雨天都要登基，可见此人有多急躁。而且陈友谅赌徒心态极重，和这样的人在正面战场硬碰硬不是明智之举。于是，朱元璋最终选择引诱陈友谅大军到南京附近的龙湾，在那里设下埋伏，一举击溃陈友谅的主力。正面战场交战，兵力不足是劣势，但是"彼为明，己为暗"的伏击，就可以借助天时、地利，扭转劣势。事实证明，朱元璋正是利用地形和潮水涨退的地利，让陈友谅的数百艘大船搁浅，从而成功打败了他。此战之后，实力的天平发生了逆转，陈友谅损失惨重，对朱元璋再构不成绝对的威胁了。

从这个例子我们就能看出，圣人从来不是抱着侥幸的赌徒心态做事的。他们的选择清晰明确，目标坚定，而且行之有效。之所以会如此，就是因为他们看得透，洞察了局势。但糊涂的人，却无法看懂其中的逻辑线。就像李善长所惊呼的那样：我们躲陈友谅还躲不过来呢，怎么还要把他引到我们的老窝南京来？

原著研读

> 用之于天下，必量天下而与之；用之于国，必量国而与之；用之于家，必量家而与之；用之于身，必量身材能气势而与之。大小进退，其用一也。必先谋虑计定，而后行之以飞箝之术。

将忤合术运用于管理天下，一定要考虑到天下的实际情况；运用于治理国家，一定要考虑到国家的实际情况；运用于治理家族，一定要考虑到家族的实际情况；运用于人际交往，也一定要考虑到自身及对方的才能和气势。总而言之，无论大小进退，运用忤合术的原则都是相同的。运用忤合术，必先设定符合实际情况的计谋，然后辅之以飞箝术来实现。

○ 智慧分析

鬼谷子的这段话揭示了人世间最大的智慧，那就是无论做什么事，都要具体情况具体分析，而不是一刀切，盲从别人的成功经验。面对诸多的选项时，哪种适用，哪种不适用，这不是由我们的个人意愿决定的，而是由当时的具体情况决定的。再好的原理，再先进的理论，如果不能和具体情况相结合，不接地气，那也发挥不出原有的价值。

东汉光武帝刘秀就是一个非常懂得结合实际，具体问题具体分析的人。建武八年，他手下的吴汉、盖延等大将率部一起围攻割据军阀隗嚣。为了壮大声势，吴汉接收了很多来自各个州郡的士兵。刘秀知道这个情况后，急忙叫吴汉遣散这些人，因为这些人出工不出力，只是过来蹭粮食吃的，如果其中有人逃亡，还会动摇军心。

但吴汉迷恋"人海战术"，认为人多力量大，没有听刘秀的建议。结果在接下来和隗嚣的战斗中，吴汉一时间无法取胜，军队的粮食却快速减少。粮食少了，军心就动摇了，大量士兵开始逃亡。这个时候，隗嚣的手下王元从蜀地公孙述借来的五千援军到了。他们站在高处，擂起战鼓，高声大喊："百万大军到了。"这么一忽悠，吴汉的军队军心更不稳了，还没来得及布阵，就被王元突破了包围，救出了被困城中的隗嚣。因为粮食已经吃光了，吴汉的军队只能暂行撤退，还被隗嚣的军队追击打败，只能退守长安，原本获得的一大片领地又都被隗嚣占领了。

三年后，刘秀又派吴汉率领六万军队协助岑彭攻打田戎。当时岑彭手中各郡来的水军很多，战船就有数千艘。吴汉想起三年前的事，便想遣散这些水军，避免他们消耗粮食。但刘秀这回不同意，并且让岑彭来主导这次战争，最后东汉军队果然获得了胜利。

从这个案例我们就能看出，同样的问题，往往"此一时，彼一时"。攻城战和打水战是不一样的，攻城不见得一次性能拿下来，容易陷入胶着状态，但打水战却往往是一战定乾坤。刘秀之所以前后态度不同，正是因为两次战争的形态不同，一切要从实际出发，具体问题具体分析。

能遵循事物发展的客观规律，就能做出正确的选择。如果不调查，不研究事物的底层逻辑，盲目选择所谓"经验"，那只能是盲人摸象，又怎么会成功呢？

就像历史上很多人学习韩信的背水一战，结果根本不了解人家当时的具体情况，最后一败涂地。

对我们个人来讲，在选择事业时也要具体情况具体分析。面对一个工作岗位，要分析自己是否有能力胜任、是否感兴趣，公司和行业的前景如何，等等。这些问题都要进行认真思考，而不能凭一时冲动就"拍脑门"做决定。

○ 原著研读

> 古之善背向者，乃协四海，包诸侯，忤合之地而化转之，然后求合。故伊尹五就汤，五就桀，而不能有所明，然后合于汤；吕尚三就文王，三入殷，而不能有所明，然后合于文王。此知天命之箝，故归之不疑也。
>
> 非至圣达奥，不能御世；非劳心苦思，不能原事；不悉心见情，不能成名；材质不惠，不能用兵；忠实无真，不能知人。故忤合之道，已必自度材能知睿，量长短远近孰不如。乃可以进，乃可以退，乃可以纵，乃可以横。

古代擅长运用忤合术的人，可以掌控天下和诸侯，可以运用忤合术驾驭他们，使对方根据自己的需要发生改变，然后和对方相合。所以，贤相伊尹五次投奔商汤，也五次臣服于夏桀，最后决定一心辅佐商汤。姜太公吕尚三次投奔周文王，也三次臣服于殷纣王，可他对殷纣王无法产生认同感，最后决定一心辅佐周文王。经过多次的忤合之后，明白了天命的所定，所以伊尹和吕尚在最后一次归顺后再也没有怀疑过了。

如果不是能够洞悉深奥道理的至圣之人，是不可能驾驭天下的；如果不劳心苦思，是不可能揭示事物规律的；如果不悉心考察事物的真实情况，就不可能使事物名实相符；如果没有才能和胆量，就不能统兵作战；如果只是愚忠，缺少真知，就不能有知人之明。以上都是运用忤合术的必备条件。因此，要想用好忤合术，就必须估量己方与对方的优劣短长，知己知彼，确定对方不如己方之后再实施。做到这样，就可退可进，纵横天下了。

○ 智慧分析

我们现在回顾历史，其实都是站在"已知剧本"的角度来看的。然而，对历史中的当事人而言，他们并没有长后眼，无法一眼看穿未来。所以看待历史人物，应该有一种设身处地的代入感和同理心。这些人当时所能做的，只是根据事物发展的逻辑链，洞悉其中的规律，捕捉先机。

我们今天也是一样，谁也不是先知，能够预见未来。我们能做的，也是分析事物发展的规律和逻辑，从而做出正确的选择，让生活和事业获得成功。比如炒股，"赌徒"和"狙击手"，这是两个完全不同的概念。一个是玩运气，一个是玩智力。所以鬼谷子说，如果不劳心苦思，怎么可能知道事物发展的规律呢？如果不细心地观察真相，又怎么可能会获得成功呢？如果不能像圣人那样达到洞悉深奥道理的境界，又怎能驾驭天下呢？所以，我们看待古代的圣人、牛人，不要掺入太多唯心的神秘色彩，觉得他们有超能力，可以预知未来，那是"赌徒"思想。实际上这些人都是"狙击手"，他们和普通人不一样的地方只是他们愿意花费大量脑力和精力去思考问题和摸索规律。这也是他们最终总能选择正确的原因。

司马懿在做选择方面，就是忤合术的高手。假如现在让大家穿越回三国，大家肯定都能选对"好大哥"，毕竟剧本都看过了。但对当时的人而言，这个问题可没那么简单。选对了自然是好，万一选错，不光是自己掉脑袋，还要连累整个家族。

怎么办呢？士族们便开始玩风险分摊。比如诸葛家，诸葛瑾给东吴打工，诸葛亮给蜀汉打工，诸葛诞给曹魏干活。你能说谁真长了后眼了？其实谁也不是神人。真实的历史远没有小说或评书中演绎的那么浪漫。在司马懿的家族中，其父司马防、其兄司马朗都给曹操干活，然而最具才名的司马懿一开始却拒绝了曹操。他这么选择并非不看好曹操这个"好大哥"，而是做事留有余地。如果司马家全投靠曹操，曹操赢了自然是好，可如果曹操输了呢？当时北方正处于混战中，司马懿的操作等于变相给家族留了一条后路，跟曹操划清界限。万一曹操失败了，日后在袁绍面前司马懿也可以有说辞。曹操那边有司马懿的父兄在，曹操也挑不出司马家族的毛病来。

直到曹操扫平北方，态势已经明朗后，司马懿这才肯出来为曹操做事。但这也是有条件的，那就是必须由大士族出身的荀彧推荐才行。这里头也是颇有一番说道的。汉朝选拔人才用的是"察举制"，被推荐人当了官后，如果犯了错，那么推荐人也是有连带责任的。荀彧是曹操的重要谋士，有他做推荐人，那么司马家族也就和颍川大士族结成了同盟。所谓"大树底下好乘凉"，有荀彧做靠山，那么司马懿的政治生涯就会安全得多。

从这个例子我们就能看出，聪明人不见得有多么神机妙算，能够前知三百年，后知三百年。但他们一定能在逻辑的大框架内寻求最优方案，让自己的选择更符合事物发展的客观规律。所以，所谓圣人做选择，都是玩逻辑和理性的，而不是靠运气或超能力的，这也是用好忤合术的关键。

揣篇：
探究事物本质的能力

所谓"巧妇难为无米之炊"，设计和做局也是一样，一定要全面了解情况，对信息进行揣摩，然后再制定谋略。这样，我们的谋略才能得以实现。如若不然，我们所制定的谋略也是"空中楼阁"，无法落地，再聪明的人也不可能做到未卜先知。

在这个过程中，如何了解对方，了解对方哪些内容，如何根据对方的情况进行揣摩就是一门大学问。

《揣篇》就是专门讲解这方面智慧的。所谓"揣"，就是度量、揣测的意思。不但要揣摩人的内心，更要分析天下之事，权衡事物的利弊得失，从中发现隐藏的真相。

○ 原著研读

> 古之善用天下者，必量天下之权而揣诸侯之情。量权不审，不知强弱轻重之称；揣情不审，不知隐匿变化之动静。

古代游说各国的纵横家们，必定对天下的政治形势和发展趋势有充分的了解，能揣度各国国君的内心世界，了解他们的心中所想。如果不能熟知天下局势和各国的综合实力，就不会知道谁强大，谁弱小，不会知道各国内部哪些地方强，哪些地方弱，不会知道各国在国际形势中的地位高低。如果对各国国君的内心世界揣测不准，就不能了解他们的心中所想，以及他们对外界情况发生变化时的心理反应。

○ 智慧分析

所谓"站在什么山头唱什么歌"，我们替别人出谋划策也好，提供意见也罢，一定要先了解对方的情况，洞悉对方的内心世界，这样才能做到有的放矢。如若不然，必然会栽跟头。

《列子》中记载了施氏和孟氏的例子。鲁国施氏的两个儿子，一个学礼教，去齐国就职；一个学兵法，去楚国就职，都得到了重用。施氏的邻居孟氏，也有两个儿子，他们所学的和施氏兄弟一样。但孟氏兄弟中学礼教的跑到秦国去大讲仁义，学兵法的跑到卫国大讲强兵之道，结果一个被阉割，一个被挖掉膝盖骨。

由此可见，聪慧不代表智慧，学得一身本领，只能说明这个人很聪慧。但不懂得量权揣情，不充分了解各国的情况，不分析其中的利害关系，胡乱出牌，就是没有智慧的表现了。最终落得个孟氏兄弟的下场也不足为奇了。

鬼谷子教导我们，一定要充分了解对方的内心世界，摸清对方的真实想法，这样才能做出正确的选择，不然就会碰钉子。比如，有一回秦昭王病了，老百姓为他祈祷，结果秦昭王果然病好了，老百姓便杀牛向神还愿。两个大臣知道后大喜，跑到秦昭王跟前拍马屁，说他的威望已经超过尧、舜了，尧、舜生病时百姓都没祈祷杀牛还愿。结果秦昭王先是询问是哪里的百姓祈祷，然后又下令罚那里的里正、伍老各出两副铠甲，原因是擅自祈祷，不符合法令。要知道在战国时期，一副铠甲非常昂贵，足以让一个中产家庭倾家荡产了，而那倒霉的里正和伍老就是因为不了解君主的真实心思给自己惹了祸。

那么秦昭王的真实想法是什么呢？面对下面人的不解，秦昭王的解释是："没错，百姓为我祈祷是爱我的表现，但我管理国家可不是靠情感，而是靠法度和权势。如果绕开法度和权势跟百姓扯情感，以后对他们稍微不好一点，他们就不听话了。"

这个逻辑就有点像我们现代公司里的领导指挥下属，靠的是岗位职责，而不是情感一样，如果扯情感了，那以后突然对下属严格了，下属就会怨恨领导，这样人就不好管了。所以干脆别扯情感，一切从规矩出发。

秦国以法家思想治国，所以君主会有这样的想法。其他国家的君主，如魏惠王就喜欢别人夸自己仁慈善良、广施恩惠。鲁穆公就喜欢君子之风，不喜欢打小报告的人。韩昭侯最怕别人知道自己的小秘密，怕说梦话，一度不和夫人一起睡觉。

所以，古代的纵横家们到各国游说前，都是对各国国君的心理特点有充分了解的，并且还会根据各国国君的现场表现进一步揣测他们当时的心思，以便随时调整对策。而我们今天，无论是入职某公司面试也好，还是求人办事也罢，抑或与其他公司合作，都一定要先把市场环境、政策环境以及对方机构的情况了解到位，并将关键人物的心思吃透，这样才能诸事皆宜。

○ 原文研读

> 何谓量权，曰：度于大小，谋于众寡，称货财有无之数，料人民多少，饶乏有余不足几何；辨地形之险易，孰利孰害；谋虑孰长孰

> 短；揆君臣之亲疏，孰贤孰不肖；与宾客之知慧，孰少孰多；观天时之祸福，孰吉孰凶；诸侯之交，孰用孰不用；百姓之心，去就变化，孰安孰危，孰好孰憎。反侧孰辩，能知此者，是谓量权。

什么是量权呢？就是要估量一个国家地域的大小，人才和谋士的多少，物产资源和国家财富的情况，人口的数量，以及哪些物产丰富，哪些物产缺乏；还要分辨地形的险要之处和平易之处，哪里的地形有利，哪里的地形有害；对于一国的谋臣，要了解其中哪些人善于做长远规划，哪些人善于谋划眼前；要摸清君臣之间的关系到底是亲密还是疏远，大臣中哪些人贤明，哪些人不贤明；要预料对方宾客的智慧是多还是少；要观察天象时序的变化，什么时候给人带来福祉，什么时候给人带来祸患，什么时候做事情吉，什么时候做事情凶；要搞清诸侯之间的交往，哪个可以利用，哪个不可以利用；要弄明白老百姓的民心向着谁背弃谁，这种民心变化什么样是安全的，什么样是危险的，要知道老百姓心里真正喜爱什么，讨厌什么。能够从各个方面对以上情况进行熟练辨别，并且知道如何应对的，就叫作量权。

○ 智慧分析

所谓"知己知彼，百战不殆"，充分掌握了对方的情况，就可以制定相应策略，无论是拉拢还是制裁，抑或做局，都可以手到擒来。

春秋战国时期，齐桓公小白看邻国莱国很不爽，想收拾它。接到了领导指示，管仲就开始谋划做局。他先派人了解了莱国的经济结构和人口情况，发现莱国的木材资源很丰富，但农业生产并不发达。于是，他就派官员到齐莱边境的山上开矿铸币。铸币需要烧木材，齐国的官员得就近采购莱国的薪柴。莱国百姓见有利可图，纷纷放弃了农业生产，上山砍柴。

然而没过多久,管仲突然下令,停止在齐莱边境铸币。这一下子,莱国的薪柴卖不出去,粮食供应却严重不足,出现巨大缺口。莱国的百姓活不下去了,于是很快大量人口都移民归顺了齐国。就这样,管仲仅仅对经济政策进行了一个小调整,就鬼神莫测地击垮了莱国。这可比千军万马管用多了,而且不用成本,反正所铸的钱币也要用。

除了了解经济结构、人口情况、综合实力外,一个国家的位置、地形、山川以及险要平易之处都是要重点关注的对象。因为这些直接决定了它的战略空间和战术发挥的余地。哪些地方一夫当关万夫莫开,哪些地方一马平川易攻难守,这些都要做到心中有数。

战国初期,最强大的国家并非楚、秦、赵三国,而是继承了晋国大部分家底的魏国。魏国拥有肥沃的土壤,密集的人口,军事潜力很大。但它陷入四战之地,周围群敌环伺,又无天险可守,所以战略空间非常有限。楚国、秦国和赵国则不同。楚国向南,有广阔的扩张空间,可以不断兼并小国提升国力。秦国可以向西拓展,不断升级。赵国可以向北进军,事实上赵武灵王征服了中山、楼烦、东胡、林胡等北方游牧民族势力,大大提升了国力。

所处位置不同,地形不同,直接决定了各诸侯国的发展潜力以及它们之间的矛盾关系。我们都知道,战国时期,秦国和赵国之间的矛盾最尖锐,除了实力因素外,最重要的原因还是地缘政治。本来秦国向西扩张,赵国向北发展,互不干扰,但赵武灵王打着打着开始向西北方向扩张,竟然到了秦国的北部边境。在那个时代,没有完整、靠谱的地图。中原各国周遭都是"黑屏状态",赵武灵王打到了秦国北部边境,而且秦国无险可守,秦国国君怎么会不如鲠在喉呢?

本来秦国仰仗函谷关这个天然屏障,进可攻,退可守,打得过你,我就出去捞一笔;打不过你,我就龟缩函谷关,你也打不进来。现在强敌赵国突然出现在了北方，其文明程度、军事实力跟自己属于同一水平，秦国能不慌吗？所以赵国也就成了秦国的眼中钉，肉中刺。

古代的纵横家们，就是充分调查和了解了这些地缘政治中的利害关系，从中梳理逻辑，推演发展，继而说服各国君主实现连横和合纵的。放在我们今天其实也一样。公司之间相互竞争，相互合作，一定要充分了解对方的市场处境、发展空间以及所面临的痛点。切入对方的痛点进行引导，就可以联合对方，或者做局把对方诱入绝境。

除了宏观的大数据外，我们也要了解对方管理团队的内部情况。对方主要领导者的心思是怎样的，上下是否齐心，团队是否有贤人，领导者是否昏聩，下属的才干有什么特点，等等，这些都要掌握。

当然，这里面有些东西不是那么太容易获知的，但聪明人却可以见微知著，把握其中的内情，这也是鬼谷子《揣篇》的精髓。比如，莒国被楚国攻打，莒国向齐国求援。莒国的使者来到齐国，管仲一眼就看出了莒国国君的底色，告诉齐桓公莒国国君是个昏聩的小人。于是，齐桓公问他是怎么看出来的。管仲说："我在和使者交流时，故意侮辱他们的国君，但使者却丝毫不以为意。"齐桓公说："那可能是现在有求于人，不好翻脸罢了。"管仲又说："我又吩咐接待使者的官吏不要给对方足够的私人赠礼，并说这次就这么多，看对方如何反应。结果莒国使者竟以死相争，说齐国太不给他面子了。"

一般人看这个问题，只能看到使者贪婪，因小利而忘大义。但管仲却认为，国家危难之际，能派到他国求援的，一定是国君最信任的人，也是国君认为最有能力的人。现在这使者如此表现，足以说明"物以类聚"，莒国的国君识人不明，亲小人而远贤臣，抑或莒国根本没有可用的贤人。

事物都是普遍联系的，有智慧的人能通过隐藏的逻辑线发挥"揣"的智慧，摸索出隐藏在事物背后的真相。并且，将这些真相综合起来，他们就可以揣测出事物发展的成败。鬼才郭嘉向曹操陈述的"绍有十败，公有十胜"，就是典型的例子。郭嘉从袁绍务虚不务实、出师无名、管理无章法、优柔寡断、谋多而无决、手下谋臣不合等切入，综合分析后得出了袁绍必败的结果。所谓智慧者，就是能拨云雾而见青天，能揭示对手表面的虚张声势而看清背后本质的人。

此外，鬼谷子还提出了一个非常有智慧的观点，那就是既要看民心向背，也要看这种向背是安全的还是危险的。这里头的学问很大，有些事，虽然老百姓不喜欢，却是安全的；而有些事，虽然老百姓很喜欢，却是危险的，因为普通民众更在乎眼前的利益。《韩非子》中有这样一段话："今上急耕田垦草以厚民产也，而以上为酷；修刑重罚以为禁邪也，而以上为严；征赋钱粟以实仓库，且以救饥馑、备军旅也，而以上为贪；境内必知介而无私解，并力疾斗，所以禽虏也，而以上为暴。此四者，所以治安也，而民不知悦也。夫求圣通之士者，为民知之不足师用。昔禹决江浚河，而民聚瓦石；子产开亩树桑，郑人谤訾。禹利天下，子产存郑人，皆以受谤，夫民智之不足用亦明矣。故举士而求贤智，为政而期适民，皆乱之端，未可与为治也。"意思是说君主督促百姓去开荒会被认为太蛮横；君主加重刑罚，震慑奸邪会被认为太残酷；君主征收钱粮赋税，是为了赈济灾荒，供养军队，却被认为太贪婪；君主招兵役是为了保护国家，却被认为太严厉。这四种措施都是为了治国安民，但百姓却厌恶它们。当年大禹疏通江河，百姓却用瓦石将之填塞；子产提倡开荒，却遭到了郑国百姓的辱骂。大禹让天下人受益，子产让郑国富足强大，但他们都受到了当时百姓的诽谤和痛斥。所以，真正有智慧的圣人，看问题绝不是看单一角度的是和非，而是会进行综合的分析。如果一个国家实施的工程项目，比如开郑国渠，虽然遭到了百姓的反对却对国家有益，那就是好的。如果国君穷奢极欲，大建宫殿，四处搜罗美女，这种行为遭到了百姓的厌恶并对国家有害，那就是不好的。如果国君赈济灾荒，百姓们称赞，也对国家有利，那就是好的。如果国君滥施仁义，有罪不罚，百姓得到了眼前的恩惠都说好，却对国家的长远发展有害，那就是不好的。

所以，任何事物都要充分揣摩其背后的逻辑真相，再来下是与非的定论。

○ 原著研读

> 揣情者，必以其甚喜之时，往而极其欲也，其有欲也，不能隐其情；必以其甚惧之时，往而极其恶也，其有恶也，不能隐其情。情欲必出其变。感动而不知其变者，乃且错其人，勿与语而更问其所亲，知其所安。夫情变于内者，形见于外。故常必以其见者而知其隐者，此所以谓测深揣情。

想要刺探对方内心隐秘的真相，你得趁着他最高兴的时候去迎合他，尽力刺激并满足他的欲望。对方有欲望，那么他内心的真情就是藏不住的。你也可以在他最恐惧的时候去见他，最大限度地诱发他的恐惧感和憎恶感。对方有恐惧憎恶的心理，那么他内心的真情也是藏不住的。人的内心真情和欲望必定会在其情绪极端变化的时候不自觉地显露出来。如果触动了对方的情感，但人家就是不表现出真情来，让你看不出他的内心变化，就暂且将他放在一旁，不与他进行言语交流而改为对他身边亲近的人展开询问和互动，从而了解他心里到底是怎么想的。

人的内心情感发生变化时，外表一定会有所体现。所以，常常可以通过观察对方外在的表现来推测他真实的想法，这就叫"测深揣情"。

○ 智慧分析

鬼谷子教导我们，想让一个人对你说真话，那一定要让他的感性压过理性，这样才有可能成功。如果一个人被理性主导，感性处于收敛状态，那你就很难从他的嘴里获得真相。这就需要适当的刺激，要么让他得意忘形，要么让他生气愤怒从而乱了方寸。比如，来俊臣请周兴喝酒，一番吹捧让他说出了自己认为的最残忍的刑罚。楚国太子商臣用言语侮辱自己的姑姑，让姑姑在反唇相讥时说出了楚王要废掉自己的真相，从而验证了传闻的真实性。管仲利用类似的方法，从莒国使者的表现中看出了莒国朝堂的虚实和莒国国君的为人。

如果能灵活运用揣情之术，让对方进入感性压过理性的状态，那就没有办不成的事。我们说，所有冲动之下做出的决定，都是不理性的结果。而我们要想达到某些目的，就要让对方处于不理性的状态中。比如，任何一个项目上马，都要充分考虑成功和失败两个方面。你不能光说当了老板如何风光，不谈破产了怎样倒霉，这是一种理性的思维。可在谈投资、拉赞助、促成某些合作时，确实也需要一定的诱导，避重就轻，让对方的感性压过理性。

当然，这也是在提醒我们，不要在情绪不冷静的时候做判断，一定要让理性持续主导我们的决策。

○ 原文研读

故计国事者，则当审量权；说人主，则当审揣情。谋虑情欲必出于此。乃可贵，乃可贱；乃可重，乃可轻；乃可利，乃可害；乃可成，乃可败。其数一也。故虽有先王之道、圣智之谋，非揣情，隐匿无可索之。此谋之大本也，而说之法也。

所以谋划国家大事，就要用"量权"之法，要对国家的综合国力进行仔细的分析和量权。要想游说国君，就要用"揣情"之法，以打探游说对象心里真实的想法。这是一切谋略和思考的出发点。善于运用"量权"和"揣情"之法的人，可以让自己获得富贵，让别人陷于贫贱；使自己得到重用，让别人被人轻视；使自己获得利益，让别人受到损害；使自己获得成功，让别人遭遇失败。其中的道理是一致的。所以，即使具有先贤圣王的经验、圣人智者的谋略，如果不用"揣情"和"量权"之法的话，也无法弄明白那些隐蔽的东西，不能获得真相。"量权"和"揣情"是谋略的根本、游说的法则。

○ 智慧分析

我们想把事情办好、办成功，就要充分了解别人的情况和内心所想，然后根据这些量身构思谋略。这样，才能想让一个人成功他就能成功，想让一个人失败他就会失败。

唐朝末年，浙东地区发生了大规模兵变，朝廷派王式前去平叛。王式到了以后，做了几件反常的事，让所有人不解。他在部队入城之前，就把急需的官府粮食都发给百姓，然后在加筑城防的时候也不修烽火台。此外，选派侦察骑兵的时候，他还专找贪生怕死之辈，给他们配备最好的马匹。底下的部将十分不解，就问王式其中的道理。

王式解释道："兵变的匪盗之所以能拉拢百姓，靠的是粮食。我现在把粮食给百姓分下去，百姓吃饱后又怎会投身成贼？现在浙东各县兵力不足，倘若叛贼进城，抢走粮食，那反而会资敌，不如让百姓吃掉，使其愿意帮助朝廷抵抗叛军。至于说不修烽火台，烽火台本身就是发信号通知援军来救援用的。倘若修了烽火台，百姓一定会知道我们兵力不足，从而徒增恐惧的情绪。再说挑胆小之辈当侦察兵。士兵如果勇猛，

揣篇：探究事物本质的能力

看见敌人就会血脉上涌，奋力作战。如果他们不幸战死，我们还怎么获得情报呢？只有让胆小之辈骑上好马，才能发挥侦察兵真正的作用。"

事实证明，正是因为王式充分揣测了不同人物的内心，合理地布局规划，平叛才得以取得了成功。

鬼谷子教导我们，一切的智慧都来源于调查，再聪明的人也不可能凭空想出好计策来。就像我们今天说的，没有调查就没有发言权。都不了解实际情况，又怎能做到实事求是呢？

○ 原著研读

> 常有事于人，人莫能先，先事而生，此最难为。故曰揣情最难守司，言必时有谋虑。故观蜎飞蠕动，无不有利害，可以生事。美生事者，几之势也。此揣情饰言成文章，而后论之也。

对别人实施"揣情"和"量权"之法，没有人能够与之争先。揣术在办事之前就要预先设计好，这是行揣术最难做到的。所以说揣情最难掌握，游说时一定要时时谋虑，小心应对。所以，我们看小虫子的飞动和爬行，其中都蕴含着利害关系，由此可以生出种种事端。大的事端生出来，往往都是有小的征兆的。这就要求我们在揣情中善于修饰言辞，然后再去进行论说。

○ 智慧分析

鬼谷子向我们讲述了实施揣术的难点，那就是凡事必须提前设计好，时时刻刻小心应对。因为事物是在不断发展变化中的，而我们得到的信息却是静止的。

要看清对方所想和自己的预判是否发生了偏差，如果发生了，这个偏差大不大、我们应该如何临场应对，这都是要认真思考的问题。

很多事情，它们就像小虫子的爬行一样，看似细小，其实背后隐藏着吉凶祸福的逻辑链，可以发展成各种事端。这就需要我们灵活运用话术，以便能够随时进行调整，应对新的情况。

举一个现实生活中的例子。我们去一家公司求职，一开始谈得很好，对方让出具一份针对公司问题的解决方案，算是对我们能力的考核。我们的方案明明写得很好，分析得很到位，也找到了解决问题的办法，但交上去后对方却迟迟不谈入职的事。这就需要考虑到，这家公司可能只是想根据不同应聘者的方案找到解决问题的方法，免费使用你的方案，而不是真的想招人。

再比如，公司的某个岗位明明不缺人，却突然处于招聘状态中，这样细微的变化其实代表着公司下一步的打算，我们应该据此灵活调整自己的策略来应对。

在和领导谈论升职加薪或者岗位调动时，都可以提前制定好预判策略，设置几套方案，然后根据他们的反应和变化进行灵活调整。要注意话术修饰，不要把话说死。

摩篇：
窥测内心的方法

　　《鬼谷子》的《揣篇》通过阐述揣术向我们揭示了探测他人内心的技巧，即利用对方"甚喜"或者"极恶"的情绪状态判断其真实想法。但问题是，我们在现实生活中，绝大多数情况下，人们的情绪并不会处于极端状态，理性才是更常占主导的一方。

　　那么，在对方的内心由理性主导时，我们又该如何探测别人的内心呢？《鬼谷子》的《摩篇》就是专门解决这个问题的。"摩"的意思是切磋，"摩术"就是指当对方处在情绪平稳状态下探测对方内心的方法。使用摩术就像用手反复摩挲对方，顺而抚之，既能通晓其情怀，也可以通过自己的言语左右其想法，继而达到自己的目的。

　　因为使用这一方法非常难，所以鬼谷子将其单独列为一篇。作为《揣篇》的姊妹篇，人们往往以"揣摩"并称，将两套方法综合使用。

○ 原著研读

　　摩者，揣之术也。内符者，揣之主也。用之有道，其道必隐。微摩之，以其所欲，测而探之，内符必应。其所应也，必有为之。故

> 微而去之，是谓塞窌、匿端、隐貌、逃情，而人不知，故能成其事而无患。摩之在此，符应在彼，从而用之，事无不可。

摩术是揣术的一种。人内心的真实想法其实都会表露于外。通过摩术将对方内心的真实想法暴露出来为我们所知，这也是揣的主要目的。想要运用好摩术，关键在于做到隐蔽。暗暗地运用摩术，根据对方的需求，从满足对方喜好和欲望的角度出发来试探对方。对方的心思在欲望的驱使下一定会有所反应。对方一旦有了反应，就会通过表情显露出来。据此，我们也就可以得知对方的真实想法，从而有所作为。在达到目的后我们再悄悄地离开，这就叫作堵塞漏洞，隐匿头绪，隐藏自己外在的表现和内心的真实想法，不让自己的表情泄密，能做到不让对方知道自己的所想和操作，这样事情也就办成了，也不会留下后患。我们用满足对方喜好和欲望的方法来引诱对方，对方一定会有所反应，接着我们再根据对方的反应来做事，那就没有什么事是办不成的。

○ 智慧分析

所谓人心难测，想知道别人的真实想法，并不是一件容易的事。虽然对方在"甚喜"或者"极怒"的状态下，感性压过理性，确实会暴露出一些信息来，但这种机会并不容易获得。而且，在情绪激动的情况下，信息暴露的程度也有随机性，人们在意识到自己说漏嘴的时候也会自我反省。所以，更智慧的做法是在悄无声息、不知不觉中搞清楚真相。对方还不知道咋回事，你就把他摸透了。你能看清楚他，他却看不清楚你，而且他还不自知，这才是真正的高手。这样，对方连警惕和反省的机会都没有。

在西汉刘向所编的《战国策》中，有一篇叫作《齐王夫人死》的文章。说的是齐王的夫人死了，他准备从七个妃嫔中选一个当夫人。在外人看来，这七个女子都深受齐王宠爱，不知道谁将会被立为夫人。薛公想探知真相，就向齐王献上了七副玉质的耳饰，其中有一副是特别加工打造的，最为精美。第二天，薛公看到了戴最精美耳饰的妃嫔，知道了齐王最中意的是谁。接着，薛公就积极地向齐王推荐，立戴最精美耳饰的妃嫔为夫人。如此这般，齐王更喜欢薛公了，因为重臣提议，他不能不重视，而且正好有个理由可以立自己最喜欢的女子为夫人。

其他妃嫔纵然争风吃醋有意见，也怪不到齐王的头上。与此同时，那个将要被立为夫人的妃嫔，自然也会把薛公视为盟友，以后枕头风一吹，薛公的政治生涯自然一片光明。

复盘整个过程，信息的刺探和计谋的达成在悄无声息中就完成了。薛公既获得了齐王的信任，又撬动了新齐王夫人这个"政治杠杆"。最妙的是，整个过程没有花费太多的口舌和心机，非得把人刺激得情绪激动不可。

其实类似的例子在我们的现实生活中也很常见，比如公司老总准备从几个主管中提拔一名当副总。虽然按照流程，肯定要搞个岗位竞聘啥的，但到底要用谁，肯定还是老总说了算。这时办公室主任弄来了几台电脑，说是按规定要给几个主管更新办公设备，并且由于供应商答谢公司多年的照顾，在价格一样的情况下，给其中一台升了规格，配置和性能更好。然后，办公室主任请示老总，问这些电脑该怎么分配。如果老总还没想好用谁，他就会让办公室主任在竞聘结束后再发设备。如果他已经想好用谁了，有很大概率就会把那台更好的电脑分配给要提拔的人。

而办公室主任，也可以利用这个契机，提前拉拢新领导，处好关系。

所谓信任，就是在事态不明朗的时候，双方惺惺相惜，结成联盟。当事态明朗后再拉拢，效果自然会大打折扣。这也是很多办公室主任明明能力一般，却是职场的"不倒翁"，深受领导信任的原因。因为通过很多操作，他们在事态明朗前就已经获悉了内情。这种让别人做选择题，然后搞清真相的方法，就像给鱼儿撒饵料一样，往往在悄无声息中就探知了真相。

别人在做选择的时候，你就已经探测出东西南北了，有了方向，还有什么事是办不成的呢？

○ 原著研读

> 古之善摩者，如操钩而临深渊，饵而投之，必得鱼焉。故曰主事日成而人不知，主兵日胜而人不畏也。圣人谋之于阴，故曰神；成之于阳，故曰明。所谓主事日成者，积德也，而民安之不知其所以利；积善也，民道之不知其所以然，而天下比之神明也。主兵日胜者，常战于不争不费，而民不知所以服，不知所以畏，而天下比之神明。

古代那些善于使用摩术的人，就像拿着钓鱼竿在深渊旁垂钓一样，饵料撒下去了，就一定能钓到鱼。所以说，这种人掌管政事，每天处理各种事务都能成功而别人却无法感知到；指挥军事，每天都能打胜仗，士兵相信其谋略而根本不畏惧敌人。圣人谋划在暗中，所以称作"神"；成事在明处，所以说是"明"。所谓主持政事每天都能获得成功，是因为他们在积累德行，民众享受到的好处一个接着一个，但并不知道好处从何而来；他们不断地对民众进行教育引导，民众接受了他们的引导却不知道其中的玄机，这样天下人就把他们比作"神明"了。所谓指挥军事每天都能打胜仗，是说他们经常不怎么攻杀就达成了目标，不怎么耗费人力和物力就结束了战争，因而老百姓甚至不知道他们是怎么让敌人顺服的，也不知道他们是怎么让敌人害怕的。这样天下人就把他们比作"神明"了。

○ 智慧分析

百战百胜一定是最牛的吗？什么事都能摆平一定是最能干的吗？

其实不然。

鬼谷子在这一部分的内容中，向我们描绘了军事家和政治家的理想状态，即什么样的人可以被称为"神明"。

真正的顶尖高手，他们做起事来都是悄无声息、不留痕迹的。正是因为他们在军事或政治上处理棘手的事太轻松、太顺畅了，让我们产生了严重的误判，以为事情本身不难。其实，换成另一个人来处理，能不能搞定姑且不说，就算能处理好，也是动静极大、轰轰烈烈的，就像啃硬骨头一样。

在这方面，最具代表性的天花板级人物就是唐太宗李世民了，他是一个披着皇帝外衣的顶级军事家，同时也是处理政务最神乎其神的政治家。李世民打仗总是"低成本操作"，用时短，耗费少，而且缴获的战利品无数，每次都是赚的，和鬼谷子所描述的"神明"一模一样。

纵观贞观年间的主要战争，李世民无论是北定东突厥、薛延陀，西征吐谷浑、高昌，统统在短短几个月内就结束战斗。对方的首领不是被杀就是被俘，很少有能逃跑的。如此一来，唐朝军队往往是一战就能解决根本问题。这些战争如果换成其他人来指挥，往往就是数年甚至数十年的鏖战，但李世民却几乎没弄出多大动静就搞定了。

在唐太宗的一生中，他赢得的军事胜利更像是神话故事、浪漫传说，而不是真实的战争。他十六岁以五千兵智退突厥十万大军，又独自领导了统一天下的四大战役，每一仗都打得精彩漂亮。尤其是虎牢关之战,他以三千玄甲军围点打援,以少胜多,击溃王世充、窦建德十万联军,生擒两王,堪称世界军事史上不可思议的奇迹。

很多人感觉不出李世民的军事能力有多强,主要是因为他赢得太轻松,让人们误以为那些很难的事轻轻松松就能搞定,而这正是他真正恐怖的地方。

人们都知道李世民是东亚各民族的"天可汗",但他究竟是如何让桀骜不驯的游牧民族顺服的却鲜有人知。这正合鬼谷子的描述,老百姓甚至都不知道他是怎么让敌人顺服的,也不知道他是怎么让敌人害怕的。这就是达到"神明"的高度了,也是鬼谷子认为的理想状态。

那李世民究竟是怎么做到军事上如此成功的呢?主要还是因为他极善于揣摩别人的心思,做事总能先人一步,棋高一着。他特别善于玩统战,把草原各民族的首领和他们内部各势力头领间的矛盾,以及外部地缘政治的冲突都给吃得透透的,即达到了鬼谷子所说的"量权"。接着再远交近攻,联合其他少数民族国家共同作战,一一瓦解对手。比如,面对强大的东突厥,李世民利用突利可汗和颉利可汗的矛盾,拉拢突利可汗趁东突厥青黄不接的时候搞偷袭,一举消灭了北方的一大强敌。唐朝也成了汉人王朝中唯一不修长城的伟大朝代。

对方的经济、人口、资源优劣势、人心向背等情况都在李世民手里攥着,他做到了心中有数、收发自如,就能像钓鱼的人一样,只要一撒饵料,就能获得收获。

我们再说说李世民为政的另一面。贞观年间的法制和社会秩序好到令人难以置信,贞观三年,全国判死刑的人只有二十九人。贞观朝是中国历史上极为罕见的基本没有贪污的历史时期,也是李世民最牛的政绩之一。但我们看贞观朝,似乎也没有什么专门打击腐败的大动静,就创造了这个奇迹。而在大明洪武朝,朱元璋大开杀戒,动辄杀几万人依旧不能遏制贪腐。从唐朝到明朝,人还是一样的人,人性并没有变化,但贞观朝的百姓在不知不觉中生活在了没有官员贪腐的清明社会中，这就是鬼谷子所描述的"神明"才能做到的了！

为啥贞观朝贪污现象非常少见？李世民的着手点并不是严刑酷法，搞震慑，而是从逻辑出发，从人性出发，揣摩不同级别官吏的心思，制定出了一整套科学的管理办法，悄无声息地从根上铲除了贪污滋生的土壤。而且李世民本人极为注重养德，率先垂范，虚心纳谏，严格要求自己，一心为公，一定程度上做到了"王子犯法与庶民同罪"。

有一个精明且高度自律的皇帝，加之以合理的监督制度，官员各司其职，这就能大大降低贪污的可能性。这就是善于揣摩别人心思，先人一步，润物细无声的伟大力量。

○ 原著研读

> 其摩者，有以平，有以正，有以喜，有以怒，有以名，有以行，有以廉，有以信，有以利，有以卑。平者，静也；正者，宜也；喜者，悦也；怒者，动也；名者，发也；行者，成也；廉者，洁也；信者，期也；利者，求也；卑者，谄也。故圣人所以独用者，众人皆有之，然无成功者，其用之非也。

使用摩术有很多种方法，有的用平，有的用正，有的用喜，有的用怒，有的用名，有的用行，有的用廉，有的用信，有的用利，有的用卑。"平"的方法能够使对方用平静的心态来处理事务；"正"的方法能够使对方觉得这样做刚好合适；"喜"的方法是让对方觉得高兴；"怒"的方法是让对方激动；"名"的方法是让对方的名声能够得到传播；"行"的方法是让对方能够成就事业；"廉"的方法是让对方感到这样做是廉洁自律；"信"的方法是让对方因为讲信用而被人们期待；

"利"的方法是让对方能够看到自己所求的东西;"卑"的方法是让对方隐藏起来,以韬光养晦的方式自保。所以,圣人使用的这些方法,普通人也是可以用的,但很少有人能成功,其原因就在于没有掌握好规律。

○ 智慧分析

揣摩别人的方法多种多样,针对不同对象可以有所不同。只要能掌握事态发展的规律,那还有谁的心思是揣摩不透的呢?又有什么事是办不成的呢?

我们举一个鬼谷子使用"正"的方法的例子。有一对老年夫妇来售楼处买房,想给儿子全款买一套商品房结婚用。售楼的销售人员想让老两口贷款,但必须要找一个合理的理由。销售人员如果直接说贷款只用交首付,还能保留很多资金在手头这样的话,明显说服力不强,也很难打动老两口的心。毕竟谁也不傻,贷款的利息那就是要多出的钱。于是,销售人员开始揣摩老年人的心理,想好了对策。销售人员对老两口说:"叔叔阿姨,你们看,你们现在拼光老本给孩子全款买下这套房,一旦买了,你俩就没有积蓄了,以后也很难再给儿子、儿媳妇做什么贡献了。"老两口一想还真是这么回事,便说:"可是当父母的,不就是为子女倾尽所有吗?"销售人员说:"可你们贷款就不一样了,你们交了首付,儿子和儿媳妇同样会感激你们。他们小两口还贷款肯定会有压力,没什么余钱,这时你们老两口隔三岔五地给他们一些钱,帮他们还还贷款,或者缓解一下他们的生活压力啥的,他们就会一直感激你们。这样你们未来的关系就会处得很好。相反,如果你们全款买下了房子,当下他们虽然会很感激,但时间一长就没感觉了,到时你们万一生个病啥的,他们还要接济你们,这样关系肯定不会太理想。"老两口一琢磨，还真是这么回事，于是就答应了贷款买房。

鬼谷子教导我们，只要摸清了对方的心理痛点以及事物的发展规律，再结合自己的目的，就能把事情办成功。

我们再举一个使用"喜"的方法的例子。西汉第二个皇帝汉惠帝驾崩时，灵堂之上，吕后只是哭号却没有流眼泪。张良的儿子张辟彊当时只有十五岁，担任侍中的官职。这个职位虽是散职，却可以经常出入宫中，故而见到了这一幕。张辟彊对丞相陈平说："太后就惠帝这么一个亲儿子，现在儿子死了，太后哭起来不悲伤，动静挺大，但光哭不流泪，你知道这是为啥吗？"陈平表示不知。张辟彊说："从太后的哭声中可以听出来，她的恐惧之心压过了悲伤之心。现在惠帝没有一个年长的儿子，你们这些重臣又手握大权，她这是心里不安感到害怕了啊。如果不妥善处理，怕是你们的灾祸就要降临了。"

接着，张辟彊给陈平出了个主意，让他奏请太后，请吕家的人入朝为官，这样太后就可以安心，大家也能解除眼前的灾祸。陈平采纳了张辟彊的计策，奏请吕后以吕台、吕产为将。吕后果然大喜，畏惧之心消除了，陈平也逃过了一场灾祸。

鬼谷子教导我们，很多时候，灾祸的产生就像小虫子蠕动一样微不足道，但背后却隐藏着巨大的危机。只有聪明的人才能从细枝末节中看到灾祸发展的端倪和趋势，从而化解。

张辟彊不愧是张良的儿子，通过吕后的哭声就能揣摩出她的真实想法，从而意识到灾祸，帮助陈平化解。而且整个过程悄无声息，不显山露水，让吕后全无察觉，对陈平更信任了。

其实，鬼谷子的方法，我们每个人都可以用，但一定要注意自己的表情管理和微反应控制。运用摩术的奥妙就在于敌明我暗，不能让对方看出端倪来，不然事情就有可能败露。比如，战国时期楚国有一个人犯了罪，但案子搁置三年了也没判。他们家里人就想搞清楚，这个案子到底会是什么结果，于是就派了个人去探探令尹大人的口风。那人到了令尹大人那里，一个劲地聊房产的事情，说想买那个犯罪的人的房产，以后肯定有升值空间。令尹大人说："那个人不至于判刑，你还是别买他的房产了。"本来事情发展到这儿，使用摩术的目的已经达到了，然而试探的人喜形于色，让令尹大人感觉到不对劲，意识到自己说漏嘴了。令尹大人问那人是不是来试探自己的。那人摇头说不是。结果令尹大人说："按照常理，你想买房产的希望落空，应该很失望，但你喜形于色，说明你明明就是来试探我的！"

从这个例子我们可以看出，隐匿自己的真情，不要表露出来，这是运用摩术的关键。如若不然，玩不了这样的高端局。当然，这里的隐匿不要单纯地理解为毫无表情。真正高级的隐匿往往是用其他表情来遮盖，当然毫无表情也是其中的一种。比如，《雍正王朝》里，康熙骂八阿哥"其心可诛"，但图里琛却愤怒地表示要杀肖国兴，这个时候毫无表情反而会惹来灾祸。

我们在现实生活中，无论是正话反说、明知故问、设计选择题让别人做，还是假装悲伤、发怒、喜悦来看他人的反应，表情都不能露馅，以免让别人感知到我们真实的意图。

○ 原著精读

> 故谋莫难于周密，说莫难于悉听，事莫难于必成。此三者，唯圣人然后能任之。故谋必欲周密，必择其所与通者说也，故曰或结而无隙也。夫事成必合于数，故曰道数与时相偶者也。

所以计谋这个东西最难的就是周详严密，游说最难的就是做到让对方完全听从自己的意见，办事最难的就是让所办之事一定能成功。这三者，只有圣人才能够做到。所以计谋要周密，必须要选择和自己心意相通之人一起商议谋划，这就像给绳子打结要紧密而不留缝隙一样。要想把事情做成功，就必须要符合游说所要求的技术，这就叫作道理、技术、时机三者相互结合。

○ 智慧分析

俗话说，利不可独，谋不可众。计谋这个东西，一定要保证周密严谨，不能和谁都说，必须跟和自己心意相通的人进行商讨谋划。另外，要把握好时机，有些时机一旦错过，就很难抓住。当然，最难的还是让别人完全听从自己的意见。想让道理、技术、时机三者都完美结合，的确不容易。

我们举一个公叔痤逼走吴起的例子来对此进行说明。吴起是战国时期伟大的军事家和政治家，和孙子并称，位列武庙十哲之一。他在魏国为将期间，打造出了强大的"魏武卒"，攻取了秦国的河西之地，还曾攻破秦国的函谷关。在阴晋之战中，吴起以五万魏武卒，击败了五十万秦军，创造了中国战争史上"以一敌十"的奇迹。这么功勋卓著的将军，自然也遭到了别人的妒忌。相国公叔痤就非常害怕吴起夺了自己的相位，于是开始揣摩吴起，准备做局下套。他先是充分地揣摩吴起的性格，发现他性格刚烈、自尊心极强，于是就决定利用这一点。

公叔痤让吴起来家里做客，却提前故意激怒自己的老婆，让老婆在席间侮辱痛骂自己。公叔痤的老婆是魏国公主。待老婆发完飙后，公叔痤一脸尴尬地对吴起说："这宗室女子虽高贵，但脾气你也见到了，老夫我是苦不堪言啊。"接着，公叔痤又跑到魏王那里说："吴起有大才，其他诸侯都在惦记。我担心他在咱们魏国待不久，大王不如试探他一下。"魏王问如何试探。公叔痤说："可以把一个魏国公主许配给他，他如果接受婚事，证明心在魏国；如果不接受，就说明有其他的打算。于是魏王就召见吴起，提议把一个公主许配给他。吴起刚刚在公叔痤那里受了刺激，不敢娶魏国公主，于是拒绝。当天晚上回去后，吴起就感觉不对劲，意识到自己被下套了。他害怕被杀，于是连夜离开了魏国，投奔了楚国。

从表面上看，公叔痤所说之理、所办之事，似乎并没有不合情理的地方，也挑不出毛病来，但结果却是把吴起给排挤走了，这就是悄无声息地运用摩术的厉害之处。

从这个案例我们就能看出，想让别人听话，进入自己所设的局，揣摩对方心思，把握因果逻辑，抓住时机都很重要。吴起是何等聪明之人，如果公叔痤没有把握好时机，趁热打铁地让魏王进行试探的话，那时间一长，吴起反应过来就很可能不会上当。所以，运用摩术是比较难的，需要多方面条件的支持。

此外，这个例子也提醒我们，很多决策不要和与自己不是很亲近的人商议。比如婚姻大事，自己要有主见，如果和别人讨论，对方不是你的贴心人，你听他的，很可能就会被带进沟里。

○ 原著研读

> 说者听必合于情，故曰情合者听。故物归类，抱薪趋火，燥者先燃；平地注水，湿者先濡。此物类相应，于势譬犹是也。此言内符之应外摩也如是。故曰摩之以其类焉，有不相应者，乃摩之以其欲，焉有不听者？故曰独行之道。夫几者不晚，成而不拘，久而化成。

游说时所说的话要使对方听从，就一定要合乎对方的真情，只有内心情感切合对方才会听取。所以，物都是以类而聚的，抱着薪柴走向火堆，干燥的会率先燃烧；往平坦的地面上倒水，湿润的地面会先积水。这就是物类相应的道理。在人情和事态上，也会表现出这样的趋向性。这里说的内符回应外摩也是这个道理。

所以说，运用摩术，就是要用同类去感应，如有不感应，就用满足对方欲望的方法来引诱，这样对方哪有不听从的呢？所以说，这种技巧只有圣人能够使用它。

能够见到事物的微小征兆就立刻采取行动，这样就不会错过时机；事情成功了，就悄无声息地退出，不将功劳据为己有，做到这两样，长久以往，就能获得最后的成功。

○ 智慧分析

每个人的思想都是不尽相同的，不同的立场也有不同的逻辑。比如韩非子的理论，感性的人看了会觉得很难受，感觉太残酷、太冰冷了。但理性至上的人看了，则会觉得说到了心坎上。秦始皇之所以那么喜欢韩非子，说只要能见到韩非子一面，和他一起散散步，死也没有遗憾了，就是因为韩非子的理论和秦始皇的思想高度合拍。

我们在游说、劝说别人的时候，一定要认真分析别人的思想和别人的逻辑闭环，不能完全按照约定俗成的道理和自己的想法来。这也是鬼谷子所说的，对方是潮湿的，你就用水；对方是干燥的，你就用火。只有这样才能快速亲和，让对方听你的话。

需要说明的是，鬼谷子所说的"物类相应"，并不是拍马屁，或投其所好，而是要真正站在对方的角度思考，把对方吃透。对方可能表现出来是一套，心中所想是另一套，你迎合他表面表现出来的反而适得其反。只有真正知道对方内心的逻辑闭环，才能"对症下药"。

在《乾隆王朝》中，和珅主张对缅甸开战。乾隆怒斥他，说打仗要死人的。但和珅依旧坚持，乾隆还因此踹了他一脚。是和珅不懂乾隆表面上说的道理吗？是和珅不明白所谓边境冲突是云南巡抚自导自演吗？其实都不是，而是他明白乾隆内心最深层次的需求，那就是完成"十全武功"，同时帮助十五皇子立功立威。

所以，他宁可冒犯天颜，也要把握核心逻辑。反观三国时期的刘晔，处处迎合魏明帝曹叡。有一次曹叡正话反说，想试探下面人的忠奸，结果刘晔还按照曹叡表面展露的意图来，结果正中曹叡的圈套。从此，曹叡认定刘晔是个没有立场、见风使舵的小人，没有再重用过他。

由此可见，想用好摩术，一定要下一番心力和功夫，辨别清楚对方的属性和内心逻辑。

权篇:
说服他人的语言技巧

要想说服别人,并不是容易的事。话该怎么说,意思该怎么表达,什么时候说,什么时候不说,什么话该说,什么话不该说,这些统统都有学问。这也就是鬼谷子所说的"饰言",而《权篇》就是教我们如何运用语言技巧说服别人的。

所谓"权",就是秤砣的意思。我们在称东西时,要反复调整挂秤砣的线绳,使之达到平衡的状态,然后才能读出数据。正如陶弘景对本篇的题注所言:"权者,反复进却以居当也。"我们在试图说服别人的时候也是一样,要不断调整自己的话术,让对方认同我们的观点,这就是"权"的智慧和学问。鬼谷子对权术有着独到的见解,全面地阐述了使用权术的方法和原则。

○ 原著研读

说者,说之也;说之者,资之也。饰言者,假之也,假之者,益损也;应对者,利辞也,利辞者,轻论也;成义者,明之也,明之者,符验也。言或反覆,欲相却也。难言者,却论也,却论者,钓几也。

游说就是为了说服别人，想要说服别人，就必须让对方觉得我们所说的对他有利才行。修饰言辞，需要借助动人的话语；要借助动人的话语，就要对所说的话加以增减修饰。回应对方的突然发问，我们要用灵活机巧的言辞回答。在向对方申说义理的时候，我们的言辞一定要让对方明白某个道理，若想让对方真正明白某个道理，又必须学会用例子来说明验证。交流时双方难免会意见不合，这个时候就需要反复辩驳和问难，意欲使对方让步。双方在辩驳和问难时，我们不接受对方的观点，其实目的是把对方隐藏的事勾引出来。

智慧分析

人都是很现实的，你想让别人听你的话，你就得让对方觉得有利可图。我们在与人交流的时候，一定要注意自己的言语控制，做好取舍。该说的话，我们一定要说；不该说的话，一个字都是多嘴。

很多时候，本来事情都要谈成了，就是因为说了不该说的话，让对方有所警觉，觉得我们动机不纯或者画的"饼"不靠谱，才把事情给搞砸了。比如办公室主任向总经理提议，厂区应该多加设几个监控摄像头，保证公司财产安全。本来总经理同意了，让办公室主任联系几个厂家，对比下性能和价格，然后把事给办了。结果办公室主任多了句嘴，说自己小舅子就是生产监控摄像头的，能给最低的价格。这么一来，总经理就觉得办公室主任动机不纯，是在给他的小舅子拉生意，说不定还会拿回扣，就直接否了他的提议。

我们在劝说别人的时候，一定要站在对方的逻辑来思考问题，而不能以自己的逻辑去审视好坏。办公室主任纵然没有私心，只是觉得从小舅子那里拿货便宜，能给公司省钱。可站在总经理的逻辑上去考虑，味道就截然不同了。你既不招标，也不做对比，就轻易下结论，这"饼"

能靠谱吗？就算真的要办这件事，也不会让办公室主任插手了。

所以，我们在游说别人的时候，一定要充分揣摩对方的逻辑，然后选择正确的话语去诱导。从对方的逻辑出发，让他看到好处，而不是以我们的逻辑去表达一切都是为了他好。比如，父母都很心疼钱，身体不舒服了也不愿意去医院检查。儿女再怎么劝，说都是为了他们好如何如何，他们就是听不进去。这个时候，我们就可以抓住父母心疼钱这个逻辑，告诉他们，要做的检查是免费的，是单位组织的，如果我们不让父母去，单位还要罚我们钱。如此一来，父母肯定会听从我们的安排，去医院检查。

我们在劝说别人的时候，通常会讲一些道理。针对不同的人，一定要针对对方的内心特点，灵活地运用例子来说明，这样才能说到对方的心坎上，从而让对方信服我们的观点。如果我们举的例子不在对方的认知范围内，对方又怎么能听得懂，从而信服我们呢？

世界的底层逻辑是普遍联系的，同样一个道理，可以有不同的演绎方式。比如厚积薄发这个道理，指的是多多积累，慢慢放出，只有准备充分了才能做好事情。我们既可以用先长出来的耳朵不如后长出来的犄角坚硬这个例子来说明，也可以用晋文公重耳六十二岁继位终成霸业的例子来说明，还可以用经济学上"量变引起质变"的例子来说明。对象不一样，说辞也不同。伟人之所以是伟人，就在于能够把深奥的马克思主义哲学原理给陕北放羊的老农都讲得清清楚楚、明明白白。

所以，针对不同的对象，如何运用好说辞，以达到说服对方的目的，这是一门伟大的艺术。在对方观点和我们不一样的时候，我们也可以适当地反驳和提出疑问。面对我们的反驳和疑问，对方为了解释得更清楚，肯定还会有所补充和表达。从对方的补充和表达中，我们就又可以更清楚地了解对方的真实想法和思维逻辑，从而能更好地驾驭对方。

○ 原著研读

> 佞言者，谄而干忠；谀言者，博而干智；平言者，决而干勇；戚言者，权而干信；静言者，反而干胜。先意承欲者，谄也；繁称文辞者，博也；纵舍不疑者，决也；策选进谋者，权也；先分不足以窒非者，反也。

佞言，是指不是发自内心，而是为了取悦对方而故意说出的话，能够隐藏我们的真实目的，从而获得"忠"的美名；谀言，是指为了奉承对方而说出的复杂华丽的言辞，能够让对方信任我们，从而获得"智"的美名；平言，是指直截了当的言辞，能够让对方觉得我们靠谱，勇于决事，从而获得"勇"的美名；戚言，是指根据形势装出忧戚的样子所说出的悲伤的话，能够让对方同情我们，从而取得对方的信任，赢得"信"的美名；静言，是指我们知道自己哪方面不足，故意回避，反而责备对方所说出的话，能够帮助我们驳倒对方，让对方听从我们的决策，从而赢得"胜"的美名。我们先预测对方的欲望，然后顺着对方的欲望去说，就是"谄"；广泛地引用华丽的文辞，就是"博"；把疑虑抛到一边而直截了当地说，就是"决"；根据形势的变化灵活选择策略而进说，就是"权"；自己的理由不足反而攻击对方之过，致使对方成为过错的一方，这就是"反"。

○ 智慧分析

我们游说别人，归根到底是为了实现自己的目的。所以针对不同的对象，要根据对方的智力特点、知识结构、欲望和所需所求出发，采用不同的方式来游说。

该用佞言投其所好的时候就要投其所好，该用谀言旁征博引给对方找理由的时候就要旁征博引，该装可怜的时候就要装可怜，该讲原则的时候就要讲原则，切不可死脑筋，只凭借自己的逻辑来游说对方。

以晋国假道伐虢为例，可以很好地说明游说时懂得灵活多变、看人下菜的重要性。晋国为了借道虞国进攻虢国，想出了用美玉和宝马讨好虞国国君的办法。虞国的大臣是明白人，一眼就看穿了晋国的野心，对虞国国君说："虢国是虞国的屏障，虢国灭亡了，虞国必定跟着灭亡。这个道理就像面颊和牙床骨相互依存一样，失去了嘴唇，牙齿就会受冻，虞国和虢国的关系正是如此啊。"然而，虞国国君却表示，晋国和虞国是同宗，晋国不会加害虞国。宫之奇又说："晋献公连与之更亲近的桓、庄两大家族都杀了，你这同宗又算什么？"虞国国君天真地解释道："我的祭品又丰盛又干净，神明会保佑我的。"

"鬼神不会随便亲近哪个人，只会保佑有德行的人。"宫之奇说完，又滔滔不绝地向虞国国君讲述《周书》上的例子。虞国国君听累了，便说自己困了要休息。宫之奇见实在无法说服他，只能带着自己的族人逃离了虞国。

从这个例子我们可以看出，宫之奇用"唇亡齿寒"以及《周书》上的道理开导虞国国君，明显是用错了沟通方式。鬼谷子教导我们，游说前要充分揣情，先摸清对方的底色后再出招。虞国国君收礼借道，说明他是个贪婪的人；迷信同宗，说明他是个昏聩的人；求神保佑，说明他是个愚蠢的人。针对这种人，你用智者的方式沟通，那就是对牛弹琴。也说明宫之奇揣情不足，不懂权术之道。虽然他的话看似字字珠玑，话语中闪烁着智慧的光芒，但这对愚蠢的人是完全没用的，也达不到自己想要的目的。与其跟虞国国君讲智者的道理，还不如用鬼神吓唬他，或用利益诱骗他来得实在。

真正懂得运用语言艺术的高手，可以神出鬼没地应对各种各样的人，完美迎合这些人的意图，多方讨好，滴水不漏，从而实现自己的目的。

战国时期的中山国君有阴姬和江姬两个宠妃，两人都想登上王后的宝座，所以经常争宠。司马憙善于谋略，想从中捞一笔，就先派人给阴姬传话，说王后之争很关键，一定要重视，成功了可以手握权柄，失败了则是万劫不复，必然受到报复打击，甚至还会连累家族，所以如果想获得成功，就一定要请教司马憙。阴姬被说得心动了，便暗中求教司马憙。司马憙说自己已有妙计，可以帮助她上位，但需要一点活动资金。于是，阴姬很大方地给了司马憙很多钱。司马憙拿到钱后，跟中山国君说想去赵国看一看，了解一下赵国的地理条件、民心向背和兵力情况，看能不能找到削弱赵国的方法。中山国君立刻同意，并给他拨了出使用的资金。

见到赵武灵王后，聊完公事，司马憙说："人们都说赵国美女多，可我来赵国好几天了，走了很多城市，也没见到有倾城之色的，实在没法跟我们国家的阴姬比呀。我们国家的阴姬，任何人第一次看到她，都会惊为天人！"赵武灵王好色，一听这话马上来了兴致，问司马憙自己能不能娶她做妻子。司马憙故作为难道："我只是觉得阴姬美，来了赵国后有感而发，大王想娶她，可以跟我们国君说，但千万别说是我告诉你的。"

回到中山国后，司马憙就故作愤怒状，对中山国君说："赵王真是无耻下流之辈，除了烧杀劫掠一无所知。我听说他还想娶咱们国家的阴姬呢！"中山国君大怒，说："岂有此理，真是可恶至极！"司马憙接着说："大王冷静，赵国强大我国弱小，赵武灵王娶阴姬也势在必行。我们不给，他就会强行用武力夺取；给吧，我们又会沦为天下的笑柄。"中山国君发愁了，连忙问该怎么办。司马憙便说："可以将阴姬立为王后，这样一来，赵武灵王如果还想娶阴姬，自然会遭到天下人的唾弃，为列国所不齿。"中山国君大喜，马上同意了他的提议。于是，阴姬被立为王后，赵武灵王也断了娶阴姬的念头，司马熹也因此地位、金钱、信任三丰收。

　　在这个案例中，司马熹投其所好，跟赵武灵王谈美女，跟中山国君谈刺探敌情，寻找削弱邻国的方法，这是佞言。美女和削弱邻国是两个国君的心中所想，但不是司马熹的心中所想。向阴姬阐明立王后是事关生死的大事，为阴姬争宠找了合理的理由，也为司马熹博得了"智"的信任，这是谀言。建议中山国君立阴姬为后，以天下人的公道为依据断绝赵武灵王的企图，进而打消中山国君的疑虑，让他认为司马熹勇于决事、靠谱，这是平言。

　　正是凭借灵活运用语言的艺术，司马熹才成功实现了自己的目的。

○ 原著研读

> 　　故口者，机关也，所以关闭情意也；耳目者，心之佐助也，所以窥瞷奸邪。故曰参调而应，利道而动。故繁言而不乱，翱翔而不迷，变易而不危者，睹要得理。故无目者不可示以五色，无耳者不可告以五音。故不可以往者，无所开之也，不可以来者，无所受之也。物有不通者，圣人故不事也。古人有言曰："口可以食，不可以言。"言者，有讳忌也。"众口铄金"，言有曲故也。

　　所以说人的嘴巴就是机关，是用来控制情感和心意的；耳朵和眼睛是心灵的辅助，是用来窥探奸邪的。所以说，嘴巴、耳朵、眼睛三者要协调统一，选择有利、合适的方法和途径后再采取行动。这样就可以做到：言辞繁多却不混乱，行动自由但不会迷失方向，情况变化而不被欺骗，这都是看准了要点再采取对应策略的结果。所以，没有视力的人是不能展现各种颜色给他看的，没有听觉的人是不能发出各种声音给他听的。如果我们不去游说别人，就不会打开对方的心扉，从而了解对方。我们不让别人来游说，就不会知道对方的想法。双方信息不通，圣人是不会随便作为的。古人有句话说得好："嘴巴可以用来吃饭，但话可不能随便说。"说话一定要有所顾忌。谚语说"众口铄金"，就是因为人们在说话时常常怀有私心而难免歪曲事实。

○ 智慧分析

　　人与人交流，嘴巴、耳朵、眼睛三者是协调运用的。我们用耳朵听别人的话，用眼睛看别人的表情，然后经过心灵的思考再给对方反馈。我们的观点和表情，又通过对方的眼睛和耳朵传入其心灵，然后对方又经过分析和判断表达其想法给我们。通过这样来回反复的信息交流，我们就可以了解对方的智力、知识结构、品性、欲望等，找到对方的薄弱之处，继而实现说服对方的目的。

　　所以，说服对方是一个全方位、多角度协同作战的过程，绝不能仅仅依赖语言。我们举个齐桓公没说话就被人看穿的例子来说明这一点。齐桓公和管仲商议攻打卫国，商议好后便回到后宫，恰好碰到了一个来自卫国的妃嫔。妃嫔见到齐桓公后连忙下跪，问是不是要攻打卫国了。齐桓公一听，觉得挺纳闷，问她是怎么知道的。妃嫔说："大王刚进来的时候特别严肃，有杀气，可见到了我后又有点慌乱，这说明国君要攻打卫国了，于我心中有愧。"接着，这个妃嫔给齐桓公吹了一晚上枕头风，打消了齐桓公攻打卫国的念头。

　　第二天，齐桓公再见到管仲，管仲便问齐桓公是不是不想攻打卫国了。齐桓公更蒙了，问管仲是怎么知道的。管仲回答说："大王今天脸色很好，没有杀气，而且对我特别恭敬，说明心里有愧，所以我猜您是不想打卫国了。"

从这个例子我们就能看出来，即使我们不说话，别人通过观察我们的表情、肢体动作都能看穿我们的心思。所以，要让自己的表现不泄露机密，这可是要下一番功夫的。当然，我们也可以利用自己的这些"微反应"误导别人，从而驾驭、控制对方。不过想实现这一点并不容易，我们不但要耳聪目明、智慧过人，还要有掌控嘴巴、耳朵、眼睛的高超技巧。只有这个技能锻炼得炉火纯青了，才能不被骗，不混乱，从而游刃有余地驾驭对方。

鬼谷子教导我们，不要向没有视力的人展示色彩，也不要向没有听觉的人展示声音。一定要透彻地了解对方，因人制宜地制定说服策略。而要想全方位了解别人的情况，就不能关闭沟通的大门，要时时保持信息的畅通，不封闭自己，避免落入被动的境地。

我们举齐景公戒酒的例子来说明这一点。齐景公嗜酒如命，有一回一连喝了七天。大臣弦章实在是看不下去了，就对齐景公说："你要么戒酒，要么就先杀了我，我不活了。"齐景公很为难，跟晏子诉苦，说："如果戒酒，我就享受不了人间的乐趣了；但不戒酒，弦章就寻死觅活的，这可咋办啊？"晏子从齐景公的话语和为难的表情中看出他是一个仁爱的君主，就找了一个反面的典型例子来刺激他。晏子说："弦章能碰到你这样的君主，真是运气好啊。如果他碰见的是像桀纣那样视他人性命如草芥的暴君，那他早就没命了！"被晏子的飞箝术一牵制，齐景公果然戒酒了。

所以，我们说服别人，一定要根据对方的秉性、思维特点和喜好来发力。如果晏子只是说酒的危害，那估计齐景公还会处于纠结和矛盾中，因为他对酒是不是有害根本无感，反倒是从仁爱的角度出发，更能撩动他的心弦。并且，通过这么一沟通，晏子也更加清晰地了解了齐景公的为人。

如果不相互沟通，封闭自己，隔绝别人，那就可能对对方产生误判，从而出错牌。

○ 原著研读

> 人之情，出言则欲听，举事则欲成。是故智者不用其所短，而用愚人之所长，不用其所拙，而用愚人之所工，故不困也。言其有利者，从其所长也；言其有害者，避其所短也。故介虫之捍也，必以坚厚；螯虫之动也，必以毒螫。故禽兽知用其长，而谈者亦知其用而用也。

希望别人能够听从我们，这是人之常情，而且我们也总希望办什么事都能成功。所以，聪明人总是避免使用自己的短处，而利用愚笨之人的长处，避免使用自己笨拙之处，而利用愚笨之人擅长之处，所以不会陷入困境。我们说某个事或者某个因素是有利的，是着眼于它的长处来说的；说某个事或者某个因素是有害的，则是着眼于它的短处而言的。从短处着眼来避免灾害，这就像带壳的虫子用坚固厚实的外壳来保护自己；带毒刺的虫子在主动出击的时候，一定会用到自己的毒刺。禽兽都知道使用它们的长处，因此游说的人也要知道该用什么方法。

○ 智慧分析

鬼谷子教导我们，想要说服别人，就得扬长避短，把劣势转化为优势，而不要在别人的优势方面和对方纠缠。否则，不但说服不了对方，还会导致谈话的氛围尴尬，让自己陷入两难的境地。一旦让对方都看不起我们了，我们又怎么能说服对方呢？

举个现实的例子，比如某下属劝领导戒烟，给领导算了笔账，说十年不抽烟的话都够买辆宝马车了。结果领导就问下属抽不抽烟。下属说不抽。领导又问："那你的宝马车在哪儿呢？"所以，当自己在某一方面无法对对方形成优势的时候，我们说服对方的力度是很轻微的。这也是人穷莫入众，言轻莫劝人的道理。

遇到这种情况，我们发挥优势，反戈一击，就可以扭转局面。在《三国演义》中，面对曹操大军来袭，诸葛亮大谈曹军如何强盛，假装劝孙权投降。孙权反问诸葛亮刘备为什么不投降。言外之意，刘备的力量还不如他，他凭啥投降？比力量，刘备自然处于劣势，如果在这个问题上跟孙权纠缠，诸葛亮肯定讨不到便宜。于是，诸葛亮话锋一转，说："我家主公是汉室宗亲，岂能向国贼投降？"言外之意，刘备再不济也是皇叔，是体面人，你孙权怎么能和刘备比？如此一来，局面和氛围就为之一变了，进一步刺激了孙权下定决心抵抗曹军。

○ 原著研读

> 故曰辞言有五：曰病、曰恐、曰忧、曰怒、曰喜。病者，感衰气而不神也；恐者，肠绝而无主也；忧者，闭塞而不泄也；怒者，妄动而不治也；喜者，宣散而无要也。此五者，精则用之，利则行之。故与智者言依于博，与博者言依于辨，与辨者言依于要，与贵者言依于势，与富者言依于高，与贫者言依于利，与贱者言依于谦，与勇者言依以敢，与愚者言依于锐。此其术也，而人常反之。

所以说游说的时候有五种话是应该被摒弃的，即病言、恐言、忧言、怒言、喜言。病言，是指让人听了以后感觉气馁而没有精神的话；恐言，是指让人听了害怕而失去主见的话；忧言，是指让人听了以后心情郁闷而不愿意和我们再交流的话；怒言，是指让人听了以后感觉愤怒，进而导致不可收拾的后果的话；喜言，是指让人心意疏散而失去主见的话。这五种话，只有在具备有利条件、人精气通畅的时候才可以使用。我们与智者说话，要凭借渊博的知识；与知识渊博的人说话，要善于辨析事理；与善于辨析事理的人说话，要善于抓住纲领、简明扼要；与达官贵人说话要围绕权势来进行；与富人说话，要本着尊敬的态度来对待对方；与贫穷的人说话，要从能给对方带来利益的角度出发；与地位低下的人说话，态度要谦卑，这样对方就容易接受；与勇敢的人说话，要围绕勇敢果断展开话题；与愚笨之人说话要从细微之处着眼，用对方容易理解的言语作答。这些就是游说的原则，但一般人往往违反这些原则。

○ 智慧分析

　　心无遮拦是坦荡，口无遮拦是祸端。针对不同的人，我们选择的说话方式是不一样的，该说的说，不该说的一个字都是多嘴。比如，纵横家若要说服一个国君采用合纵策略，就不能谈及病言，让国君觉得气馁；更不能谈恐言，让国君听了以后害怕，失去主见，不敢得罪敌国。
　　忧言和怒言也是我们在说服别人时要面对的大敌，就像《三国演义》里的张松，在曹操面前大谈对方的糗事，结果被乱棍打出。当然，有些特殊场合，可以使用这类特殊的言辞刺激对方，从而达到自己的目的，比如要说服一个国君采用连横策略的时候，就像诸葛亮刺激孙权联合刘备坚决抗敌一样。情景不同，对象不一样，言辞的运用也是灵活多样的。
　　唐太宗在刚得到天下的时候，面对隋朝留下的烂摊子，跟魏征说："想把国家再治理得欣欣向荣，最起码也得一百年吧？"魏征则表示："哪有那么麻烦，圣人治理国家，就像发出声音立刻有回音一样，一年之内就能见到效果，两年都算晚了，怎么还要等一百年？"别的大臣笑话魏征太天真。魏征则说："大乱之后，就像饥饿的人要吃饭一样，效果来得更快。"李世民听从了魏征的建议，积极作为，果然只用了两三年时间就出现了贞观之治的局面。

对像李世民这样积极进取、明辨事理的人，就要善于抓住纲领，简明扼要，这样反而能更好地实现目的。

○ 原著研读

> 是故与智者言，将此以明之；与不智者言，将此以教之，而甚难为也。故言多类，事多变。故终日言，不失其类而事不乱。终日不变而不失其主，故智贵不妄。听贵聪，智贵明，辞贵奇。

所以我们在和聪明人讲话的过程中，使用这些原则，对方是很容易明白；跟不聪明的人讲话，教对方使用这些原则，是很难办到的。言辞的种类很多，事态又千变万化，只能根据实际情况选择不同种类的言辞去游说。这样的话，即使整天在说，说得很多，事情也不会混乱。无论事情如何变化，都不会偏离主题。所以，智慧的可贵在于能够按照言说的原则去处理事情而不妄动。聪明人从来不妄加言说，他们听人言说，就能做到深入其心；运用智慧，就能做到明辨是非；与别人交谈时，总能做到出奇制胜。

○ 智慧分析

鬼谷子教导我们，如果能熟练掌握说话的技巧，灵活运用权术，那就没有什么事是办不成的。

古代的纵横家们，游说国情不同的各国，面对性格迥异的列国君主，都能无往而不利，轻松搞定各种复杂的情况，这都是因为他们掌握了运用权术的技巧和原则。

我们在日常生活中，面对各类场景，接触形形色色的人，都要学会先听，深入对方的内心，了解对方的情况，进而运用智慧摸清这里面的逻辑关系，然后再用言语交流，做到出奇制胜。

谋篇：
成事的核心与本质

古代的纵横家们，游说的目的就是给君主们进献计谋。言辞表达是形式，计谋才是内容和核心。《权篇》讲解了运用饰言的技巧，即该怎么说话、如何正确地与对方沟通；而《谋篇》，则是讲述关于计谋的学问。

所谓"谋"，就是计谋的意思。《谋篇》与《权篇》亦为姊妹篇，古人常常以"权谋"并称，讲的就是这方面的智慧。

我们要说服别人，为对方出谋划策，就要研究设计计谋要做的准备以及运用计谋的对象、方法和原则。《谋篇》可以看作是关于谋略的专题课程。

○ 原著研读

> 凡谋有道，必得其所因，以求其情。审得其情，乃立三仪。三仪者：曰上，曰中，曰下，参以立焉，以生奇。奇不知其所雍，始于古之所从。故郑人之取玉也，载司南之车，为其不惑也。夫度材量能揣情者，亦事之司南也。

凡是谋划策略，都是有一定规律和章法的。那就是首先一定要追溯并搞清楚当前问题产生的原因和它的发展过程，特别是当前面临的处境等实情问题。知道了这些实情后，就设计上、中、下三种计策，然后将这三种计策相互参考、验证，取长补短，相互吸收，最后确定所需要的是哪一种，这样奇计就产生了。奇计产生后，就能无往而不胜。设计奇计的方法，并不是我们现在所拥有的，而是始于古人的实践活动。所以，郑国人上山采玉的时候，一定会驾驶司南之车，目的就是防止迷路。我们揣度对方的才干、衡量对方的能力等这些了解对方情况的做法，就相当于是设计计谋解决问题的指南针。

智慧分析

俗话说，谋事先谋人。用鬼谷子的话来讲，就是先把指南针给找到。要先了解跟问题有关的所有人的情况，辨析里面的矛盾和利害关系，然后开始设计计谋。

在设计计谋的过程中，一定要把起因、发展经过以及面临的困境都充分考虑进去，然后设计出多套方案来，对比优劣，相互吸收其中有利的一面，这样奇计也就诞生了。比如明朝的时候，有个县令得罪了下属黄某。这个黄某怀恨在心，趁着给县令打扫卫生的机会，居然把县令的印绶给偷走了。在古代，印绶的重要性不言而喻，官员丢了印绶那是要杀头的。县令非常闹心，虽然严重怀疑是黄某干的，但又没有证据。要是把黄某抓起来，人家不承认，还闹得人尽皆知，事情可就麻烦了。可是来软的吧，晓之以理，动之以情，黄某也不见得承认，因为人家就是要看他的笑话。这个时候，有个高人给县令想出了个好主意。

县令在第二天天刚亮的时候，派人在县衙里放了一把火，然后立刻召集所有人来救火。队伍集合完毕后，县令当着所有人的面，把一个盒子交给了黄某，对他说："你保护好印绶，就在这里，不用去救火了。"接着，县令就带着大家去救火了。这黄某心里还纳闷呢，打开盒子一看，发现里面是空的，这才知道自己上当了。可是，所有人都看到县令把"印绶"给自己了，这下可麻烦了。没办法，他只得赶紧回家把偷来的印绶放进了盒子里。县令就这样顺利拿回了印绶。

从这个例子中我们就能看出，在设计计谋的过程中，一定要了解不同人物的立场、从属、矛盾和利害关系。县令害怕丢失印绶的事张扬出去，也担心黄某死活不承认偷了印绶。而黄某，既想看县令笑话，又担心揽上责任。这个时候的县衙众人起到了证人的作用。每个人都有自己的势，而势就决定了各自的操作空间和被钳制的范围。巧妙利用其中的钳制关系，就能把黄某给逼到非交出印绶不可的地步。

我们在遇到麻烦的时候，先不要慌，要学会先把人吃透，找到指南针，从不同的立场、角度、钳制条件来看问题，设计计谋。把矛盾和冲突进行转移，让麻烦制造者自己解决麻烦，往往比我们亲自出手好得多。

○ 原著研读

> 故同情而相亲者，其俱成者也；同欲而相疏者，其偏害者也。同恶而相亲者，其俱害者也；同恶而相疏者，偏害者也。故相益则亲，相损则疏。其数行也，此所以察异同之分也。故墙坏于其隙，木毁于其节，斯盖其分也。故变生事，事生谋，谋生计，计生议，议生说，说生进，进生退，退生制。因以制于事，故百事一道而百度一数也。

有共同利益或目的的双方，如果互相亲近，那么他们就会因为有共同目标而合作成功；有共同利益或目的的双方，如果相互疏远，那么其中一方必会受到伤害。有共同憎恶或仇恨的双方，如果互相亲近，那么他们的仇恨就会相互感染，使得仇恨成倍增加而对双方都有伤害；有共同憎恶的双方，如果互相亲近，那么只有其中的一方会受到伤害。所以，凡相互都能受益，感情定然会亲近；凡相互受到损害，感情定然会疏远。在为别人谋划计策的时候，一定要考察彼此在各方面的异同。墙壁都是从有裂缝的地方崩坏，缝隙和节疤就是它们的分界之处。新的事物、新的情况都是旧事物发展变化产生出来的，为解决新的问题才需要谋略，需要谋略才需要事先筹划，筹划过程能产生言论，有了言论才产生游说，有了游说才能使事情朝解决的方向发展，事情或问题按照解决的方向向前发展了，还要想出退出的策略，退出的策略也考虑好了，就可以制定针对事情的整个方案了。

○ 智慧分析

俗话说得好，利不可独，谋不可众。要想和别人达成稳定的合作，就必然要使双方都获利。如果只有一方在合作中获得好处，那只能是一锤子买卖，不可能长久。同样的道理，面对共同的敌人，只有一方受害，另一方安全无事，那这样的盟友关系也是脆弱的。

战国时期合纵策略之所以经常失败，而连横策略却能屡屡成功，就是因为采取合纵策略的各国并没有都遭到秦国的攻击，只有离得近的畏惧秦国，离得远的却没有太大的感受。他们彼此保持实力，各怀心思，而且在秦国"一手萝卜，一手大棒"软硬兼施的策略下，完全无法形成凝聚力。倘若各国都深受其害，同仇敌忾，效果就完全不一样了。

所以，我们在制定谋略的过程中，无论是要瓦解别人的合作关系，还是要巩固自己和别人的合作关系，一定要善于发现彼此之间存在的裂

谋篇：成事的核心与本质

缝和隔阂，及时弥补己方的漏洞，朝对手的疏漏之处进攻，这样就可以出奇计，无往而不利。比如，某公司想把竞争对手公司里的销售精英挖过来，就会认真分析该公司的销售提成奖励方案，寻找其中不公平、不合理的元素，然后制定更具有诱惑力的提成方案，继而实现挖人的目的。如果没有发现不合理的元素，也可以无中生有地制造不合理元素，继而做局。

楚汉相争期间，刘邦和项羽对峙，双方打得很累，就想坐下来和谈。项羽派使者去汉营，刘邦这边先是以最高礼仪接待使者，打听出使者是项羽而非范增派来的，便称不是范增派来的人不必这么铺张浪费，继而换成普通礼仪标准招待使者，还时不时出言嘲讽使者。这一下，项羽被彻底激怒了，从而对范增更加排斥了。刘邦阵营成功离间了项羽阵营中最得力的智囊和领导的关系。

所谓同利、同害，不光可以是财物，也可以是面子、口碑、舆论、荣誉，这些都是能够利用的漏洞。比如在二桃杀三士这个典故中，晏子就是靠解决了面子和荣誉分配不均的问题，从而帮助齐景公除掉了齐国三害。

鬼谷子的谋略之术，巧就巧在发现关键点，找准发力点，而不是盲目地制定谋略。

○ 原著研读

> 夫仁人轻货，不可诱以利，可使出费；勇士轻难，不可惧以患，可使据危；智者达于数，明于理，不可欺以不诚，可示以道理，可使立功，是三才也。故愚者易蔽也，不肖者易惧也，贪者易诱也，是因事而裁之。故为强者，积于弱也；为直者，积于曲也；有余者，积于不足也。此其道术行也。

一般而言，仁义的人不看重财物，不可以用物质利益来诱惑他，但是可以使他献出财物，提供活动经费；勇敢的人看轻灾难，用灾祸去吓他是没用的，但可以把他送到危险的地方去消除灾患；智者通达事理，不可以用欺诈的手段试图蒙蔽他，但可以跟他讲道理，使他立功，这三种人才都要各得其用。所以，愚蠢的人就容易受到蒙蔽，不肖的人容易感到害怕，贪婪的人容易受到诱惑，这是根据不同的人来做决定的。所以，强大是从弱小一步步积累起来的，平直是逐渐削去弯曲积累起来的，有余也是从不足积累起来的。懂得了这个道理，道术就可以实行了。

○ 智慧分析

谋事先谋人，这是设计谋略的重中之重。只有把人吃透了，利用他们的聪明或者愚蠢，合理布局，使之各得其所，才能积累出"势"的效果，从而发挥出谋略真正的威力。如果在设计谋略的过程中没有把人研究透，就会导致谋略失效。比如马谡失街亭、赵括失长平，都是类似的例子。如果能洞悉人的特点，把指南针找到，那还有什么谋略是不能成功的呢？

春秋时期，齐桓公想当霸主，其他国家都好说，只有楚国不服气。齐桓公想出兵攻打楚国，可是楚国经济繁荣，军事强大，而且民风剽悍，想取胜不是易事。于是齐桓公就让管仲设计谋略，收拾楚国。管仲领命后在齐楚的边境建了一座小城，然后放出话去："齐王爱吃鹿肉，愿花八万钱购买梅花鹿。"接着，管仲又派人去楚国收购活鹿。楚王很快得知了这个消息，认为齐桓公真是土包子没见过世面，鹿肉又腥又柴，楚国人是实在没吃的了的时候才拿它果腹，结果齐桓公还当个宝。于是，他就号令老百姓去抓鹿，卖给齐国。

管仲见鱼已经上钩，又对楚国的官员说："弄来二十头活鹿，赏百金，若是弄来两百头活鹿，赏千金！"于是楚国上下禁不住金钱的诱惑，不但去抓鹿，而且自己也开始养鹿，没人再去种地了。见此情景，管仲又派人去楚国以及楚国周边国家高价收购粮食。大半年过去后，齐国囤积了比往年多五倍的粮食，而楚国也通过卖鹿大发了一笔横财。眼看楚国已经错过农时，短期内收不上粮了，管仲就下令停止收鹿，然后让齐桓公攻打楚国。楚国粮价高涨，又买不到粮食，大批百姓纷纷逃亡，再加上错过农时，形成了恶性循环，变得愈发衰弱，最终被齐国击败，丧失土地，认了齐国做大哥。

从这个例子我们就能看出来，管仲利用经济手段策划谋略是一方面，更重要的是他吃准了楚王的愚蠢、楚国官员的贪婪以及楚国百姓的短视。先把人研究明白了，计谋也就好施展了。

将各个角色形成的"小势"不断积累，一定时间后就能形成不可逆转的"大势"，从而彻底取得成功。

○ 原著研读

> 故外亲而内疏者，说内；内亲而外疏者，说外。故因其疑以变之，因其见以然之，因其说以要之，因其势以成之，因其恶以权之，因其患以斥之。摩而恐之，高而动之，微而正之，符而应之，拥而塞之，乱而惑之，是谓计谋。

对于表面上亲热，但内心跟我们疏远的人，要从对方的内心着手去游说；对于心里愿意亲近我们，但外表却没有表现出来的人，要从外表着手去游说，让他表现出来。所以，对方有怀疑，就要顺着他的怀疑改变策略，使其不再怀疑；对方看见了，就要顺着他看见的东西来肯定他；对方说话了，就要顺着对方的观点来迎合他；对方已经形成有利的态势了，就要顺着对方的形势来成全他；要顺着对方厌恶的东西为他谋划解决方案，顺着对方遇到的灾祸为他排忧解难。使用摩术使对方感到害怕；把对方不断抬高，使他处于摇晃的不安之中；当对方处于衰弱状态时，出手纠正扶持他，从而让他觉得我们真诚可靠；为对方设计祥瑞的征兆，然后通过操作应验了，从而获得他的信任；用堵塞、蒙蔽的方法，让对方处于混乱迷惑中；使对方分不清是非，然后为我们所用。这些都叫作计谋。

○ 智慧分析

我们制定谋略，一定要以对方的所见、所思、所惧、所喜为引导，一步步引诱其入局，让他处于混乱和迷惑中，然后再出其不意，达到让他信任、仰仗或依赖我们的目的。这就是计谋的巧妙之处。

北宋名将种世衡想招抚西北的羌人，和他们合作共同防卫西夏，便设下了一个局。他先是热情地招待羌人的酋长慕恩来军帐中饮宴，其间种世衡唤出一个美丽的侍女来劝酒。酒过三巡，种世衡故意起身到里间，给慕恩制造和侍女独处的机会。这慕恩果然把持不住，开始对侍女动手动脚。这个时候，种世衡突然夺门而入，见此情景，假装很意外，两眼直瞪慕恩。慕恩大惊失色，赶紧下跪请罪。

种世衡思虑片刻后，转怒为喜，把侍女送给了慕恩。经过这一番萝卜加大棒的手段，种世衡成功驾驭了慕恩，让他从此效忠于北宋朝廷。

鬼谷子总结的计谋的厉害之处，就在于先引诱对方犯错，然而再拯救他，成全他，让他对你感恩戴德。

建立在恩情的基础上，计谋实施起来才更有效果。顺着对方的心意，也可以用来击败竞争对手。战国时期，魏国国君为了讨好楚怀王，送了楚怀王一个美人。楚怀王很喜欢魏美人，楚怀王的宠妃郑袖便顺着楚王的心意，比他还要对魏美人好。这让楚怀王很感动，郑袖也就达到了蒙蔽楚怀王让他陷入混乱的目的。等楚怀王愈发认为自己看到的一切是真的后，郑袖就对魏美人说："大王很喜欢你，但不喜欢你的鼻子，以后你见到大王多掩一下鼻子，大王就会持久地喜欢你。"魏美人不知是计，后续每次看见楚怀王都捂住鼻子。楚怀王很纳闷，就问郑袖怎么回事。郑袖一开始死活不说，后来才吐露了"真情"，原来是嫌弃楚怀王口臭。一听这话，楚怀王大怒，直接下令把魏美人的鼻子给砍掉了。

从这个例子我们就能看出，郑袖巧妙地利用了别人的所思、所想和所欲。楚怀王希望自己的女人们都能和谐相处，那就满足他；魏美人希望能持久地得到楚怀王的爱，那就顺着她。等大家都进入"为我所用"的状态时，"势"就已经形成，可以达到出其不意的用计效果了。

这就是谋略的厉害之处。

○ 原著研读

> 计谋之用，公不如私，私不如结，结而无隙者也。正不如奇，奇流而不止者也。故说人主者，必与之言奇；说人臣者，必与之言私。其身内其言外者疏，其身外其言深者危。无以人之所不欲而强之于人，无以人之所不知而教之于人。人之有好也，学而顺之；人之有恶也，避而讳之。故阴道而阳取之也。

使用计谋时要隐秘，公开谋划不如少数人私下谋划，私下谋划不如当事双方同心而谋，因为同心可以做到亲密无间。计谋的使用，遵守常道不如使用奇计，奇计的使用就像流水一样，不可阻止。所以，游说国君的，必须先献奇计才能引起他的关注；游说权臣的，必须先谈私交，聊一些和他私人利益相关的事。你身处某一圈子内，对方已经不把你当外人，但你所说集中在圈子之外的事，那么你就会因失去信任而被疏远；你身处圈子之外，但擅自说人家圈子之内的事，那么你就会有危险。不要把对方不想要的东西强加给他，不要把对方不知道的强教给他。人家有什么爱好，要学着顺从他；人家有什么厌恶和忌讳，要学着避免和替他隐瞒。因此，做任何事情都是在暗地里使用这些方法，而得到回报却是很明显的。

○ 智慧分析

设计计谋时一定要做好保密工作，所谓"利不可独，谋不可众"就是这个道理。很多计谋设计得很巧妙，可一旦走漏了风声，让对方从混乱的状态中清醒过来，那就只能失败了。此外，很多不该自己知道的事情，一旦被别人知道自己知道了，也可能会惹来杀身之祸。

鬼谷子教导我们，设计计谋的时候，不但要把对方研究透，还要把跟自己合作的人研究明白，知己知彼，才能百战不殆。光了解对方，不了解合作伙伴的情况，也会导致失败。

举例来说，鲁迅的父亲周伯宜总考不上举人，鲁迅的爷爷周福清就想买通以前的同僚，也就是这一年的主考官殷如璋帮忙让自己的儿子中举。他准备了一万两银票放在信封里，让管家给殷如璋送去。殷如璋接到了老朋友的信后，还没来得及打开看，副主考官就来了。两个人只能先聊工作上的事。这管家在门口左等右等，等了很久也没见回话，不知道这事能不能办成。他很怕这钱打水漂了，就在门口大喊："主考大人，那信封里还有一万两银票呢。"这一嗓子下去，直接害得周福清被判了个"斩监候"，也就是死缓。

由此可见，计谋设计要周全，选择的合作伙伴也要靠谱，方方面面都能做暗中操作，不走漏风声，才能获得成功。

这个例子也提醒我们，很多事情不需要被人知道，就不要强行让对方知道，就像鬼谷子所说，"无以人之所不知而教之于人"。如果那个管家不知道银票的事，这事也就办成了。多一个环节，就多一个风险。这也是古代很多锦囊妙计，都要求当事人必须在某个时间节点才能用的原因。

○ 原著研读

> 故去之者纵之，纵之者乘之。貌者，不美又不恶，故至情托焉。可知者，可用也；不可知者，谋者所不用也。故曰事贵制人，而不贵见制于人。制人者，握权也；见制于人者，制命也。故圣人之道阴，愚人之道阳。智者事易，而不智者事难。以此观之，亡不可以为存，而危不可以为安，然而无为而贵智矣。

所以想要除掉对方，就必须先放纵他，等他作恶到一定阶段后再顺理成章地除掉他。在外貌上，能做到喜怒不形于色的人可以寄托实情。在用人上，只有彻底了解一个人才能用他；如果你还没有彻底了解这个人，在使用计谋时就不能用他。所以，任何事情都是贵在制约别人，而不是被别人所控制。控制了别人，自己就掌握了主动权，就能够操控别人的命运；被别人所控制，自己的命运就操控在别人的手里了。所以，圣人做事的规律讲究"阴"，愚蠢的人做事的规律可以概括为"阳"。聪明的人做事情比较容易，而愚笨的人做事情就比较困难。所以，虽然消失的东西已不能使其再出现，已经发生的灾祸也不能使之凭空消除，但在处理事情的过程中，顺应规律、重视智慧，仍然是十分必要的。

○ 智慧分析

鬼谷子的计谋之学向我们阐释了一个利用事物发展，顺应自然做局的逻辑，也就是战国时期普遍讨论的"因论"。我们做任何事，都要"善因"。

所谓"因"，是顺应客观规律的意思。也就是说，我们要善于顺势而为，不能逆着趋势做事。人就好比我们生活中的万事万物。砖是方的，它就适合盖房子；木是圆的，它就适合做轮子；杯子是空的，它就适合装水。每个事物都有自己的外形特征，外形特征决定了它的"势"，而"势"也就决定了它的有为空间。聪明人制定谋略，不过是顺应不同事物的"势"，有目的性地积累"小势"，顺应自然规律的发展，从而形成不可阻挡、能实现自己目标的"大势"。这就需要我们看清事物的真实面貌。

如果我们不能看透一个人是否能合作，不能洞悉对手的真实底色，那就制约不了别人，就像拿圆球来盖房子，拿方块做轮子一样，又怎能实现做局的目的呢？我们只有真正看透对方的底色，对之进行诱导并不断积累，然后再利用事物发展的客观规律让它自行演化，就能达到我们想要的目的。

我们举郑庄公和弟弟叔段的例子来说明。郑庄公因为出生时是一条腿先出来的，让母亲吃尽了苦头，所以母亲武姜非常不喜欢他，转而宠爱他的弟弟叔段。

在郑庄公继承国君的位置后，武姜也是千方百计地培养叔段的势力，想让他羽翼丰满后，取郑庄公而代之。有人提醒郑庄公，郑庄公则表示："多行不义必自毙，等着瞧吧。"郑庄公二十二年，叔段和母亲内外勾结，准备偷袭国都篡位。然而，郑庄公对他们的计划早就洞若观火了，直接派兵平息了叛乱。郑庄公的母亲被囚禁，叔段也逃到了国外。

从这个例子我们可以看出，郑庄公的母亲和弟弟虽然让郑庄公很头疼，但直接除掉他们肯定会惹来非议，继而影响自己的统治。还不如洞若观火，看着他们一点点利令智昏，然后行非常之举，再趁机解决他们。

我们在现实生活中，当时机不成熟的时候，不妨利用各种形势，引诱对手在错误的道路上越走越远，到一定程度的时候，对手便会自我走向毁灭。比如，某关系户在上班的时候搞直播，突然发现粉丝给自己的打赏远远超过了工资，于是就辞职专心搞直播。殊不知，那是老板故意用小号给的打赏，目的正是令其陷入混乱和迷惑中继而走向自我毁灭。管仲发动经济战制约敌国，也是用了类似的道理。

○ 原著研读

> 智用于众人之所不能知，而能用于众人之所不能见。既用，见可，否择事而为之，所以自为也。见不可，择事而为之，所以为人也。故先王之道阴。言有之曰："天地之化，在高与深，圣人之制道，在隐与匿。"非独忠信仁义也，中正而已矣。道理达于此之义，则可与语。由能得此，则可与谷远近之诱。

智慧要用在大多数人无法查知的地方，才能要用在众人看不见的地方。智慧和才能的使用贵在隐秘，如果在使用过程中，能够做到隐秘，那就不要选择公开做的事来实施，这是为了实现自己的目的。如果在使用过程中，智慧和才能不能做到隐秘，那就索性公开自己的谋略主张，用之来做事，向对方显示自己这样做是为了他着想。所以，先王处世的法则是讲究"阴"的。俗话说："天地的造化在于高深莫测，圣人治世的法则在于隐藏不露。"运用智慧、才能虽然讲究隐秘，但是也不能失去忠信、仁义和中正的法则。能够懂得在忠信、仁义和中正法则的前提下运用谋略的人，才能和他谈计谋。能够懂得这些道理的人，就能够让近处的人喜欢，让远处的人来投奔，让天下都归服。

○ 智慧分析

关于使用计谋的原则，鬼谷子提出了"阴"的观点，这里的"阴"不是阴险的意思，而是隐秘的意思，也就是制定计谋千万不能泄密。

我们现在说一个人是阴谋家时，都带有贬义色彩，其实"阴谋"一词最早是中性的，它只是反映了使用计谋的基本原则。

鬼谷子在《谋篇》中对"阴谋"的真正含义给予了理论上的阐释。在本篇最后，鬼谷子强调，只有懂得忠信、仁义与中正法则的人，才能和他谈计谋，从而合理地运用计谋，将计谋约束在道德的框架下。

这说明，《鬼谷子》里的观点并不是常人所说的唯利是图、不顾道德约束的阴谋学。实际上，鬼谷子强调的正是要保持高尚的道德，有一颗仁义之心，才能真正领悟谋略的含义，用好谋略。如若不然，利令智昏，被欲望和喜好所裹挟，也极容易陷入别人设下的局中。

決篇：
如何做出正确的决定

有时候我们想做出一个明确的选择是很难的，正所谓"举棋不定"，尤其是团队的领导者，要考虑方方面面的因素，总是拿不定主意。这个时候就需要有智慧的人帮他们出谋划策，打消疑虑，做出决断。

古代的纵横家们，游说各国，进献计策，其实更多的内容就是帮助君主们做决断，比如到底该合纵还是连横，到底该坚持还是放弃。纵横家们就是通过帮助君主做决断，改变天下大势，从而推动历史发展的。

《决篇》就是专门讲解这方面智慧的，是关于决断的专论。所谓"决"，就是决断的意思。所谓"多谋善断"，就是指在面对复杂局面时，能够想出计谋，做出决断，从而让对方不再迷惑，不再疑虑，也就是"决"的学问。

○ 原著研读

> 凡决物，必托于疑者，善其用福，恶其有患。善至于诱也。终无惑偏。有利焉，去其利则不受也，奇之所托。若有利于善者，隐托于恶，则不受矣，致疏远。故其有使失利者，有使离害者，此事之失。

凡是要做决断，必定是由于犹豫不决，如果善于做决断就会得到福报，不善于做决断就会招来祸患。善于决断，一定是先诱得实情，然后再做决断就不会有迷惑或偏失。决断要带来利益，决断不能带来利益，人们就不会接受它，而想每次决断都能带来利益，就必须让决断变幻莫测，做到出人意料。如果做出的决断从总的方面来看是有利的，但其中蕴含着不利的一面，那么这个决断就不会被人们所接受，反而会导致关系疏远。如果说决断招来失利，或者引发灾祸，那就是决断中的失误。

○ 智慧分析

人们之所以喜欢多谋善断的人，就是因为做决断并不是易事，经常会陷入两难的境地。纵然我们做的决断从总的方向上来看是对的，但只要含有不利的因素，人们也很难接受它。这就需要我们从复杂的局面中理出头绪，制定奇计，出其不意地做出决断，从而解决问题。

我们举一个楚襄王两全其美的例子来对此说明。楚襄王做太子的时候曾在齐国当人质，父亲楚怀王死后，他就想回国继承君位，但齐王不准，非要让他割让楚国东部五百里土地才肯放他回去。还是太子的楚襄王就说要跟自己的老师慎子商量商量。

慎子告诉他不要因小失大，还是先答应齐王的要求，赶紧回国。于是楚襄王就答应了齐王的要求，返回楚国继承了君位。但问题是，五百里土地可不是开玩笑的。当齐国派人来楚国接收土地的时候，楚襄王犯难了，再次请教慎子。慎子说："第二天上朝的时候，让大家都发表发表意见，看看朝臣们是什么态度。"第二天上朝，大夫子良说："这土地得给，不给就是失信于人，给了以后我们再发兵夺回来。"大夫昭常说："不能给，我愿意去守卫东边的国土。"大夫景鲤说："不能给，如果我们的军事力量守不住东部边境的话，我就去秦国搬救兵。"

楚襄王一时间也拿不定主意，就再次请教慎子。慎子说："大家的意见都采纳。"这下楚襄王蒙了，问慎子是什么意思。慎子回答："先派子良去齐国进献土地，第二天让昭常当大司马去守卫土地，第三天再派景鲤去秦国求救。"楚襄王同意了慎子的决断。

子良到了齐国后，齐国派兵来接收土地，却遭到了楚国大司马昭常的反对。昭常说："我是主管东部国土的大司马，誓与国土共存亡。我已经动员了三十万人，一定奉陪到底。"齐王质问子良："你来献地，昭常却守在这里，这是何道理？"子良说："我是受楚王之命来献地的，昭常是假传王命，大王打他就对了！"

于是，齐王发兵攻打昭常。然而，齐国大军还未到达齐楚边界，秦国的援军就已经逼近齐国的西部边境了。这下齐王慌了，赶紧向两国求和。楚国也因此未损一兵一卒，确保了东部土地的安全。

从这个例子我们可以看出，人们之所以犹豫不决，就是因为难以两全。不管你想出什么办法来，做决断时总会有得有失。不过聪明人能从复杂的迷局中剥茧抽丝，理出头绪来。齐国贪婪，肯定会要土地的，甚至不惜一战。打仗，双方就会有所损失，这是不完美的。想要避免战争，就必须让己方形成压倒性的兵力优势，从而让量变引起质变，实现不战而屈人之兵，同时达到政治目的。所以，楚国一定要派景鲤去秦国求救，以求增量，为"质变"提供条件。当然，楚国这边也得有"量变"，因此昭常坚决抵抗的建议也是要采纳的。然而，这一切的前提是先稳住齐国，让齐国不着急派大军杀来，给楚国的"增量"提供时间，故而让子良去献地也是必须的。最终的效果就是，子良稳住齐国，赢得了准备时间；昭常固守国土，提供了量变；景鲤引来秦军，带来了增量，继而引起质变，不战而屈人之兵。楚国既不用割地，也不用损失兵力。

不难看出，慎子的思路是倒推的，他从避免战争又不用献出土地着眼,这是总目标。确立好了总目标以后,就开始构思各种实现目标的条件,然后再把合适的人放到合适的位置上,让他们发挥不同的作用。如此一来,奇计就产生了;奇计产生了,就可以拍板决断了!值得一提的是,慎子让大臣们都发表意见,这是一个极聪明的做法。这相当于钓语,让他们直抒胸臆,直接就能看出什么人适合干什么。慎子也得以合理地分配任务。倘若让性格刚烈的昭常去献地,说不定当下就会跟齐王翻脸;而让忠厚老实的子良去秦国搬救兵,也不一定能把秦军请来救援。那样的话,奇计就无法实现了,决断也失去了意义。

谋事先谋人,这是鬼谷子教给我们的"指南针"。先把人研究明白了,我们再谈事该怎么办。所以,我们能够看出,很多事情并非难以两全,只是我们的思路不对,没有为达成最终目标准备好条件。而为实现最终目标所做的准备,一般人往往看不到它们的意义和价值。所以,拥有奇计后所做出的决断,往往也是匪夷所思、出人意料的。聪明人做出的决断,很多人都看不透,却蕴含着极其巧妙合理的因果逻辑。

○ 原著研读

> 圣人所以能成其事者,有五:有以阳德之者,有以阴贼之者,有以信诚之者,有以蔽匿之者,有以平素之者。阳励于一言,阴励于二言,平素、机枢以用。四者,微而施之。于是度之往事,验之来事,参之平素,可则决之。王公大人之事也,危而美名者,可则决之;不用费力而易成者,可则决之;用力犯勤苦,然不得已而为之者,可则决之;去患者,可则决之;从福者,可则决之。

圣人能够把事给办成,其方法有五种:一是"阳德",二是"阴贼",三是"诚信",四是"蔽匿",五是"平素"。它们可以分为

"阴"和"阳"两类：使用"阳"一类的方法时，要讲究言辞如一，前后一致；使用"阴"一类的方法时，要说真假难辨的话。"阳"类方法和"阴"类方法，加上平常使用的方法，以及关键时刻所用的方法，这四者要在不知不觉中使用。能达到上述要求，再以过去的事情做参考，以未来的事情做验证，参考平常发生的事，我们就可以做决断了。给王公大人做事，有以下五种情况可以帮助其决断：王公大人处于危险中，而且帮他做好决断后可以获得好名声的，可以为他决断；不用出多少力，事情就能办成功的，可以为他决断；虽然事情做起来很费力，需要付出艰苦的努力，但又迫不得已不得不做的，也可以为他决断；能够给对方去除灾祸的，可以为他决断；能够给对方招来福祉的，可以为他决断。

○ 智慧分析

鬼谷子向我们提供了五种做决断的方法。有些事情，理在我们这边，我们就可以用光明正大的方法去解决，这就是"阳德"的方法。有些问题，真假难辨，是非难明，不便于采用公开的方式处理，只能暗中设计计谋加以解决，这便是"阴贼"的方法。有些事情，靠我们自己的力量是难以解决的，需要联合别人，用结盟的方式来解决，如此便需要讲信用，以诚信去缔结同盟关系，这就是"诚信"的方法。有些事情，真相不能完全向对方公开，或者说对方并不是很讲诚信的人，为了达到成功决断的目的，就不能以诚信待之，需要将实情隐匿起来，这就是"蔽匿"的方法。现实的常规问题，用一般的手段就可以做出决断，这就是"平素"的方法。五种方式相互补充，可以共同作用来解决问题。要根据不同的情况采取不同的方法做决断，不可拘泥于一端，该光明正大时就光明正大，该隐匿时就隐匿，不能让别人知道我们的真实意图。

举例来说，汉武帝的推恩令，就可以称得上是千古"第一阳谋"。汉武帝时期，帝国内部还有很多诸侯国。这些诸侯国掌握封地的军政大权，对中央构成了极大的隐患。汉景帝时期就已经出现过一次七国之乱，诸侯国叛乱，直接威胁到了帝国的统治。为了加强中央集权，汉武帝将原来诸侯王把封地和爵位传承给嫡长子的制度，修改为诸侯王必须把封地分封给自己所有的儿子。这样一来，诸侯国会越来越小，中央集权也就得以加强。此举就算诸侯王和嫡长子不愿意，诸侯王的其他儿子也会支持。这一阳谋直接从内部瓦解了诸侯国的凝聚力，而且还能体现父慈子孝的仁爱，彰显了皇帝的恩德。像这种正义在我的情况，就可以光明正大、大张旗鼓地做出决断。

我们再来说说"阴贼"的例子。有些决断，不便于公开，需要我们暗中使用手腕达到目的。根据《史记》记载，周赧王八年（公元前307年），东周君遇到了一件左右为难的糟心事——秦国想向东周借道进攻韩国。韩国再不济也比东周实力强，所以东周君十分害怕因此得罪了韩国，左右为难，借也不是，不借也不是。大臣史黡给东周君出了一个主意，他让东周君派人游说韩国的宰相，告诉对方秦国之所以敢向东周借道征伐韩国而没有顾虑，是因为它不相信东周敢在秦军路过的时候捣乱；韩国可以割让一些城池给东周，然后派人去楚国求救兵；这样，秦王定然会觉得东周和韩国之间已达成了某种协议，不再信任东周，而且还有楚军增援，秦王也定然会觉得借道东周不靠谱了。与此同时，史黡又让东周君在拿到韩国的城池后，派人告诉秦王说是韩国非要割让城池给东周，从而使秦国怀疑东周；东周弱小，不敢不接受韩国的赠地，请秦王理解东周的苦衷。东周君按照史黡说的去做，果然秦王打消了借道东周的计划，也没有怪罪东周君。并且，东周还因此获得了一些城池土地。

鬼谷子教导我们，做决断就要带来利益或者消除灾祸。史黡的决断给东周君带来了利益，消除了灾祸，可以说是一次极成功的决断案例。但这种决断，不能拿在明面上说，要说一些真假难辨的话，暗中用计来解决麻烦。

我们再举一个"平素"的例子，即在现实生活中，运用一般的道理和手段就可以做出的决断。我们在职场里，最头疼的麻烦，莫过于两个领导针锋相对，然后让我们选择站队哪一方。你选择甲，就得罪了乙；选择乙，就得罪了甲。如果两个都不选，那两个人就都得罪了。

我们看看古人面对这样的情况是怎么做的。清朝末年，张之洞有一段时间任湖广总督。他和当时的湖北巡抚谭继洵关系很差，两个人只要在一起准会互掐。这就可怜了下属们了，经常是左右为难，听谁的也不是。有一次，张之洞和谭继洵等一群官员在黄鹤楼吃吃喝喝。喝到高兴的时候，大家看着滚滚长江，不知道谁提出了一个问题：长江到底有多宽？这时谭继洵就说："我在古书上看过，江宽五里三分。"众人都拍马屁，夸奖领导有学问。张之洞却冷笑说："什么五里三分，我在书上看到的是七里三分。"两个省级大官你争我吵，场面一度十分紧张尴尬。更尴尬的是，他们要江夏的知县陈树屏说说到底谁说得对。这事搁谁也不好处理，同僚们都同情地看着陈树屏。陈树屏说："涨潮的时候是七里三分，退潮的时候是五里三分，所以，两位大人说得都对。"此话一出，尴尬解除了，两个大官也没有再为难陈树屏。

这个例子告诉我们，做决断，不能引来灾祸是原则，要让对方受益，或者为对方解除灾祸。陈树屏无论赞同哪一方，都会让另一方受损，从而引来灾祸。所以，他没有单独赞同任何一方，而是同时赞同了两方。这个隐藏答案跟生活中的常理结合起来，就可以做出完美的决断。

在"平素"的决断方式中，虽然按照常理和一般的手段就能搞定，但也要注意到发展的问题。有些时候，我们做决断不能过于着急。因为

"此一时，彼一时"，事态是不断发展的。很多情况下，时间变了，态势也就变了。让子弹多飞一会儿，一些无解的难题也就有解了。

汉高祖刘邦晚年愈发宠爱戚夫人和赵王刘如意，甚至还想立刘如意为太子。

这引起了吕后的不安。为了自保，吕后不断在朝中争取力量，积聚势力。刘邦看在眼里，也感觉到了威胁，害怕大汉将来落入吕氏之手。为了防止吕后的势力继续壮大，刘邦便在病危之际派陈平和周勃到军中将樊哙斩首。樊哙的妻子是吕后的亲妹妹，刘邦十分担心手握兵权的樊哙在自己死后成为吕氏代汉的强大后援，所以下决心除掉他。当时的樊哙正在燕国平定卢绾叛乱，刘邦让陈平执行诛杀樊哙的任务，让周勃代替樊哙继续平叛。陈平接到任务后，感觉很为难。要是杀了樊哙吧，那势必会得罪吕后。刘邦时日无多，吕后却依旧健壮，等刘邦归天后，杀樊哙的人岂能有好日子过？可是不杀樊哙吧，那又是抗旨，刘邦肯定饶不了陈平。于是，陈平就对周勃说："陛下让我杀樊哙，有可能是一时生气，杀了说不定会后悔，出于保险起见，我还是把樊哙押解回去，交由陛下处理吧。"

陈平是这样盘算的：第一种情况，把樊哙押解回去，刘邦要杀，吕后势必阻拦，这样樊哙未必会死，自己也可以把矛盾转移出去。至于抗旨，可以拿担心刘邦后悔为说辞，这样吕后日后也会感激自己。第二种情况，还没等自己将樊哙押解回去，刘邦就归天了，这样的话难题就自行解决了。结果事态还真像陈平所想的那样，押解樊哙的囚车还没回到长安呢，刘邦就病死了。陈平也凭借妥善的处理方式，让吕后没有针对他。

由此可见，做决断是要将事态纵向的发展和横向的局面综合起来考量的。面对复杂的情况、无解的难题，能理清其中的逻辑，准备好各种条件自然是好。如果确实一时没有办法，不妨让时间轴再往后走一走。当横向的局面有所改变的时候，再采取作为，千万不要直接将路给走死。

○ 原著研读

> 故夫决情定疑，万事之基。以正乱治，决成败，难为者。故先王乃用蓍龟者，以自决也。

所以，善于做决断，是处理一切事情的基础。决断关系到国家的治乱，决定国家的成败，因此下决断是很难做的事情。所以古代的先王才借助蓍草和龟甲来帮助自己做出决断。

○ 智慧分析

在重要的时间点，要做出正确的决断确实不是易事。不然的话，古代的先贤们也不会用占卜的方式来帮助决断了。如果决策失败，往大了说，会影响国家的成败和长治久安；往小了说，也会影响我们个人事业的成功。

鬼谷子向我们表达的是：越是在重大关头，越要沉稳、镇定，控制好自己的情绪，以免让事情陷入更为复杂的境地。只有情绪稳定了，认真地理清实现最终目标所需要准备的条件，然后谋事谋人，合理地布局和安排，运用不同的手段解决问题，最终就会取得胜利。

符言：
如何做一个优秀的领导者

领导，并不是那么好当的，这里头的学问很大。《符言》就是专门讲解做一个好领导需要具备哪些素养、能力，以及应该如何作为和注意些什么的。

所谓"符"，即符节的意思，古代用金属或者竹子制作符节，在上面书写文字，一剖为二，朝廷与受命者各执其一，对证时相合，称"符言"。所谓符言，指的是内心需要恪守的格言，这里可以引申为执政者或者身居要职的人物实施管理时必须奉行的准则。只有内心坚守并奉行这些准则，不被他人看穿，才能管理好一个团队。

○ 原著研读

> 安徐正静，其被节无不肉。善与而不静，虚心平意以待倾损。
> 右主位。

在位者需要安稳平徐，公正沉静，喜怒不形于色，就像骨头的关节必须有皮肉附着其上，才能灵活运动，发挥作用。在位者要善于给予和

符言：如何做一个优秀的领导者

放纵对方，使之处于不安的状态，自己则静心坐观其变，以待对方倾覆或者损毁。以上是讲在君主的位置上应该如何去做。

○ 智慧分析

　　鬼谷子教导我们，作为领导者，不能表现出自己的喜怒哀乐，一定要安稳平徐，公正沉静。如果你作为领导者表现出了自己的喜恶，下属就会根据你的特点迎合你喜欢的，掩盖你讨厌的，进而让你陷入蒙蔽的状态。如果你表现出了自己的意图，下属们就会根据你的意图极力伪装自己真实的想法，以防止和你的意图产生冲突。

　　秦始皇有一次看见李斯的车马队伍十分庞大奢华，就微微皱了下眉。这个细节被身边的侍者看到了，侍者偷偷将事情告诉了李斯。李斯知道后赶紧收敛了自己的行为，不再搞那么大的排场。过了几天后，秦始皇又一次看到李斯的车马队伍，发现比之前低调了很多，于是非常生气。他生气不为别的，而是自己的喜怒被人发现了，也就意味着别人洞悉了自己的内心，这是非常危险的。

　　鬼谷子教导我们，要综合用揣、摩、权、谋、反应、内揵等手段，通过别人的表情、言语、眼神等揣摩别人的内心，摸清真相。但他也教导我们，作为领导者，一定要面沉似水，喜怒不形于色。只有这样别人才看不穿你，无法洞悉真相，也就无法对你使用各种谋略。我可以知道你，但你不能知道我。领导者只有做到了这一点，才不会被下属蒙蔽，而下属也会畏危怀德，不敢轻举妄动。

　　与此同时，鬼谷子也强调，领导者要善于放纵下属。这里的意思是，领导者要给下属充分展现欲望和喜好的空间。这样的话，领导者静心观察，就可以洞悉下属的忠奸贤愚，也就知道该把什么人放在什么位置上了。一鸣惊人的楚庄王，就通过足足面瘫三年来观察满朝文武，当他看清所有人的底色后，就明白哪些人能用，哪些人不能用了。

执行力是怎么产生的呢？就是把合适的人放在合适的位置上。对于那些心术不正的人，我们可以诱导他们走向自我毁灭。

鬼谷子巧妙地用皮肉附着于骨头之上比喻领导者表情和内心的关系。我们不能全然地将白骨展示给别人，而应该有皮肉作为掩饰，不要让别人看清我们的真实意图，这样才可以灵活地运用谋略。

○ 原著研读

> 目贵明，耳贵聪，心贵智。以天下之目视者，则无不见；以天下之耳听者，则无不闻；以天下之心思虑者，则无不知。辐辏并进，则明不可塞。右主明。

眼睛贵在清晰明亮，耳朵贵在灵敏机警，心灵贵在富有智慧。如果用天下人的眼睛来观察，就没有什么东西是看不到的；如果用天下人的耳朵来倾听，就没有什么东西是听不到的；如果用天下人的智慧来思考，就没有什么东西是不会被认知的。做到了遍视、广闻、全虑，就像车轮的辐条集中于车轴一样，那么君主的英明就会不可阻挡。以上是讲君主如何做到英明的。

○ 智慧分析

英明的领导者，都是懂得自己与臣子分别应该干什么的。一个人的精力是有限的，你不可能看到、听到、想到方方面面的事，这就需要谋事先谋人，把合适的人放在合适的位置上。让敏锐的人充分地替你去观察局势的变化，让善于调查的人充分地替你去了解社会的情况，让贤明

符言：如何做一个优秀的领导者

的人拼命为你管理团队，让有智慧的人绞尽脑汁地为你出谋划策。如此这般，还有什么事是领导者看不到、听不到、想不到、办不到的呢？当所有人都充分发挥自己的价值时，就像车轮的辐条都集中于车轴一样，那么领导者的英明和伟大也就不可阻挡。

作为领导者，最忌讳的就是卖弄自己的才干。如果领导者过分卖弄自己的才干，下属就不会争相表现，也不会愿意费脑子思考，领导者也就无法知道下属的深浅，还会把自己累得够呛。每个人都有自己的所长，就像猫捉老鼠、狗看门、公鸡报晓一样，领导者如果骄傲自大、卖弄本领，觉得自己"比猫还能捉老鼠""比狗还能看门""比公鸡还准时"，那就颠倒了自己和下属的作用关系了。就算领导者真的在某一方面有过人的才能，"比猫还能捉老鼠"，也不能表现出来，不然手底下就不会再有"好猫"了。

西楚霸王项羽方方面面的才干都不错，谁都看不上，所以很多人才在他麾下都发挥不了作用，纷纷离开。反观刘邦，刘邦没有才干吗？当然不是，但他从来不表现出来。他治国用萧何，打仗用韩信，出谋划策用张良，使诈用陈平，外交用郦食其……这些人在相关领域都是当时的翘楚，综合起来，也就相当于刘邦方方面面都是顶级水平。纵然项羽浑身是铁，又能碾几根钉呢？所以，他的失败也是符合事物发展客观规律的。

作为领导者，一定要摆正自己的位置，充分发挥身边人的才干，这样才能无往而不利。

○ **原著研读**

德之术曰：勿坚而拒之。许之则防守，拒之则闭塞。高山仰之可极，深渊度之可测。神明之位德术正静，其莫之极。右主德。

崇尚德行的方法是，不要拒绝任何愿意归附我们的人。当我们诚心接纳他人时，我们的团队就会多一个成员，这样就巩固了自己的防守阵营；如果拒绝接受他人，减弱了自己的实力不说，同时也阻断了其他人继续加入我们的路径。山再高，只要我们朝上一步步攀登，总能到达山顶；水再深，只要我们坚持测量，总能够测量出它的深度。德的地位就像神明一样神圣，崇德之术也要求心态平正平静，做到了这些，就没有什么能比得上的。以上是推崇德行的方法。

○ 智慧分析

作为领导者，一定要有宽广的胸襟、出众的智慧和高尚的品德。做到了这一点，就可以战无不胜。

唐太宗李世民曾经强调，"封域之内，皆朕赤子"，他从不以胡汉之分区别对待下属，而是真心实意地对待每一个人，这就做到了有德行。同时，在打击周边敌对势力的时候，他也特别善于玩统战，经常和其他国家结盟，打击共同的敌人，从而总是能够短时间、小成本地大获全胜。这正是鬼谷子所说的，不拒绝任何一个愿意归附我们的人。如果没有宽广的胸襟、出众的智慧和高尚的品德，李世民也不可能成为古代封建帝王学习的榜样和标杆。

同样具备这种大智慧的君主就是秦始皇嬴政。韩国曾利用"疲秦之计"，在秦国修筑郑国渠，想以此拖垮秦国。计谋被识破后，郑国渠也修了一半，所有人都建议嬴政杀了郑国。可嬴政却坚持让郑国把郑国渠修完。因为圣人看问题，总是能着眼于最终结果。秦国虽然获得了巴蜀之地，粮食产量大大提高，但受地理条件限制，运粮并不方便。倘若修好郑国渠，那么三秦大地就都变成了沃土，带来的战略意义可想而知。嬴政并没有因为郑国的间谍身份暴露就杀了他，而是用广阔的胸襟包容对方，让其继续为秦国效力。事实证明，正是由于嬴政的英明决策，让秦国的粮食供应源源不断，也让王翦在灭楚的时候，带六十万大军在秦楚边境陈兵一年也不用担心粮食问题。

领导者是干大事的人，应该做到心态平静，从宏观的角度看问题，着眼于主要矛盾的解决。对人才是如此，对别人的建议也是一样。领导者应该虚心思考和接纳别人的意见，不能因为个人的喜恶排斥别人的建议。李世民也有脾气，曾经在背后骂魏征，还放言说："早晚要杀了这个乡巴佬！"可这并不妨碍他虚心接纳魏征的建议，永远让理性思考占据上风。圣人之所以是圣人，无论是德行还是智慧，都是有过人之处的。

○ 原著研读

> 用赏贵信，用刑贵正。赏赐贵信，必验耳目之所闻见，其所不闻见者，莫不暗化矣。诚畅于天下神明，而况奸者干君。右主赏。

使用赏赐贵守信诺，使用刑罚贵能公正。赏赐贵守信，一定要以自己亲耳所闻、亲眼所见为依据，这样那些自己没有亲闻亲见的事，也会因欲取信于君主而暗自转化。每赏必信，那么君主的诚信就会畅行于天下，达到神明境地，那些想以奸邪的手段求得奖赏的人也会被感化。以上所说的是如何进行赏罚。

○ 智慧分析

领导者施加赏罚的时候，不能因为讨厌对方就不赏，也不能因为对方是亲信就不罚。赏就是要讲究信用，罚就是要讲究公正。

鬼谷子教导我们，做领导者，无论是赏赐还是惩罚，都要让下属亲眼看到，这样才能起到效果，并且潜移默化地影响别人。商鞅的"徙木立信"就可以很好地说明这个道理。只有让老百姓知道，为国家效力，做好事就一定会得到实实在在的奖励，作奸犯科则一定会被结结实实地惩罚时，整个社会的风气和国家的行政效率才会有所保障。反之，如果赏罚不公，就会带来混乱，甚至导致亡国的危险。

我们举一个反面的例子来说明一下。秦始皇嬴政非常爱惜人才，从不轻易杀大臣，更没有杀过一个功臣，但这种仁慈也给他带来了灾祸。赵高曾经触犯秦法，嬴政问蒙毅按秦法该如何处置。蒙毅说应该处以死刑。可秦始皇爱惜赵高的才华，便直接赦免了赵高的死罪。赵高固然坏，但他精通法律，而且能写一手好字，深受嬴政喜爱。也就是从这件事开始，嬴政破坏了秦国一直秉承的法家精神，没有严格贯彻严明公正的赏罚制度，也为秦朝的灭亡埋下了伏笔。

○ 原著研读

> 一曰天之，二曰地之，三曰人之。四方上下，左右前后，荧惑之处安在。右主问。
>
> 心为九窍之治，君为五官之长。为善者，君与之赏；为非者，君与之罚。君因其所以求，因与之，则不劳。圣人用之，故能赏之。因之循理，固能久长。右主因。

君主一是要关心天时，二是要关心地利，三是要促成人和。天地上下，东南西北四方，左右前后都问遍，哪里还有被人迷惑的地方？以上是说要善问。

心是九窍的主宰，君主是各级官员的主宰。官员中，做了善事的，君主就应该给予赏赐；做了坏事的，君主就应该给予惩罚。君主顺应官员们各自的欲望而施以赏罚，那么就不会辛劳了。圣人这样来使用赏罚，所以赏罚能够各得其所。国君如果能遵守这个道理来治国，那么国家就能够长治久安。以上所讲，是在说明因顺而行的重要性。

○ 智慧分析

鬼谷子认为，领导者一定要善于调查了解世界的情况，既要了解天时地利，也要了解人心向背，而且方方面面的利害关系都要知晓，不能有疑惑不解的地方。

如果做不到善问，领导者就会被蒙蔽，甚至失去对下属的驾驭。

领导者身居高位，并不代表就可以闭目塞听。恰恰相反，领导者必须是看到问题最多、了解事情最详细、洞悉玄机最明白的人。只有这样，他才能够看清下属的真实面目，继而有所作为。凡是把自己封闭起来的领导者，比如秦二世，没有不被欺骗的，也没有不被利用的。只有真正了解清楚真相，实施赏罚的时候才不会出错。所以，鬼谷子教导我们，一定要充分进行调查，这样才能了解真相，了解了真相才能正确实施赏罚。赏罚分明了，团队自然就能高效运转了，也就是鬼谷子所说的"因顺而行"。

很多时候正是由于"和稀泥"的某些风气，让作奸犯科之辈得不到惩罚，让行好事之人得不到奖励，这样的话正义得不到伸张，团队又怎么能管理好呢？

○ 原著研读

人主不可不周，人主不周，则群臣生乱。家于其无常也，内外不通，安知所开。开闭不善，不见原也。右主周。

君主考虑事情不能不周到，要善于平衡各方面的利益；君主一旦考虑不周全，做得不周到，那么群臣之间就会有人因为照顾不周而生出祸乱。群臣处于无常的状态，内外信息就会不通畅，君主怎么能够知道问题出在哪儿呢？如果君主不能成功解开与群臣之间的误会，并成功找到解决问题的方法，就不能发现问题产生的根源。以上则是在说明周到的重要性。

○ 智慧分析

既然统治者要依靠下属来成就事业，就不能不考虑到利益分配的问题。人性都是自私的，倘若不威胁到切身利益，下属就公事公办。可倘若威胁到切身利益，下属就有可能生出祸端。

白起在打完长平之战后，想一鼓作气推平邯郸，拿下赵国。这对秦国来说绝对是天赐良机，秦昭王也信心满满。然而，秦昭王却忽略了范雎和白起之间权力和利益的分配问题。对秦国来说，范雎贡献极大，既帮助秦昭王巩固了王权，还提出了"远交近攻"的战略思想。可以说，范雎是秦昭王最得力的助手。而白起的光芒在长平之战后太耀眼，风头已经压过了范雎。于是，范雎就开始担心自己的位置将要被白起取代，故而中了苏代的反间计，开始劝说秦昭王不要进攻邯郸。秦昭王一时糊涂，错过了这个灭赵的天赐良机。聪明如范雎尚且做不到一心为公，更不用说其他一般的大臣了。所以君主在管理臣子的过程中，一定要注意平衡各方面的利益。不然指不定在什么情况下，忠臣就一下子变成了奸臣，从而耽误大事。李斯也是这方面的典型例子，他之所以参与赵高和胡亥的沙丘之变，归根结底还是因为担心个人利益受损。

总而言之，作为领导者，这一点不可不察，不能让内耗和矛盾在下属间暗流涌动，而自己却变成了被利用的工具。

○ 原著研读

> 一曰长目，二曰飞耳，三曰树明。明知千里之外，隐微之中，是谓洞天下奸，莫不暗变更。右主恭。

作为君主，一是要让眼睛看得远，二是要使耳朵听得远，三是要建立搜集信息情报的联络点，让自己始终处于对各种情报信息的明确了解之中。要明白千里之外的情况，要了解隐蔽微小的事情，这就叫作能够洞察天下，这样所有的奸邪之徒就都不敢为非作歹了。以上所说是指君主在表情上要做到恭。

○ 智慧分析

领导者要有自己的搜集信息情报的联络点，建立起专门的信息渠道，像明朝的锦衣卫、清朝的密折制度，都是君主掌控情报的手段。很多灾祸就像虫子蠕动一样，看起来不起眼，但一旦发展起来，就像山一样庞大。所以，领导者如果不能发现隐蔽微小的事情，那就无法做到抵巇，将灾祸扼杀在萌芽状态。

清朝的皇帝会让手下去全国各地捕捉麻雀，然后拿回京城检查它们胃中的东西，以此来判定当地粮食的实际收获情况。如果鸟胃中没有粮食当地却报丰收，或者鸟胃中有粮食当地却报灾荒，就会被判为欺君。

事实上，类似的方法还有很多，领导者要时时刻刻掌握真实信息，不被他人所蒙蔽。

○ 原著研读

> 循名而为，实安而完。名实相生，反相为情。故曰：名当则生于实，实生于理，理生于名实之德，德生于和，和生于当。右主名。

循名而求实，按实而定名，使名实相符合。名与实是相互依存的，互相为对方的本性。所以说，适当的名是由于其符合实；事物的实是由事物的理决定的，而理也是生于名实的德，名实之德产生于名实之间的相互符合，两者相符合，那么取名就得当。以上是说名实相符的重要性。

○ 智慧分析

鬼谷子教导我们，领导者一定要根据岗位职责和对应的工作内容来考察下属，以求名实相符。名实相符了，下属的职位就算给予得当，反之则不得当。当然，那些连自己工作内容都不清楚的下属，就属于不称职了。

我们举"汗流浃背"的典故来说明一下。汉文帝即位后，以周勃为右丞相、陈平为左丞相，共同负责朝廷事务。有一天，汉文帝问周勃："全国一年要审理、判决多少案子？"周勃说："不知道。"汉文帝又问："全国上下每年的收入和支出有多少？"周勃还是不知道，急得汗水把内衣都打湿了。汉文帝见周勃问啥啥不知道，又问陈平同样的问题。陈平说："这些事我也不知道，这不是我们该管的。丞相上辅佐天子，顺应天地四时颁布政令；下安抚百官，亲近百姓，使政令通行。至于判案和钱粮，都有主管的官员，只要把他们找来，一问就清楚了。审理案子的事，有廷尉负责；钱粮方面的事，有内史负责。"汉文帝点点头，对陈平的回答很满意。

从这个例子我们就能看出，虽然汉文帝的考核不是名实相符，但周勃连自己的工作内容都不清楚，明显是不如陈平称职的。很多领导者容易犯的一个错误，就是光听下属奉承自己的漂亮话，只看下属的名声好坏，却不考核他们的实际工作能力，这显然是错误的用人方法。

鬼谷子的《符言》，始终贯彻一个思想，那就是君主如何管理臣子。其中最突出的是以君主为核心，臣为君主的工具或附属的思想。这种君以术驭臣的思想，代表了战国时期君臣关系理论的一个方面。当然，这种思想对现代的企业管理也有一定的启发。我们在摒除古代君臣关系局限性的同时，可以充分吸收其中的管理学精髓，合理使用人才，激发人才的潜能，优化企业的制度，让企业更高效、更可靠、更健康地运行和发展。

从个人角度来说，我们也可以从鬼谷子管理学的精髓中吸收养分，正确处理上下级关系，有效发挥聪明才智，在发展事业的道路上事半功倍，做像陈平那样优秀的职场人，而不是像周勃那般"汗流浃背"。

本经阴符七术：
如何修炼强大内心

《本经阴符七术》，讲的是人如何修炼内在精神，主张以修炼内在精神为本。

所谓"本"，即根本的意思，也就是人的内心；所谓"阴符"，是指以内在精神的修炼来支配外在的肢体行为。《本经阴符七术》系统地讲述了如何修炼人的神气、意志、智识，以调动自身力量来解决外在问题的办法，由七节文字组成，每一节都在论述一个问题，具有相对的独立性，同时又相互联系，存在严密的内在逻辑，浑然构成了一个整体。

了解古代的纵横家们如何修炼自我，有助于现代人在打拼事业的过程中强化自己的内心。

○ 原著研读

盛神法五龙

盛神中有五气，神为之长，心为之舍，德为之大，养神之所归诸道。道者，天地之始，一其纪也，物之所造，天之所生，包宏无形，化气，先天地而成，莫见其形，莫知其名，谓之神灵。故道者，

> 神明之源，一其化端。是以德养五气，心能得一，乃有其术。术者，心气之道所由舍者，神乃为之使。九窍十二舍者，气之门户，心之总摄也。生受于天，谓之真人。真人者与天为一。
>
> 内修炼而知之，谓之圣人，圣人者，以类知之。故人与一生，出于物化。知类在窍，有所疑惑，通于心术，心无其术，必有不通。其通也，五气得养，务在舍神，此谓之化。化有五气者，志也、思也、神也、德也，神其一长也。静和者养气，气得其知，四者不衰，四边威势，无不为存而舍之，是谓神化。归于身，谓之真人。真人者，同天而合道，执一而养产万类，怀天心，施德养，无为以包志虑思意，而行威势者也。士者通达之，神盛乃能养志。

旺盛的精神中有五气，这五气之中，神是主宰，心是居所，德能使神壮大，养神的办法是使心与大道合一。道，是天地的开始。一是基础，万物皆由道来创造，天地皆由道来创生，道包容广大，无影无形，化为气，在天地之先而生成，既看不见它的外形，也不知道它的名，称它为"神灵"。所以说，道是神明的本源，一是道变化的开端。因此，以德来养五气，只有心合于大道，才能够找到方法。这种方法就是把心之气从所能驻守的地方给引导出来，神就产生了。人体九窍和十二个中气止息之处是气出入的门户，是心的总开关。生而禀受于天，称作真人。真人与天地万物是合为一体的。

通过学习修德炼气体会出道的，就称作圣人。圣人是通过"类知"的方法来认识道的。所以，人虽然与道同生，内在的本性与之相同，却因为沾染外物而发生变化。人通过九窍等外在感官来实现对同类事物的认识，如果感官不能直接感知，就需要借助心来思维，如不能感知，那么就是心与九窍之间的气不通，就会思路堵塞，无法认识事物。如果思路畅通，五气就能得到滋养。这个时候，就要确保"神"气归宿于心，这就叫作"化"。五气之变化，就能产生"志""思""神""德"等不同的效果，而"神"在其中居于首位。宁静平和才能养气，五气和合为一，则志、思、神、德四者均旺盛，四者旺盛便会让威势散发，威势散发便能无所不为。如果能将这种威势存于内心，这就叫"神化"。归之于肉身，便成真人。真人同于天地合于大道，坚守道的根源而产生并养育万物，怀抱上天的心意，施行道德恩惠，以无为之道来指导思想，通过这种途径来散发威势。策士们如果能理解并熟悉这一点，就能精神旺盛，长养意志。

○ 智慧分析

鬼谷子认为，人体中五脏之气主宰着人的精神活动，其中神气最重要。神气居于内心，主宰着人的思维。神气旺盛，反应就会灵敏，处事就会迅速，从而更容易获得成功。这里需要考虑到时代的局限性，因为先秦时代的古人都把心脏视为思维器官，而不是我们现代人认为的大脑是思维器官。

鬼谷子从宇宙观的高度探索了修身养性的问题，认为在宇宙生成的过程中，道乃根本，是万物的开端；人乃万物之主，所以人之生成，也是道之化育的结果。

人必须让自己的思维和心智，即鬼谷子所说的"神气"，跟道化育万物的规律相统一，这样才能成为"真人"。

我们从鬼谷子的理论体系中，可以非常清晰地看到圣人的思维方式，即从源头出发，从根本出发，从基础出发，逐步进行摸索，这样就不会出错。就像几何学的理论大厦，也是由从不言自明的几条公理"一砖一瓦"搭建而成的。

这种思维模式，不依赖碰运气的被动接受，而是主动探寻事物的发展规律，并以此来指导思想和行为，又怎么会失败呢？

鬼谷子认为，神气居于心中，使人精神旺盛，从而得以应付外界瞬息万变的形势。我们通过感官来感知外界，但很多或弊或利的信息传递给我们了，我们却不自知，无法抓住机会和规避风险，这都是因为神气不足、思路闭塞。这个时候就需要静下心来养神，让五脏之气畅通。当五脏之气畅通、心气充盈、思维敏捷、头脑灵活的时候，很多智慧就会源源不断地涌出，继而形成威势。

鬼谷子非常强调策士们要修身养性，提升个人修养和道德水准。如果被美色、钱财、权势这些外物的诱惑所干扰，就极容易偏离事物发展的客观规律，从而做出错误的判断和决策。比如一些贪腐分子，正是因为不提升个人的道德修养，才被物欲所腐蚀，进而一步步走向堕落。像李斯那么聪明的一个人，却因为权势和地位的诱惑，也做出了错误的判断，和赵高、胡亥一起发动了沙丘之变，最后被腰斩灭族。

保持头脑的清醒，我们就能把握机会，也能发现危险，从而快人一步，源源不断地做出正确的决策。

○ 原著研读

养志法灵龟

养志者，心气之思不达也。有所欲，志存而思之。志者，欲之使也。欲多则心散，心散则志衰，志衰则思不达。故心气一，则欲不徨；欲不徨，则志意不衰；志意不衰，则思理达矣。理达则和通，和通则乱气不烦于胸中。故内以养志，外以知人。养志则心通矣，知人则职分明矣。

将欲用之于人，必先知其养气志，知人气盛衰，而养其志气，察其所安，以知其所能。志不养，则心气不固；心气不固，则思虑不

> 达；思虑不达，则志意不实；志意不实，则应对不猛；应对不猛，则志失而心气虚；志失而心气虚，则丧其神矣。神丧则仿佛，仿佛则参会不一。养志之始，务在安己。己安则志意实坚，志意实坚则威势不分，神明常固守，乃能分之。

之所以要养志，是因为要避免五气之一的心气所产生的思绪不畅，也就是说人的思路不畅。要想让思路畅通，必须要养志。人一旦有了某种欲望，反馈到心里也就有了志，志受欲望的驱使。人的欲望一多，心气就不能集中，那么志就会衰减，志衰减了就会导致思路堵塞不畅。所以，心气专一，欲望就不会扰乱心神；欲望不扰乱心神，那么志和其表现出来的意图就不会衰减；志不衰，那么思维自然就通畅了。思维通畅了，那么心气就会平和通畅地运行，心气平和通畅地运行，那么就不会感到心中烦乱。所以，一个人在内心养好志，就可以通过外在表现来了解他人。养志能做到心气通畅，了解他人就能做到人尽其用。

如果要运用养志之法来考察别人，一定要知道对方养气和养志的功夫，了解对方的心气是盛还是衰，反过来，通过养气和养志之法替对方培养气和志，由此来观察他的心意反应，洞察他的思路所在，从而知晓他的才能。志不养，那么心气就不安定；心气不安定，思虑就不畅通；思虑不畅通，那么就会造成心理上的志和意不充实；心理上的志和意不充实，那么就很难敏捷地做出正确的反应和决策；人的外部反应不迅捷灵敏，反过来也会投射到心里，造成志气和心气的虚弱；志气和心气的虚弱，就会导致神的丧失。神的丧失就会让人精神恍惚，精神恍惚就会导致志、心、神无法协调配合。养志的开始，务必要让自己安静下来。只有自己安静了，志和意才能充实坚定；志和意充实坚定，威势就会凝聚不散，人的精神就会常常固守在体内，进而也能分散他人的威势。

◯ 智慧分析

人有时候想法很多，也很好，却迟迟无法付诸行动，即使付诸行动也往往浅尝辄止，以失败告终。这都是不养志，受到其他欲望的干扰，意志不坚定的结果。

人的志向当然来源于欲望，比如建功立业、发家致富等。可欲望一旦多了、杂了，就会扰乱我们的心神，让我们的注意力不集中。这样反而会削减我们的志向，让我们的目标难以实现。比如，我们在假期的某一天，想要做完三张数学卷子，这是我们进步的欲望，也是我们的志向。但同时我们又受到了美食、短视频、游戏等欲望的干扰，让我们做数学卷子的心神无法集中，志向无法坚定，那当然完不成任务了。我们只有摒除其他欲望，专心致志地做好手头的事，我们的志才不会衰减，思维才能集中，思路才会畅通。思路畅通了，做起事来自然是事半功倍。

由此可见，处处是重点，处处也就没重点，要想成大事，必须要养志，而养志的关键，就是摒除次要的欲望，做到心气专一。只有心气专一了，我们的思路才能彻底打开，全身心地向目标挺进，从而最终获得成功。这需要我们从点滴做起，细化目标开始养志，否则连小事都做不成，又何谈大事呢？比如，很多孩子说长大后要成为伟大的科学家，却连平常的考试都不敢保证能考九十分以上，这就是只关注宏伟目标，不关注细节。我们如果能够把宏伟目标细化，认真地践行每一步，不受其他欲望的干扰，那事业又怎会不成功呢？

当我们在养志的道路上越来越顺手、越来越有信心的时候，也就能看清那些平时不养志，只是满心幻想的人的状态了。我们观察周围的人，看看他们的精神状态和专注程度，也就能够进一步了解他们的才能。这对管理者来说，是一个摸清别人底色的窍门。

鬼谷子教导我们，想要养好志，非宁静无以致远，必须要把自己的心给静下来。

只有自己的心静了，才能摒除掉其他欲望的干扰。

○ 原著研读

实意法螣蛇

实意者，气之虑也。心欲安静，虑欲深远。心安静则神策生，虑深远则计谋成。神策生则志不可乱，计谋成则功不可间。意虑定则心遂安，心遂安则所行不错，神自得矣，得则凝。识气寄，奸邪而倚之，诈谋而惑之，言无由心矣。故信心术，守真一而不化，待人意虑之交会，听之候之也。

计谋者，存亡之枢机。虑不会，则听不审矣，候之不得。计谋失矣，则意无所信，虚而无实。故计谋之虑，务在实意，实意必从心术始。无为而求安静五脏，和通六腑，精神魂魄固守不动，乃能内视、反听、定志。虑之太虚，待神往来。以观天地开辟，知万物所造化，见阴阳之始终，原人事之政理，不出户而知天下，不窥牖而见天道，不见而命，不行而至。是谓道知，以通神明，应于无方，而神宿矣。

实意，就是要提高和充实思考能力。心在思考问题的时候，一定要安静，心安静了才能考虑得深远。心安静，神奇的策略也就产生了；思虑深远了，计谋也就成熟了。神奇的策略产生了，志就不会乱；计谋成竹在胸了，那么成功自然水到渠成。思虑定了，心也就安定了，心安定了，那么行动就不会出差错，行动不出差错，精神就会饱满，精力就会集中。心有所惦记，就不能专心一意，奸邪之辈就可以趁机以此作为依托，用阴谋诡计迷惑我们，而我们往往也就言不由衷了。要相信静心的方法，守住真气而不使之外流，安神静心，待人精力高度集中，"心意"和"思虑"之间产生了互动的"实意"状态，到了这一步，就可以静观事物的变化了。

计谋，是生死存亡的关键。如果心里的虑与意不交会，那么表现在外在的听言就不审慎，期望从他人处得到信息就不可能。计谋一旦失败，人的意志就会不坚定，就会变得虚幻而不切实际。所以在计谋开始实施的时候，一定要提高和充实思考能力，也就是做到实意，而实意，是从静心开始的。静心之术，就是本着无为之道，让五脏六腑之内的气息通畅，精神魂魄固守不动，这样才能做到用心去看，用心去听，最后安定心志。思虑达到毫无杂念的空明境界，精神就能自由往来了。在这样的状态下来看世界的产生，看万物的变化，看阴阳的互动，思考国家大事和管理百姓的道理，就可以做到足不出户便可了解天下，不看窗户就能参悟自然之道，不待事情发生就能准确预知并发布命令来做成事情。达到这种状态，就能与神明互通而无所不能。

智慧分析

我们要策划一件事，实施一个计谋，就必须提高自己的思考能力。而思考能力的提高，关键就在于把心静下来。如果心存惦记，前怕狼，后怕虎，老是精神内耗，那怎么可能提高思维能力呢。我们总是担心可能会发生什么，但很少思考我们能做好什么。我们只有把心静下来，让思路畅通，这样思虑定了，我们的心就有底了，那么行动就不会出差错。行动不出差错，精神就会更饱满，注意力也会更集中，从而进入一个良性的循环中。

所谓当局者迷，旁观者清，真的是因为当局者的思考能力不如旁观者吗？其实不然，最主要的原因是当局者的顾虑过多，无法让心静下来，也就无法打开思路，客观理性地看待一些问题。如果我们做不到心静，那我们的思路受限，策划的计谋也就会是考虑不周的。考虑不周就会导致计谋失败；计谋失败，我们就会愈发没有信心，从而陷入一种恶性循环中。

鬼谷子教导我们，应该锻炼静心之术。当我们能够心无杂念，达到空明的境界时，看待万事万物，也就能够洞悉它们的本质，达到和神明一样的境界。比如在面对高考或者考研的压力时，很多学生更多地会思考万一考不上怎么办，或者先质疑自己的能力，每天让自己处于精神内耗的状态中，而不去思考今天应该具体做些什么。

如果一个人总是精神内耗，就会大大降低思考能力，让时间大量流逝而一事无成。曾经有教育专家提出，如果提前将非常好的大学的录取通知书给你，条件是未来两年要坚持每天六点起床、背三十个单词、做一张试卷、比其他同学多学习两个小时，你能做到吗？如果你能，不给你录取通知书，你也能自己考上。这其实就是实意的力量，也就是先把心静下来，提高思考能力，策划完成目标的谋略，然后稳扎稳打地去执行，而不让自己的精力浪费在精神内耗中。

○ 原著研读

分威法伏熊

分威者，神之覆也。故静意固志，神归其舍，则威覆盛矣。威覆盛，则内实坚；内实坚，则莫当；莫当，则能以分人之威，而动其势，如其天。以实取虚，以有取无，若以镒称铢。

故动者必随，唱者必和；挠其一指，观其余次；动变见形，无能间者。审于唱和，以间见间，动变明而威可分。将欲动变，必先养

> 志伏意以视间。知其固实者，自养也；让己者，养人也。故神存兵亡，乃为之形势。

想要散发威势，就要先积聚威势，让神伏于其中。首先要意静志固，使意志专一，神归于心中，这样威势才能茁壮强盛。威势茁壮强盛了，就能使得内心充实而安定；内心充实而安定了，就没有什么人或者东西可以阻挡；做到没有什么东西可以阻挡，我们就能反过来拆解他人的威势，动摇对方的势力，让万物敬畏，如同神明。用己方之实来进攻他人之虚，用己方的优势来进攻他人的劣势，就像用镒去称铢一样容易。

所以一旦己方有所行动，对方必然跟随；己方有所倡导，对方也必然有所应和。只要碰触到对方一个局部，从对方的反应中就能知道其全部情况；对方的举动和应变统统会显现出来，没有一个能逃得掉的。懂得倡导与应和的道理，通过蛛丝马迹来寻找对方的缺陷，待局势明晰之后就可以分散对方的威势了。我们在将要做出举动和应变之前，一定要先固气养志，藏匿意图，等待机会。懂得使自己思想意识坚定且充实的人，是懂得能够提高自我修养的人；懂得把自己拥有的给予别人的人，是为了以德威服别人。所以，我们运用自藏匿于内心的神气，就可以迫使对方的威势瓦解，而不用再使用武力了。

○ 智慧分析

人都是有气场的，这种气场可以散发威势，影响他人，也可以反作用于自己。如果我们能够做到意志坚定，心神专一，我们的气场和威势就会强大，继而让我们的内心更加充实且安定。平原君赵胜曾给战国四大名将之首的白起相过面，说白起眼瞳黑白分明，视瞻不转，气场强大,别人都不敢和他对视,是条理清晰、冷静果断之人。诗仙李白曾被朋友评价:"眸子迥然,哆如饿虎。"意思是李白的眼睛特别犀利有神,张嘴发威的时候,如同下山的猛虎。像这种威势很足的人,必定内有乾坤,意志坚定,心神专一。

我们在职场中也好,生活中也罢,遇见这样有威势的人,自然会打心底敬重他们三分。当他们用自己的所长,来攻击别人所短的时候,那几乎就是无往而不利。比如刘备,胸有大志,仁德厚重,从来都是喜怒不形于色,极有大哥的气场。

他在当平原相的时候,平原郡的刘平派人刺杀他。刺客见到刘备后,深深被他的人格魅力还有领袖气场所感染,不忍心下手,还把刘平要刺杀他的事情告诉了他。

由此可见,真正的威势和气场是由内而发的,我们只有培养好内在的意志和心神,才能拥有外在的威势。当别人被你的气场和魅力所折服的时候,很多事就自然而然地办成了。比如面试,如果面试者内心强大、意志坚定、眼神不飘忽,像白起一样视瞻不转,那么面试官的威势就会被瓦解。渐渐地,事态也会朝着有利于面试者的方向逆转。相反,如果面试者心中无底气、意志不坚定,那必然会导致思路闭塞,由内而外出现威势不足的状况,继而被面试官的威势所压倒,事态也会朝不好的方向发展。

○ 原著研读

散势法鸷鸟

散势者,神之使也。用之,必遁间而动。威肃内盛,推间而行之,则势散。夫散势者,心虚志溢。意衰威失,精神不专,其言外而多变。故观其志意为度数,乃以揣说图事,尽圆方,齐短长。

> 无间则不散势，散势者，待间而动，动而势分矣。故善思间者，必内精五气，外视虚实，动而不失分散之实。动则随其志意，知其计谋。势者，利害之决，权变之威；势败者，不以神肃察也。

分散对方的威势，是自己的神经过积蓄后散发出来的外在结果。用"散势"之术，一定要看准对方的漏洞或者薄弱环节后采取行动。经过内心的积蓄，把威势积累到很强盛的时候，找准对方的漏洞发出，那么对方的威势必然会失去。对方的威势一旦散失，就会心虚，其内在的"志"就会溢出。"志"一旦溢出就会导致意衰，意衰就会失去威势，精神无法专一，这样对方的言辞就会将内心的真实情况泄露于外，如果他想故意在言辞上掩饰，那么往往就会闪烁其词，词不达意。我们一旦看清对方的真实状态，就可以进行揣摩游说、策划计谋了，或者说一些迎合对方的话，或者说一些按规矩应该说的话。

对方如果没有漏洞露出，那么我们就不要散发威势，一定要等到对方有漏洞的时候再采取行动。这样一旦行动，对方的威势必然崩溃。所以，善于思考和寻找对方漏洞的人，一定是自己在内心积聚了五脏精气，在外探查清楚了对方的虚实，一旦行动就不会失去散发威势的效果。这样的行动能紧跟对方的意图，知道对方的计谋。势，是处理利害关系的决定因素，也是灵活运用权术的威慑力量；势被分散，都是没有运用神去认真考察的结果。

○ 智慧分析

我们在和别人谈判时，一定要学会分散对方的威势。只有将对方的威势分散，才能够进行揣摩和驾驭，继而进一步说服对方，给对方献策。然而，分散对方威势的前提是先了解对方的弱点和漏洞。如果对方没有漏洞和弱点，那就不要轻易出招。

《三国演义》里，许攸投靠曹操时和曹操有过一番对话。他先是问曹操还有多少粮食。曹操说还能坚持一年，又说可以坚持半年，被许攸指出没说实话后又说可以坚持三个月。最后，曹操被许攸逼得没办法了，这才凑到他耳边说只能坚持一个月了。从始至终，曹操一句真话没说。许攸也是被搞无语了，替他说出了真实情况，那就是军中已无粮矣。许攸在来见曹操之前，就已经截获了曹操无粮的确切情报，之所以还要那么问，并非想检查曹操会不会说实话，也不是还想打探出更多内部消息，而是想让曹操说出军中没有粮食的困境后，再提出解决的办法，这样就可以突显自己的功劳。

鬼谷子教导我们，在揣摩对方和进献计谋之前，一定搞清楚对方的漏洞，然后进行持续的进攻，那么对方的意志必然瓦解。当对方极度渴望帮助的时候，你给他提出解决问题的办法，如此这般，就没有不成功的。所以，散势的关键在于找准对方的漏洞。对方有漏洞我们找准漏洞出招，对方没有漏洞我们就切勿轻举妄动。不然，不但分散不了别人的威势，还会让别人看穿我们的底色。

○ 原著研读

转圆法猛兽

转圆者，无穷之计。无穷者，必有圣人之心，以原不测之智而通心术。而神道混沌为一，以变论万类，说义无穷。智略计谋，各有形容：或圆或方，或阴或阳，或吉或凶，事类不同。故圣人怀此用，转圆而求其合。故与造化者为始，动作无不包大道，以观神明之域。

天地无极，人事无穷，各以成其类，见其计谋，必知其吉凶成败之所终。转圆者，或转而吉，或转而凶，圣人以道先知存亡，乃知

> 转圆而从方。圆者，所以合语；方者，所以错事。转化者，所以观计谋；接物者，所以观进退之意。皆见其会，乃为要结以接其说也。

计谋就像圆形的东西一样，可以源源不断地产生出来。要想让计谋无穷无尽地产生，就必须要有圣人一样的心胸，探究深不可测的智慧根源，并且熟练掌握凝聚心气的方法。虽然大自然造化万物神秘莫测，变化多端，但是有着根本的道理的，只要抓住这个道理，就可以掌握大自然中的一切事物，我们游说别人时，所讲的道理也会无穷无尽。我们运用智慧制定策略，都要随着客观情况的变化而变化：或圆或方，或阴或阳，或吉或凶，随着事物种类以及情况不同而不断变化。

所以，圣人都是懂这个道理的，他们在处理问题的时候，就像不停转动圆圈一样，不断寻找合适的智谋来解决具体的问题。所以，跟随圣人的方法，那么我们的作为就无不合于大道，并且能够看到别人无法看到的神明的境界。

天地是没有边界的，人间的事情也是没有穷尽的，世界上的万事万物都有其类别上的归属，我们可以通过其类别来推测其计谋，这样必然就会知道是吉是凶、是成是败。运用转圆之法，用得好，就必然会得到吉的结果；用得不好，就必然会得到凶的结果。圣人运用转圆之法，总能趋长避短，及时从转圆术中解脱出来。

圆变化无穷，是用来游说的策略，要求与对方话语投机；方安定沉稳，是用来处理具体事务的办法。圆能因转动而变化无穷，所以使用圆也能探查到对方的计谋；方安定沉稳，可以根据处理事情的实际效果决定进退。无论是用圆还是用方，都要看到问题的症结所在，然后抓住关键去进行迎合对方需要的游说。

○ 智慧分析

这个世界上唯一不会变的东西就是"变"。万事万物都在变，解决问题的方法也在变，我们要像圆一样灵活，不能不会变通。

相传有个郑国人，白天的时候在大树下避暑乘凉，他根据太阳的位置变化，跟随树影移动自己的席子，避暑效果不错。到了晚上，他根据白天的经验，想着也用这个方法来躲避露水，于是随着月影来移动自己的席子，结果一晚上下来，他身上的露水越来越重，把衣服都打湿了，他还搞不清到底是咋回事。

事物是千差万别的，每一个矛盾的两面都有其特点，一定要"就事""论时"地注意它的特殊性，具体问题具体分析，万不可一刀切。就像高个子的人进门的时候需要弯腰，但矮个子的人进门的时候也学高个子弯腰，那就是闹笑话。

鬼谷子教导我们，虽然世间的事物千变万化，但都是有其根本道理的，只要我们能够摸清其中的逻辑，就没有什么是不能被认知的。搞清楚其中的道理后，我们再制定合适的谋略，那么谋略就会源源不断，像是转动的圆一样。比如韩昭侯有一次喝肉汤，发现里面有一片生肝，这件事搁一般人看来，一定是厨师的过错。但韩昭侯不这么认为，他知道厨师新招来了一个助手，于是就把厨师的助手叫过来责问："你为啥往汤里放生肝？"助手大惊，连忙跪下认罪。这个例子说明，我们在分析事物的时候，一定要从逻辑出发，从根本的道理出发：肉汤里有生肝，大王就会责备厨师；厨师被免，那么助手就会上位。所以聪明人看问题，都是抓住根本，从逻辑出发的。倘若做饭的只有厨师一个人，那就是另一回事了。

总之，我们不应该懒于思考，而应该多多思考前因后果以及利弊得失。结果到底对谁有利，对谁有害，具体情况具体分析，就不会出错。

○ 原著研读

> 损兑法灵蓍
>
> 损兑者，机危之决也。事有适然，物有成败，机危之动，不可不察。故圣人以无为待有德，言察辞合于事。兑者知之也，损者行之也。损之说之，物有不可者，圣人不为之辞。故智者不以言失人之言，故辞不烦而心不虚，志不乱而意不邪。
>
> 当其难易而后为之谋，因自然之道以为实。圆者不行，方者不止，是谓大功。益之损之，皆为之辞。用分威散势之权，以见其兑威、其机危，乃为之决。故善损兑者，譬若决水于千仞之堤，转圆石于万仞之豁。而能行此者，形势不得不然也。

做事不能一根筋，而应该多追求变化，这是处理危险情况时的关键。任何事情或事物在运行发展过程中都会有偶然发生，既可能成功，也可能失败，对露出危险的蛛丝马迹，不能不仔细观察。所以，圣人处理事情，都是顺应自然的原则，观察对方的言辞和所做之事来判断处境是否危险。如果策士游说时直率地去说，那么己方的危险之处就容易被对方知道；如果能够做到不直率去说，则可以避免己方的弱点暴露出来，因而是可以实行的。若做到了不直率地去游说，但还是没能把事情办成，那么圣人就不会随便开口。由此可见，智者都是当说则说，不当说则不说的。言辞不繁乱，心气就不虚；心气集中了，志就不会散乱；志如果能够凝聚，那么意念就可以端正。

无论是遇到困难还是容易之事，都应该按照自然法则来决定策略。对方不停地用圆的计策，我们就不停地用方的计策，直到对方不能按照常理常规来行事，这样我方就可以成就大功。无论是增加言辞，还是减少言辞，都是为了能够合适地表达。用分威、散势的方法，去发现对方因说话不加以控制而暴露的漏洞，然后制定相应的策略去驾驭对方。所以，善于使用"损兑"之术的人，就像决开千仞的大堤放水而下，水冲向万仞之深的溪谷中的石头能够让其旋转一样容易。

水虽然柔弱，却能转动巨石，这都是水的形势造成的必然结果。

○ 智慧分析

说话是门艺术，当说则说，不当说则不说。该说的话一定要说到位，不该说的话，多一个字都是多嘴。别人通过我们的话语，可以看出我们的漏洞，继而驾驭我们，所以人们经常说言多必失。

我们在公司中，老是跟同事们打听几号发工资，就可能被同事们看出手头紧。

如果领导知道了这件事，就可能因为你缺钱而进一步地驾驭你、控制你。

我们说出的每一句话，一定要有助于事情的解决，如果对事情的解决没有用，那聪明人是不会开口的。吕布被曹操擒住时，想让刘备帮忙说句好话，但一向不随便表态、喜怒不形于色的刘备开口就说："明公不见布之事丁建阳及董太师乎！"这句话直接要了吕布的命。所以，不轻易说话，不代表没有态度，但这个态度什么时候表达，是要讲究契机的。话说出来，就一定要能产生效果。而且，该说的时候一定要说。只是不说话，这样也算不上聪明人，因为很多机会转瞬即逝。

反过来讲，我们修炼自己的说话艺术时，也可以用分威的方法诱导别人多说话。别人话说得越多，我们能够发现的漏洞就越多。找到对方的薄弱之处后制定策略驾驭对方，那又怎会不成功呢？比如在面试的时候，聪明的面试官都是让面试者多发言而自己认真听的。面试者发言越多，面试官就能越多地发现对方的问题，而侃侃而谈的面试官则会让面试者看出公司的很多漏洞和问题。

所谓口才好，并非指能说，而是要会说。

持枢：
如何顺应规律办事稳赢

大自然的万事万物也好，人世间的是非成败也罢，方方面面都有其客观发展的规律。如果我们能坚持遵循客观规律来办事，还有什么事是办不成的呢？《持枢》，就是讲顺应自然，遵循客观规律办事的原则的。

所谓"枢"，原指门转动的轴，枢在中间，可以使外部运转。"持枢"的意思就是抓住关键，以便控制万物的运转。

本篇有残缺，所以我们只能从残存部分中解读原文的意思。

○ 原著研读

> 持枢，谓春生、夏长、秋收、冬藏，天之正也。不可干而逆之。逆之者，虽成必败。故人君亦有天枢，生、养、成、藏，亦复不可干而逆之，逆之者，虽盛必衰。此天道，人君之大纲也。

所谓抓住关键，就是顺从春天让万物生长，夏天让万物充分养育，秋天让万物充分长成，冬天让万物得到储藏和保有，这是自然运行的正常法则。不可触犯和违背它。违背自然法则，事情即使一时做成功了，最终也会失败。所以，人主为政治国的关键就是顺应自然之道，出生、养育、长成、保有，都是不可违背的。

违背了自然之道，即使一时兴盛，最终也会走向衰败。这就是天道，是作为国君的根本纲领。

○ 智慧分析

人世间有一个最大的障眼法，那就是同样的道理，换一张"外皮"示人，大家就不明白了。聪明人善于从不同的事件中提炼出具备共性的因果逻辑，用来指导思想和行为，故而他们总能先人一步，看清是非成败。

春天播种，夏天养育，秋天收割，冬天储藏，这是任何人都明白的浅显道理，但这种不言自明的自然之道，一旦放在其他事上，人们就糊涂了。比如，鲁哀公曾经问孔子："《春秋》里记载：'冬季十二月份降霜，没有把豆类作物冻死。'为什么要专门记录这一条呢？"孔子回答他："这是说本来可以造成伤害，结果却没有造成伤害。应给予伤害却不加伤害，桃李就会冬天结果。天道失去常规，草木尚且敢对抗它，更何况君主之于百姓呢？"孔子其实就是借助自然之道来点醒鲁哀公，劝他该赏则赏，该罚则罚，这是管理国家的客观规律。不尊重这个规律，天下的治理就会失控。天下治理一旦失控，百姓就会像草木对抗天道一样对抗君主。

其实自然之理和国家的治理，乃至我们自身的身体管理都是一样的。气候如果失常，草木就会违抗上天；我们作为个人如果作息不规律，该努力的时候不努力，该睡觉的时候不睡觉，那么事业和身体就都会出问题，这是再正常不过的了。

就算我们一时间觉得这样挺好，很舒服，最终也逃脱不了失败的命运。

鬼谷子教导我们，顺应事物发展的客观规律，触类旁通地去思考、联系和总结，我们就能成为智者，做事情也能事半功倍，避免险坑。如果忽视客观规律，急于求成，就算一时很爽，最终也会一败涂地。比如隋炀帝貌似"雄才大略"，又是修长城，又是修大运河，还东征高句丽，恨不得用一辈子把十辈子的事都做完，将帝国的宏伟事业推向巅峰。然而，他忽略了事物发展的客观规律。穷兵黩武，大兴土木，百姓们因为战争服徭役，错过了农事，造成粮食大量减产，每年都要死数百万人。如此这般，即使开国即盛世的隋帝国也禁不起折腾，很快就亡国。再看看唐太宗李世民，整个贞观朝并未有轰轰烈烈的大动作，但他却着眼于细节，着眼于因果逻辑，任何事情都按照客观规律去办。不到几年的时间，在他润物细无声的"大爱"下，就打造出了中国古代封建王朝的"理想国"。整个贞观一朝，不但国力强盛，开疆拓土，而且几乎杜绝了腐败。这就是圣人智慧的体现。

事实证明，按照客观规律行事，办大事的效率就是最高的。

中经：
御世的策略和技巧

《中经》是与《本经》相对而言的，《本经》讲述的是如何提升内在的修炼，而《中经》则是讲述外在御世的策略和技巧。《鬼谷子》的核心思想之一，就是制人而不被人所制。如何在打交道的过程中考察对方、利用对方、驾驭对方，就是《中经》的核心。

本篇提出了"见形为容、象体为貌""闻声知音""解仇斗郄""缀去""却语""摄心""守义"七术，系统地讲述了如何通过观察人的外在，从而洞悉其本质的方法。

○ 原著研读

《中经》，谓振穷趋急，施之能言厚德之人。救拘执，穷者不忘恩也。能言者，俦善博惠。施德者，依道。而救拘执者，养使小人。盖士遭世异时危，或当因免阗坑，或当伐害能言，或当破德为雄，或当抑拘成罪，或当戚戚自善，或当败败自立。

故道贵制人，不贵制于人也。制人者握权，制于人者失命。是以见形为容、象体为貌，闻声知音，解仇斗郄，缀去，却语，摄心，

> 守义。《本经》纪事者，纪道数，其变要在《持枢》、《中经》。

《中经》，说的是救助陷入危难的人，只有能言善辩、德行深厚的人才能做到。救人于危难之中，那些被解救的人就不会忘记你的恩德。能言善辩之士，多行善事，广施恩惠。施行厚德的人，行事都依据于道。而解救那些处于危难中的人，目的是豢养他们，使他们以后能够为己所用。士在乱世中难免会遇到危险处境：有的仅免一死，有的成为善于加害嫉妒的能言善辩之士，有的放弃仁德而成为崇尚武力的雄主，有的被刑拘成了罪人，有的明哲保身，有的在危险的情形中谋得自立。

所以，为人处世之道，贵在控制别人，而不是被人所控制。控制别人就掌握着主动权，被别人控制就会丢掉性命。因此有见形为容、象体为貌，闻声知音，解仇斗郄，缀去，却语，摄心，守义等方法。《本经》就是讲如何运用这些方法的，而运用时需要变通的关键点则是在《持枢》和《中经》中。

○ 智慧分析

在人际交往中，我们要学会牵制别人，而不是被别人所牵制。这就需要我们充分探索事物发展的客观规律，灵活运用其中的逻辑关系。比如解救忠信之人于危难之中，他便会知恩图报；赏识夸奖有才华却不得志的人，他便会视你为知己，愿意为你做事；赞美和尊重勇敢的人，他便会为你行非常之举。所谓"士为知己者死，女为悦己者容"，就是这个道理。

每个人都有自己的性格特点，利用这些特点，就可以掌握牵制他们的方法，关键是看我们怎么用这些方法。比如患得患失的人，我们可以用利益的损益来牵制他；胆小怕事的人，我们可以利用危险的可怕来牵制他；爱面子的人，我们可以利用别人的评论来牵制他；急功近利的人，我们可以利用捷径来诱惑他；心胸狭隘的人，我们可以用细小的荣辱得失来牵制他；重情重义的人，我们可以利用跟他的深情厚谊来牵制他。这就像杯子可以装水、漏勺可以盛面、刀子可以切肉一样，我们根据别人性格的"形"，来分析他所构成的"势"，然后根据他的"势"，再采取恰当的"所为"。如此这般，哪里还有牵制不了的人呢？

强大如西楚霸王，也会因为"富贵不归故乡，如锦衣夜行"这样一句虚荣话，放弃关中这一片帝王之地，而选择毫无战略意义的彭城建都。雄才大略如汉武帝，也会被巫蛊谶语所惑，逼死卫子夫和太子。所以，牵制之术的关键就在于控制对方的情绪。真正能控制别人情绪的人，才是能控制别人的人，权力、地位反而是次要的，就像没什么地位的徐福却能利用长生的诱惑使秦始皇受骗一样。这也是在提醒我们，不要轻易暴露自己的情绪，不能将喜怒挂在脸上，让别人洞悉我们的"形"，然后分析我们的"势"，继而采取"所为"，牵制我们。

○ 原著研读

> 见形为容、象体为貌者，谓爻为之生也。可以影响形容象貌而得之也。有守之人，目不视非，耳不听邪，言必《诗》《书》，行不淫僻，以道为形，以德为容，貌庄色温，不可象貌而得之。如是，隐情塞郄而去之。

所谓见形为容、象体为貌，就是根据卦象来推测事物吉凶的征兆，这也是"爻"所起到的作用。就像根据阴阳爻的位置和卦象之理可以推测吉凶一样，我们观察一个人，可以从他的声音、行动、体貌特征等信息推测出他的内心世界。有道德操守的人，目不斜视，耳不旁听，说话必定引经据典，行为既不过分，也不古怪，以道德规范来约束自己的行为，容貌端庄，表情温和，不能通过外在的相貌来揣测他的内心。遇到这种情况，我们必须赶紧隐藏自己的真情，弥补语言和行为中的漏洞，离他而去。

○ 智慧分析

所谓相由心生，并非完全迷信，而是有一定科学道理的。长年累月养成的习惯，还有天生的性格都会通过外表、行为以及声音表现出来。心宽容，面相多委婉；心计较，面相多刻薄；心善良，面相多随和；心恶毒，面相多尖酸。好的面相，往往来自好的内心；而好的内心，永远来自好的思维。

叔本华曾说："人的外表是表现内心的图画，相貌表达并揭示了人的整个命运特征。"所以我们观察一个人的外表，大致就能判断他的性格，再结合声音和行为特征，就可以更深入地了解他。声音是灵魂的真实写照，我们根据音色就可以判断一个人的虚实真假。

古代有一个县官，在路过一座新坟时听到一个年轻女子的哭泣声。经过询问，女子称丈夫死了。县官听女子的哭声不对劲，便将她抓回县衙审问。经过调查，发现女子竟和奸夫一起害死了丈夫。为什么县官能听出奸邪的端倪？那是因为女子哭丈夫，应该是绝望的痛哭，但实际上女子的哭声中却透露出了恐惧的意味，这分明是心虚的表现。

我们在听别人说话的时候，听话听音，不光是要听对方说的内容，更要听他的音色，观察他的肢体动作，来进一步剖析这个人的底色。比如喜欢点头的人比较关心和体贴他人，知道配合的重要性，喜欢为别人排忧解难。他们常常会及时表达认同，使对话的人增强自信，进而让话题的讨论更加深入。喜欢摇头的人自我意识非常强，喜欢表现自己，容易遭到别人的厌恶，但优点是看准了一件事，就会努力去完成，不达目的不罢休。双手老喜欢插兜的人做事比较谨慎，喜欢三思而后行，但灵活性差，而且遇到失败的打击时，心理承受能力不强。诸如此类的范例很多，需我们细心观察和总结。

当然，鬼谷子也强调，见形为容的能力也是有强弱之别的。如果我们看到了无懈可击的大智慧者，根本无法揣摩他的内心世界，这样的人就不要轻易招惹，不然不仅不能制人，反而被人所制。

○ 原著研读

> 闻声知音者，谓声气不同，恩爱不接。故商、角不二合，徵、羽不相配，能为四声主者，其唯宫乎。故音不和则悲，是以声散、伤、丑、害者，言必逆于耳也。虽有美行、盛誉，不可比目、合翼相须也。此乃气不合，音不调者也。

所谓闻声知音，就是处理双方话不投机、意气不合时的一种方法。商与角不合，徵与羽不配，能作为四声之主的，就只有宫声了。所以，音调不和谐，人听起来就会感到难受，因而说话的时候如果有散、伤、丑、害等毛病，那么说出来的话必然是刺耳而让人无法接受的。即便有美好的品行，受人赞誉，也无法做到像比目鱼、比翼鸟那样亲密无间，相互配合。这都是意气不合、言语不协调造成的。

○ 智慧分析

所谓话不投机半句多，我们在与他人交谈的时候，一定要根据说话的对象、内容、场合和氛围，进行灵活的调整，使之和谐，并具有建设性。

如果说话的方式和内容不和谐，就会让别人觉得刺耳，无法接受，纵然你是一片好意，也会让对方心生抵触。比如老同学聚会，有事业成功的，也有事业一般的。事业成功的同学如果对混得不好的同学指指点点，指出对方是因为种种缺点导致了今天的平庸，那必然会招致对方的反感，从此同学关系疏远。

哪怕是好意，想鞭策对方，不分说话的场合跟对象，也不会有好的沟通效果。毕竟每个人的情况不一样，不可以完全以自己的视角来审视对方。说话就像演奏音乐，明明是古典乐的氛围却以摇滚乐的方式来演绎，那气氛肯定不和谐。会说话的人，都是能根据场合、对象、话题进行灵活调整的。哪些话适合跟同事说，哪些话适合跟领导说，哪些话适合跟妻儿说，这些都是要注意区分的。

我们要想事业成功，就要首先做到"内揵"，根据对方的情况选择合适的说话方式以及内容。这样彼此才会亲密无间，达到我们御人处世的目的。否则，我们好心办坏事也是难以避免的了。比如，伍子胥虽然一眼看出了勾践的野心，想让吴王夫差杀掉勾践，但他在劝谏时总是以长者的身份说教夫差，还直呼其名讳，让夫差极为反感，最后落得自杀的结局。伍子胥没有认清说话对象的性格特征以及心中所想，忽视了彼此关系的基础，才最终导致了自己的悲剧。夫差是想称霸中原，伍子胥则是想消灭越国这个隐患后潜心发展吴国。二者虽然表面上方向不同，但本质上是没有矛盾的，可伍子胥只是一味强调后者，这才引发了夫差强烈的抵触。再有就是，伍子胥没有意识到他和夫差的关系其实并没有像跟阖闾那样亲密。关系不是那么"铁"，却像长辈一样教训对方，那效果当然不会好。而且在夫差眼中，伍子胥能带兵攻打自己的祖国，那当然有可能通敌齐国，本身就不是完全可信任的。

所以，如果我们说话没有做到内揵，那沟通自然无法成功了。

○ 原著研读

> 解仇斗郄，谓解赢微之仇；斗郄者，斗强也。强郄既斗，称胜者高其功，盛其势也。弱者哀其负，伤其卑，污其名，耻其宗。故胜者闻其功势，苟进而不知退；弱者闻哀其负，见其伤，则强大力倍，死而是也。郄无强大，御无强大，则皆可胁而并。

所谓解仇斗郄，就是团结弱者，让强者相互争斗；斗郄，就是使强者互相争斗。强者相互争斗后，对于胜利的一方，我们就赞扬他，壮大他的声势。对于失败的一方，我们就要为他的失败感到悲哀，为他的衰落感到伤心，侮辱他的名声，羞辱他的祖宗，通过这种方式来刺激他奋起。成功的一方被赞誉后，就会轻敌冒进，暴露漏洞；失败的一方被羞辱和同情后，就会奋发抵抗，这样的话结果也许会改变。无论对方的势力和威力有多强大，我们的防御都会随之更加强大，从而胁迫、吞并对方。

○ 智慧分析

人生在世，受制于人是很无奈的，想要不受人所制，控制别人，就得需要一定的手腕和智慧。我们身边的人，分为强者和弱者，一种比我们强，一种比我们弱，想让事业获得成功，就要善于周旋在弱者和强者之间。团结弱者，可以强大我们自己的力量；分化强者，让他们之间互斗，我们就可以坐收渔翁之利。

想要实现这一点，就需要我们洞悉对方身上存在的主要矛盾和次要矛盾。在团结弱者的时候，我们要让对方放弃次要矛盾，抓住主要矛盾，然后和我们凝聚在一起。比如春秋战国时期，虽然各国之间都有矛盾，但面临被吞并的危险，大家就会联合在一起抱团取暖。在分化强者的时候，我们要让对方忽视主要矛盾，从而使对方的次要矛盾转为主要矛盾，发生内部争斗。还是以春秋战国时期为例，秦国在征服六国的过程中，没有着急攻打别国，而是通过利益诱惑某一国，使其和盟友产生矛盾，瓦解他们之间的合作，进而实现战略目标。瓦解齐楚联盟时，秦国先是用土地诱惑楚国，使得楚王派人到齐国大骂齐王。如此这般，齐楚联盟也就瓦解了，当楚国再次遇到危险的时候，齐国也不会去救它了。

实际上，解仇斗郤的运用方法是多种多样的。当我们面临麻烦的时候，不要急着去解决，而应该仔细思考麻烦本身有没有内部矛盾。如果它本身就有内部矛盾，静待其内耗，也不失为一种巧妙的办法。这就是"隔岸观火"的奇妙之处所在。举例来说，袁绍死后，他的三个儿子便开始内斗。曹操一开始以为消灭袁氏的机会到了，就开始攻打袁氏兄弟。结果袁家三个儿子抱成一团，共同抵御曹操。随后曹操看出了问题所在，便停止进攻，结果袁家三个儿子又开始激化内部矛盾，相互攻伐。就这样，通过利用袁氏兄弟的不团结，曹操占领了他们很多土地。袁氏长子被曹操所灭后，袁氏剩下的两个儿子逃到了乌桓。曹操攻灭乌桓后，袁氏二子又逃到了辽东。曹操手下的将领们以为曹操会继续攻打辽东时，曹操却止步了，因为他知道辽东的公孙康和袁氏一直有矛盾。公孙康之所以还愿意接纳袁氏二子，是因为害怕曹操来攻，需要借助他们的力量共同抵御曹操。然而，曹操偏偏不攻打辽东。时间一长，公孙康和袁氏二子矛盾激化，最终直接砍下他们的头颅送给了曹操。

从解仇斗郤的智慧我们可以看出，有时候我们遇到麻烦，不要着急，让子弹多飞一会儿，麻烦本身可能也有麻烦。要善于等待，诱导对方将次要矛盾转为主要矛盾，那时候麻烦就会自己迎刃而解。事实上，这种方法用来对付比我们强得多的强者或者解决特别棘手的麻烦时是有奇效的。

○ 原著研读

> 缀去者，谓缀己之系言，使有余思也。故接贞信者，称其行，厉其志，言为可复，会之期喜。以他人庶引验以结往，明款款而去之。
>
> 却语者，察伺短也。故言多必有数短之处，识其短，验之。动以忌讳，示以时禁。其人恐畏，然后结信，以安其心，收语盖藏而却之。无见己之所不能于多方之人。

缀去之术，要用在即将离开的人身上，让他时时刻刻不忘自己。所以，要结交诚信的人，赞扬他们的言行，勉励他们的志向，言辞中流露出希望他们回来，表达出再次相会的喜悦之情。引证过去别人这样做成功的案例，希望对方能够明白将来仍能与自己保持密切的关系，然后在他离开的时候，自己表现出依依不舍的样子。

却语之术，是善于发现别人言辞中的漏洞，利用它来为自己服务。所以言多必失，当我们发现别人说的话有短处时，要加以考察。可以指出对方犯了忌讳，这样来触动他，也可以明白地指出他违反了某个禁令。等对方恐惧害怕的时候，再以诚信来结交他，让他安心，同时要收住话头，把刚才使用的却语之术收藏起来，慢慢地不再使用了。使用却语之术要注意，不要把自己不能做的，也就是己方的缺陷，暴露给有见识的人。

○ 智慧分析

人走茶凉，道出了这个社会的世态炎凉，人情冷漠。然而，鬼谷子却认为，真正的聪明人，应该做到人走了茶还热。这样的话，我们和合作伙伴分开，就可以为自己以后干事业保留一条可以利用的人脉，彼此之间也不会因为没有继续共事而疏远。此外，我们还可以给自己创造好的口碑，让自己的贤名广为传播。相反，如果我们和合作伙伴分开时疏远、批评对方，甚至恶语相向，就会给别人留下过河拆桥、见识短浅的印象，这样对我们事业的发展是大为不利的。聪明人是绝对不会这么干的。

公司有人辞职或者退休，作为领导一定要在能力范围内搞个欢送仪式，这样才能让曾经奉献过的员工不会感到寒心。如果领导克扣工资，或者对员工恶语相向，这样员工走后，势必会向别人吐露真情，说公司的坏话，这样一传十，十传百，公司的名声也就臭了。

我们运用却语之术时，要从别人说话的漏洞着眼，挑出对方触犯禁忌的地方，用事态的严重性让对方感到害怕，然后再用诚信来和对方交心。这样，对方就会认为你是真的帮助他，从此对你信任。比如，某员工无意间谈到了公司的某些机密，作为同事，你就可以用却语之术来驾驭他。当然，我们需要灵活运用却语之术，巧妙应对不同的情况。

○ 原著研读

> 摄心者，谓逢好学伎术者，则为之称远。方验之道，惊以奇怪，人系其心于己。效之于人，验去，乱其前，吾归诚于己。遭淫酒色者，为之术；音乐动之，以为必死，生日少之忧。喜以自所不见之事，终可以观漫澜之命，使有后会。

摄心之术，就是收买人心的方法。遇到爱好技艺的人，要多加称赞他的技艺，使他的名声远播。接着，用本身所知晓的道术来证明他的所学，然后表现出惊叹的样子，这样他就会把他的心意系属在我们的身上。然后，把他的特长放在别人面前验证，并用他以前获得过的成功作为案例宣扬，这样他就会更加诚心地归属于我们了。遇到贪恋酒色的人，也可以使用摄心的方法，用音乐扰乱他，让他以为这样做活不长了，很快就会死掉。然后，再用他看不到的事情来使他高兴，让他感受到生命中灿烂的生命价值，继而有所体悟。

○ 智慧分析

社会是由人构成的，人际关系直接决定了办事的难易程度。所以，拉拢人心是很有必要的。无论是员工新入职，还是领导新上任，抑或谈恋爱，摄心都是门重要的功课。职场是否顺利，官场能否节节高升，情场是否能够幸福美满，皆在于此。

男女恋爱，其实就是摄心水平高低的一场较量。所谓尺有所短，寸有所长，每个人都有优点。从对方的优点入手大做文章，就能拉拢对方，牢牢地攥住对方的心。如果总盯着对方的缺点，那放眼周遭，将没有适合自己的人。

○ 原著研读

> 守义者，谓守以人义，探其在内以合也。探心，深得其主也，从外制内，事有系曲而随之。故小人比人，则左道而用之，至能败家夺国。非贤智，不能守家以义，不能守国以道。圣人所贵道微妙者，诚以其可以转危为安，救亡使存也。

所谓守义之术，就是要谨守做人的道义，探取对方的内心再迎合他。刺探对方的内心，知悉他的真实意图，我们就可以实现从外部控制他的内心，让他有求于我们，进而委曲于我们。小人以利与人结交，不是用仁义而是用旁门左道来迎合别人的内心，以至于导致对方国破家亡。不是贤能智慧的人，不能用义来守家，不能用道来治国。圣人之所以尊重微妙的道义，是因为道义能够让国家转危为安，救亡图存。

○ 智慧分析

每个人的心性不同，道德底线也不一样，我们可以用仁义道以试探出对方的内心。同样一件事，不同的人所做和所说的不一样，我们就可以据此加以道德判断，看清各自的真实底色。

有些人严于律己，宽以律人；而有些人宽于律己，严于律人。很多人心口不一，满嘴仁义道德，但利字当头的时候就会转变立场。比如吕布虽然满口"大丈夫"的处世之道，但董卓的手下一眼就看出他是可以用利益收买的人，是心口不一之辈。只有心口合一的人，才值得我们信任和深交。

那些因为身份、地位、面子等曲意迎合的人，在关键时刻，一定会为了自己的利益去损害他人。为了避免上当受骗，我们在识人时可以将守义当成一条底线。

仁义是为人的根本，守义，坚守底线，才能勇往直前。

第二部分

鬼谷之术

捭阖术：
纵横捭阖，顺势而为
——谋略者的基本功

在前面的内容中，我们简单提到了一些捭阖术中关于"门"的哲学。其实，鬼谷子的捭阖术博大精深，其中的奥妙无穷无尽。接下来，我们将逐一剖析鬼谷子融合了心理学、人际关系理论、组织管理以及博弈与谋略的"制胜六术"，通过深入解读鬼谷子的思想精髓，并结合历史典故和现实中的应用，进一步感受鬼谷子的智慧。

首先，我们聊聊捭阖术。捭阖术作为鬼谷子制胜六术中的基本功，是学会其他五术的基础。只有掌握了捭阖术，在应用其他五术时才会游刃有余，进退自如。当然，捭阖术本身也是一套奥妙无穷的法门，历史上司马懿就是利用捭阖术的思想，成功地一步步进入权力的核心，并最终实现了自己的目标。

与其他五术使用范围不同的是，捭阖术几乎无处不在，它是一套揭示大自然万事万物运行法则的方法论。单从字面上理解，捭和阖就是开和关的意思，好像就是在说门的，但其实捭阖的含义包罗万象，它揭示了世界运行的最底层逻辑，那就是矛盾的对立统一。捭阖，既可以理解为开和关，也可以延伸为阳和阴、进和退、刚和柔、始和终、兴和亡等等，不一而足。

先贤们观察事物发展的规律，尊重规律，并利用规律达到自己的目的。鬼谷子认为，在做任何事前，一定要先把事物的客观规律给吃透，弄清本质，然后再有针对性地选择是捭还是阖，这就是所谓捭阖之道。

"知存亡之门户，筹策万类之终始，达人心之理，见变化之朕焉，而守司其门户。"倘若没认清事物发展的本质就盲目出招，那就是不尊重客观规律，必然会遭到失败。

○ 认清人和事的本质和规律

我们打交道的对象是人，所以一定要弄清楚对方这个人的本质和规律。

人太复杂了，有聪明的，有愚蠢的；有诚实的，有谎话连篇的；有尊老爱幼的，有打骂父母的；有贪财好色的，有安守本分的；有胸怀宽广的，更有小心眼的……这些相对的概念，也就构成了复杂的人心。

我们在和不同的人打交道时，要顺应对方的本质和规律，根据他们的特质来驾驭他们。这也就是老百姓所说的"见人说人话，见鬼说鬼话"。你和一个贪财好色的人谈清心寡欲，跟一个心眼小的人聊宽怀大度，这明显是不理智的。

对于积极进取、品德高尚、志趣高远之人，你应该大谈崇高奋进之事加以响应。对于消极保守、道德低下、志向渺小之人，你应该聊卑微求全之事予以顺应。

这样去沟通，去游说，往往都能获得成功。

我们在和别人打交道前，一定要先暗中调查这个人的为人处世，多观察他的所作所为，多听听他的言论，根据已有信息找到他的薄弱之处。也可以通过与他对话，按照他的喜好和欲望进行试探，诱导他透露更多信息，进而更深入、更全面地了解他。总而言之，要先阖后捭，先静后动，先守后攻，充分了解完对方的情况后再制定相应的谋略。

如果根据对方的薄弱之处，能够诱导他接纳自己的意见，那就选择捭，勾勒"画饼"，展现"共赢蓝图"，就像苏代忽悠范雎一样。如果预测效果不佳，那就选择阖，不发表意见，尽早给自己找好退路，再寻求其他的突破口。捭阖的要领在于尊重事物发展的客观规律，按规律办事，顺水推舟。

一样白花花的大米饭，人吃上长人肉，狗吃上长狗肉，你非要逼着狗吃了长人肉，这是不现实的，是要碰钉子的。

不过以上说的这些，都只是基本操作。我们在现实生活中遇到的实际问题往往会更加复杂，有时候很难摸清对方的本质，这就需要我们自己有一套缜密、理性、客观的分析方法。

○ 如何在实操中使用捭阖术

其实我们所说的人心种种相对的概念，也属于捭阖的范畴。比如诚实、勇敢、聪慧、心胸宽广，这是阳的一面，属于捭；而胆怯、自私、愚蠢、狭隘，这是阴的一面，属于阖。总而言之，我们要根据对方的捭阖特征，制定自己的捭阖方案。

然而在现实生活中，捭阖表现得很复杂，往往是阴中有阳，阳中有阴，不同属性共存。比如道德高尚的人也可能小心眼，诚实的人也可能贪财，好色的人也可能志向远大，小心眼的人也可能心地善良，甚至于谎话连篇的人，也可能孝敬父母。还有就是，有些人在这件事上心胸宽广，但在另外一件事上却很小心眼。或者说，有些人在某个领域很聪明，但在其他领域却很愚蠢。总而言之，好和坏有时候很难定义。

对你很好的人，可能对别人很坏；对你很坏的人，可能对别人很好。这又该怎么办呢？这就需要我们就事论事，抽茧剥丝，一个一个问题分析，而不是将很多概念混为一谈。比如我们搞科研，研究一种酶也好，分析一种溶液也罢，说浓度就说浓度，说温度就说温度，讨论酸碱度就说酸碱度，只有这样层层剥离，一个一个因素分析，然后逐步地做平行对比，才能出科研结果。如果什么概念都混为一谈，那永远与科学无缘。就像和珅给乾隆演示英国人进献的望远镜，乾隆直接给下了个定义：好高骛远。这"好高骛远"跟"能看得远"之间有联系吗？但被乾隆这么一和稀泥，混为一谈，大清也失去了革新科技的机会。

所以鬼谷子反复强调，策士要修身养性，修炼自己的内心，不要被喜好、欲望、偏见蒙蔽双眼，迷住心窍，从而做出错误的判断。

人往往爱说对自己好的人好，但人是复杂、多元的。一个聪明、很有爱心的人，也可能是个没有原则、利欲熏心、手段残忍卑鄙、嫉贤妒能的人。李斯非常聪明，很有才华，为秦国统一天下立下了汗马功劳，也在秦始皇统一文字、货币、度量衡，奠定封建社会政治框架的过程中厥功至伟。他也很有同情心，在蒙恬打得匈奴满地找牙的时候，他劝秦始皇说匈奴人也是爹生娘养的，没必要把这些可怜人赶尽杀绝。在秦二世酷法虐民的时候，他也劝谏秦二世关心百姓的疾苦，不要虐待百姓。然而，当他个人利益受到威胁或者可能受损的时候，他马上就换上了另外一副嘴脸。比如毒死比自己更优秀的同学韩非子，和赵高同流合污发动沙丘之变。

范雎也有经天纬地的才华，帮助秦昭王废太后，驱逐潜在威胁，巩固王权；提出远交近攻，为秦国统一天下奠定了战略基础；助力长平之战，成功将赵国带进沟里。并且，范雎也重情重义，恩怨分明。但就是这么一个聪明人，却也是私心极重的小心眼之辈。苏代正是抓住了他这个弱点，才成功让白起提前灭赵的计划落空。

所以，我们在分析对方的捭阖要素时，一定要逐条剥离，就事论事地归类分析，万不可多要素混为一谈。

对方什么地方阴，什么地方阳，有几个阴，有几个阳，都必须把点踩好了再下脚。不要被对方某处的阳掩盖了另一处的阴，反之亦然，一定要做好归类。

只有这样才能无往而不利，在交流、谈判的过程中，精准"对号入座"，施展自己的捭阖术。

另外，除了搞清对方的本质，充分尊重客观规律，按规律办事外，还要清醒地认识到自己和沟通对象的关系基础是什么。这一点尤为重要，很多人就是在这个问题上栽跟头的。

○ 明确自己和对方的关系基础

人和人之间存在各式各样的关系，比如血缘、师生、同事、上下级、雇佣关系等。每一种关系都是以相应的基础为依托的，我们必须尊重这个基础，才能恰当地运用捭阖术，不然就会出问题。

在这方面，杨修就是很典型的反面教材，他很有才华，文采飞扬，思维敏捷，能言善辩，曹操很喜欢他，不然也不会让他当自己的"大秘"。但在一些事上，杨修盲目出招，捭得太张扬了，终招杀身之祸。曹操有一次命人建造花园，建成后去观摩，不置可否，只是在花园的门上写了个"活"字。周围人不解，杨修则直接道破了玄机，说曹操是嫌弃门太小了，所以就写了个"活"字，门中有"活"，就是阔，曹操的意思是想让门再大一点。周围人恍然大悟，于是连忙改造。等到曹操再来看时，很是惊讶，问是谁猜中了自己的心思。众人说是杨修，于是曹操对杨修赞誉有加。表面上是夸奖，但实际上曹操心里已经很不爽了。又有一次塞北给曹操送来了一盒奶酥，曹操意味深长地在盒子上写下了"一合酥"三个字，然后置之桌案离去。杨修进来后看见，就让人拿来勺子和大家分吃了。曹操回来后问为什么会这样。结果杨修回答说：

"丞相在盒子上写了'一合酥'三个字，那不就是'一人一口酥'的意思吗？丞相既然下令了，我们又怎敢不听呢？"曹操听罢哈哈大笑，嘴上夸奖杨修才思敏捷，但实际上更加讨厌他了。

诸如此类的小事不胜枚举。曹操的怨气越积越多，最终在"鸡肋"事件上爆发了。当时刘备占据了汉中，自立汉中王，把曹操气坏了，亲率大军讨伐。可是打又打不过，退又没面子，进退两难之际，厨师送来了鸡汤。曹操看见鸡汤里面有鸡肋，有感于怀，就说了"鸡肋"二字，并且将之作为夜晚军营要报的口令。

杨修听了，立刻"抖机灵"，说曹操就要撤军了，赶紧收拾行囊。他这么一搞，其他人也跟着学，可把曹操气坏了，直接以"扰乱军心"的罪名把杨修杀了。

复盘杨修一次次的"抖机灵"直到被杀，给人的第一感觉就是杨修确实有点"话多招嫌"，但曹操也太小心眼了，连人才的一点小毛病都容不下。但事实真是如此吗？曹操绝不是一个小心眼的人，更谈不上嫉贤妒能。当初在宛城时，张绣可是把曹操坑得很惨的，不但害死了曹操的长子曹昂、侄子曹安民以及爱将典韦，还间接导致了曹操和原配丁夫人离婚。但后来张绣投靠曹操时，曹操不但热烈地欢迎他，还跟他结成了儿女亲家，并提拔他为"扬武将军"。至于曹操嫉贤妒能，那就更不可能了，曹操的用人原则就是唯才是举。杨修之所以被杀，最主要的原因就是他没有看清自己和领导的关系基础，盲目捭阖。该显的时候不显，该隐的时候不隐，该进的时候不进，该退的时候不退。

识人看人，不光要看清对方的本质，更要看清彼此所处的位置。你不能说，认准了曹操唯才是举，就在他面前没有选择性地捭，给点阳光就灿烂。假如曹操是杨修的父亲，那么杨修卖弄聪明，曹操肯定会觉得他还真有两下子。如果曹操是杨修的老师，曹操肯定也会觉得杨修这孩子脑瓜真灵。但问题是，曹操是杨修的老板，老板爱下属的"才"和父亲爱孩子的"才",那是不一样的。老板爱"才",爱的是你的贡献价值,不会像父亲和老师一样,爱你的脑瓜灵、智商高。

杨修的猜字谜、抖机灵,能给老板带来什么贡献价值呢?真正在军事上需要策略的时候,看不到你杨修出谋划策,倒是在抖机灵方面频频出招。这完全就像养了个无用之人。如果杨修仅仅是抖没用的机灵,曹操顶多烦他,还够不上要杀他。但这杨修是心里一点谱也没有,把抖机灵发挥到了极致。曹操害怕晚上睡觉有人刺杀他,就谎称自己梦中好杀人,而且他还真杀了一个无辜的给他盖被子的下人,并痛哭流涕,极为伤心。事后,人们都相信了曹操梦中好杀人的事,只有杨修说:"不是丞相在梦中,而是我们在梦中罢了。"他一语道破了曹操的"剧本",试想,曹操能不恼火吗?这可是涉及人身安危的事啊。曹操的警告成了一句大家心知肚明的笑话,那个可怜的下人也白死了。

与此同时,曹操经常用一些问题考验曹丕和曹植,曹植总能对答如流,这引起了多疑的曹操的怀疑。经过调查,原来是杨修根据曹操近日看的书,揣摩他的心思,提前给曹植做了很多"小抄",这才让曹植总能对答如流。换位思考,假如你是曹操,你能容忍杨修吗?

最后到了战场上,杨修还在抖机灵。这次因为涉及扰乱军心,曹操是真的不能再原谅他了。杨修正经贡献没有,还起反作用,哪个老板会喜欢这样的下属呢?如此滥掉的才华,纵然是唯才是举的曹操也是无法接受的。杨修是真把老板当亲爹看了,完全没认清自己和曹操的关系基础,觉得曹操会像父亲一样喜欢他的小聪明,却不想最终被曹操杀了。

和杨修荒唐的掉阎操作相反的,正是冢虎司马懿。司马懿在进入曹魏阵营后,非常清楚自己的定位和与曹操关系的基础。他从不搞小团队,也不玩办公室政治,而是一头扎进了工作里,变成了一个十足的工作狂,每天废寝忘食地工作,并且做出了突出业绩。

司马懿先阖后捭，在时机不成熟时，绝对不盲目地出招。等到机会来的时候，他精彩地捭了几次，就深深地得到了曹操的赏识和信任。

司马懿的第一次捭，是曹操夺取汉中后，司马懿建议他乘胜追击，直接把西川也拿下来。当时刘备牺牲了"仁义"的招牌，刚夺走刘璋的西川，人心正不稳，如果曹操能再下一城，绝对是消灭刘备的好机会。但曹操止步于汉中，没有进一步动作，这也为刘备坐稳西川，后来又夺走汉中自立为汉中王提供了条件。这件事曹操很后悔，后悔没听司马懿的建议，不过他也由此对司马懿另眼相看，觉得司马懿有大才。司马懿的第二次捭，是建议曹操将汉武帝时期用在边塞的屯田制引入中原地区，缓解军队的粮草压力。司马懿的第三次捭，是在关羽包围樊城的时候建议联吴抗刘，让东吴抄关羽后路夺取荆州。这样一来，樊城之围可解，孙刘联盟也破坏了，可以说一石二鸟。后来的事实证明，正是司马懿的计策让刘备阵营乱了阵脚，以至于一错再错，直接从巅峰跌入谷底。

所以大家看到了吗？司马懿不出手则已，一出手就会贡献大的价值，而这恰恰正是曹操需要的。阖的时候，严丝合缝，兢兢业业，挑不出一点毛病来；捭的时候，出手不凡，令人刮目相看。这样一对比，杨修读懂"一合酥""鸡肋"以及"梦中好杀人"的小聪明，简直就是不务正业，令人啼笑皆非。

不过客观来讲，杨修的智商绝对不低。如果要组织一场语文考试的话，司马懿有很大概率是考不过杨修的。毕竟杨修的才思敏捷那可是出了名的，连曹植都佩服不已。但从两人干的事来看，杨修却又蠢得出奇，智商低得吓人。所以，精明不代表高明，聪慧也不代表智慧。而捭阖的要领，绝非是要小聪明，而是要有大智慧。

运用捭阖术除了要认清人际关系的基础，选择对发力的方向外，还需要注意捭的力度。万不可捭得过猛，毕竟过犹不及，偏离了事物发展规律的轨道，那么无论如何也是不可能成功的。

○ 捭阖的力度要合适

虽然说，贡献对方所需要的价值，取得对方的信任，然后引导对方实现自己的意图，这是捭阖术的基本操作。但有的时候，火候和力度要把握好。如果捭得太过了，脱离了事物发展的客观规律，纵然你提供的价值是对方想要的，甚至是对方渴望的，也会物极必反，使得友谊的小船说翻就翻。

江南巨富沈万三，为了讨好朱元璋，主动出资，修筑了南京城三分之一的城墙。见富户的觉悟这么高，朱元璋当然高兴了。而且这沈万三还斥巨资，在南京城修建了一大批歌楼酒肆。这下朱元璋更高兴了，直接给沈万三的两个儿子加封了官职。沈万三尝到了捞取政治资本的甜头，决定再玩一次大的，直接提出要替朱元璋犒赏三军。这下就碰到了朱元璋的逆鳞，让朱元璋动了杀沈万三的心。

虽然后来在马皇后的规劝下，朱元璋网开一面，只是把沈万三发配到了云南，但沈家也因此没落了。后来沈万三的后代也因为牵扯进了蓝玉案，全部被凌迟处死，家产也悉数充公。

从这件事就能看出来，捭阖术的运用，一定不能脱离事物发展的底层逻辑。

军队听皇帝的指挥，绝对不是因为爱皇帝，而是因为要靠皇帝吃饭。这也是皇帝能够控制三军的关键，倘若这层因果逻辑链被打破，让别人取而代之，那威胁到的将直接是皇权。这也很像职场上的口头禅："你又不给我发工资，我凭啥听你的？"

所以，归根结底，还是捭阖术的最根本原则：要遵循事物发展的客观规律，要符合底层逻辑。

这个道理，孔子是最明白的。当初，子路在鲁国做季孙氏后邑的邑宰，也就是县官。季孙氏令老百姓挖一条长沟，因为当时的老百姓要给国家无偿做徭役，而且国家不管吃喝，所以很多百姓都是饿着肚子在干活。子路于心不忍，于是就自掏腰包买了米，熬粥给百姓喝。孔子听到后，连忙过去，砸了子路的锅。子路很不理解，问老师："您不是一向主张仁义吗？为什么要阻止我的仁爱之举？"

孔子说："天子爱诸侯，诸侯爱士大夫，士大夫爱百姓。你现在替季孙氏爱百姓，这是越俎代庖。"果然，子路的锅刚被砸，季孙氏就派人来问责了，说子路跟季孙氏抢夺民心，有造反的嫌疑。

由此可见，运用捭阖术，万万不能违背事物发展的客观规律，既要捭得力度合适，又要阖得恰到好处。

反应术：
慧眼识势
——如何培养出能看清真相的能力

前面我们讲解了鬼谷子制胜之术中捭阖术的思想和用法，归根结底，捭也好，阖也罢，核心就是要遵循事物发展的客观规律去办事。而了解事物发展的客观规律，就要对人和事进行充分调查和探知，尽可能收集情报和信息，继而进行归类和思考。

这话说起来简单，做起来却不容易。人都不是"透明"的，凭什么让别人摸清自己的"脉搏"呢？我们不能光讲大道理，而不注重实操。所以，这就需要用到鬼谷子制胜六术的第二术反应术了。捭阖术只是纵横术的基础，真正想在说话办事中如鱼得水，无往而不利，离不开对反应术的灵活运用。反应术将纵横术的应用范围从探寻大自然对立统一的辩证逻辑，落实到了具体的人和事上。

○ 什么是反应术？

反应术中的"反应"二字，和我们今天"反应"一词的意思并不一样，它讲的是一种反复思考问题的方法。通过反复地思考过去、反复地研究现在、反复地审视自己，再反复地探知对方的情况，我们就能愈发接近人和事的真相。

　　了解了真相，我们就能遵循客观规律办事了。也就是鬼谷子说的"反以观往，覆以验来；反以知古，覆以知今；反以知彼，覆以知己"。然后再利用"钓言之道"，反复试探对方，引诱对方，让对方说出更多的话来，这样我们就能更准确地把握对方的真实情况和意图。当用反应术摸清对方的底牌后，我们就可以施展捭阖术大显身手了。

　　这个过程有点类似于我们在科研工作中探究一个物质的属性，先根据以往的研究经验制定实验方案，再通过一系列实验让它表现出更多理化性质来，接着通过数据分析对它进行定性判断。确定了它的属性后，我们就可以研究它的用途并加以应用了。

　　总而言之，世间的万事万物都是相通的，关键是要掌握做事情的方法论。鬼谷子以一个纵横家的视角，阐述了分析问题、解决问题的思路和方法。我们的生命是有限的，在有限的生命中，不可能什么事都经历。这就需要我们认真学历史，吸取别人的成功经验和失败教训。

　　我们举一个韩非子"教导"秦王嬴政的例子来说明这一点。韩非子在写给嬴政看的文章中讲了这么一个故事，有一个燕国的生意人，因为做买卖，经常往外地跑，好几个月才回一次家。他的妻子寂寞难耐，就在家里偷汉子。有一天，两人正在苟且呢，女人的丈夫突然回家了。女人很是慌张，不知道该怎么办。这时家中的女仆给她出主意，说没事，让奸夫直接跑出去让男主人看见就行，只要别被捉奸在床，她自有妙计应付男主人。于是奸夫就大大方方地跑了出去，在大门口跟男主人撞了个对脸。男主人很是震惊，回家后非常生气，质问妻子出去的那个男人是谁。女人很疑惑地回答没有人出去。男主人又去问仆人们有没有看见刚才有个男人跑出去了。仆人们众口一词，说没看见有人出去。看着大家一个个真诚且迷茫的样子，男主人又气又恼。这个时候，他的妻子很温柔体贴地安慰他道："夫君，你在外面太辛苦，太累了，走南闯北的，有可能招惹到了一些不干净的东西。我听说用动物的屎尿可以驱除邪祟，不如……你试试？"于是乎，这个可怜的男人不仅没有抓到奸夫，还被浇了一头由五种牲口的屎尿混合的秽物，不得不感念妻子对自己的"好"。

韩非子讲这个故事的目的，就是要告诉嬴政，千万不要让权臣跟一般大臣的关系太好了，那样他们就会合伙一起欺瞒你的。我相信嬴政是懂这个道理的，但他只是一笑了之，并没有及时地教育子孙。结果没过几年，类似的情节就在他儿子身上变成了现实。权臣赵高牵来了一头鹿，非要说是马，大臣们也都附和着说那是马，搞得秦二世也糊涂了，真以为自己中了邪，还跑到上林苑去斋戒辟邪。

韩非子总结的这条教训，被后世的君主们广泛吸取、借鉴。所以，古代的皇帝们都喜欢大臣之间内斗，也喜欢让权臣变得人缘差或名声臭，比如明朝的严嵩、清朝的和珅。如果真出现了权臣和一般大臣们关系特别好的情况，那王莽篡汉、田氏代齐的悲剧也就不可避免了。

故而，学历史，一朝一朝地死记硬背绝对是误区。应该就一个问题，可以是军事、政治、法律上的，也可以是经济或者个人生活上的，从夏商开始，一直到明清，贯穿式地探究，看看这个问题在各个朝代有没有类似的版本，古人们都是怎么处理的，谁处理得好，谁处理得不好，谁又在相同的问题上栽了跟头……这才是学习历史的正确方法。

唐宋八大家之一的苏洵教育苏轼和苏辙时，用的就是这种方法。苏洵教儿子们读书，总是就一个历史问题上下求索，反复思考，在其他朝代寻找类似的情况，然后进行比较和鉴别。比如，有一次他们读到了宰相富弼写的一篇文章《使北语录》。当时辽国屡屡进犯北宋，这篇文章其实是写给辽国皇帝的，旨在告诉对方穷兵黩武对国家其实是没好处的，但对一些急于立功的大臣却是有好处的，这些大臣鼓励战争的真正心思，只是想利己而并非为国。苏洵读完后立刻让苏轼说，历史上有没有其他人有过类似的想法。聪明的苏轼马上回答说汉武帝时期有一个大臣叫严安，他反对国家在已经虚弱至极的时候对匈奴发起战争，因为这样的战争只会让某些大臣得利而对国家有害。苏轼认为，严安把道理说明白了，但没有富弼说得透！

所以大家看到了吗？"三苏"会成为"三苏"，几乎占了唐宋八大家的半边天，那是有原因的。他们的学习方法就是鬼谷子所说的"反以观往，覆以验来；反以知古，覆以知今"。反之，如果不认真了解历史，就会在相同的问题上栽跟头。比如，陈友谅和朱元璋在鄱阳湖大战时，他为了稳固战船，犯了当年和曹操一样的错误，将巨舰一一相连，摆出长蛇阵，远远望去，犹如一座座无法摧毁的高山。原本处于弱势的朱元璋，正是采纳了部将郭兴献上的火攻之计，重现了赤壁之战的一幕。

当然，反复从历史中汲取经验教训，只是反应术的第一步。反应术的第二步，是要反复审视自己，这样才能充分认识别人。

○ 反复审视自己，充分地认识别人

如果说，眼睛是心灵的窗口，那么嘴巴就是心灵的大门。我们看一个人心术正不正，就要多关注他的眼神；判断一个人是不是聪明，就要多听他说的话。

我们要善于耐心地倾听别人说话，如果别人"话里有话"，就要搞清楚其中的"弦外之音"。听一个人说话，水平不同的人能听出不同层次的意思来。如果能够准确把握对方的"脉搏"，就能挖掘出很多隐秘的信息。这就需要我们会听，也要会说。

当然，这话说起来简单，办起来却很难，具体该怎么操作呢？首先，我们要对说话的人进行一个大致的了解。这就需要我们先充分审视自己，这样才能更好地认识别人。

人是存在共性和个性的。什么是共性呢？好看的姑娘大家都喜欢，好吃的饭菜大家都爱吃。所谓"好女百家求"，美好的事物大家都是惦记的。至于说独特的取向、审美以及口味，这也是客观存在的，但不具备普遍性。至于"嘴上说一套，心里想一套"，那种不能作数。很多事要先放在自己身上多琢磨琢磨，看看自己能否接受、能否共情。

我们要尽可能先在共性上体察对方，然后再试探对方的个性，也就是彼此间的差异性，这样我们就可以很好地驾驭对方。比如，齐桓公小白手下有三个奸人，分别是易牙、竖刁和开方。易牙为了讨好齐桓公不惜杀掉幼子做羹，竖刁为了亲近齐桓公宁愿成为太监，开方为了给齐桓公效力竟然十五年不回家看望父母，甚至连父母去世了也不回去看一眼。我们先充分审视自己能否做到和他们一样，如果无法实现共情，那么事出反常就必然有妖。他们所追求的东西，一定比父子之情、男性尊严以及父母之恩更重要、更有诱惑力，所以他们才会舍弃前者，选择后者。他们嘴上说是因为对"齐桓公的爱"，可仔细想想，对齐桓公的爱，真的能比幼子的生命、男人的尊严以及父母的生死更重要吗？那显然是不能的。所以真相就是他们在说谎。而唯一能挑战人性底线的东西，恐怕就只有齐桓公手里的齐国了。所以管仲才提醒齐桓公，要提防这三个小人。结果齐桓公不听，真以为他们是爱自己，最后落得个被饿死的下场。

复盘齐桓公的悲剧，他就是因为没有通过反复审视自己来认识他人。根据历史的种种先例，根据自我的反复审视，并对对方进行逻辑推敲后，基本上就能大致摸清对方，也就能听懂对方的"言外之意"了。比如，贪官嘴里的"研究研究"，可能就是要烟要酒；而正直清廉的官员说"研究研究"，可能就是要认真地思考和解决问题。很多情况下，光看字面意思是很难解读出有效信息的，必须要结合历史，换位思考，才能读懂对方的意思。当你明确了大方向后，就可以进一步用言语进行反复试探，从而彻底摸清真相了。比如，当贪官说完"研究研究"后，你如果继续就事论事地探讨工作，他可能就会不耐烦，甚至挑你刺儿，而正直清廉的官员则会很认真地听你讲述问题。通过对方的反应和表现，你就能彻底摸清对方的本质。

当然，会听很重要，会说更重要。鬼谷子反应术的第三步，就是要运用好"钓语之道"，成功引蛇出洞，让对方把真情吐露出来。

○ 引蛇出洞的钓语之道

俗话说，人心隔肚皮，你要想让别人尽可能把真话说出来，就要有一套钓语之道。对方说得越多，你能从中挖掘出来的信息就越多。即使是弦外之音，甚至是反话，说得多了，对方的心思也就越发清晰了。

具体该怎么做呢？回顾一下鬼谷子的话，"以无形求有声。其钓语合事，得人实也。其犹张置网而取兽也，多张其会而司之"，意思是，要用巧妙无形的方法引诱对方说话，如果对方说出来的话跟你的预判相符，那么在这一点上，你就得到实情了。这就像用网去捕捉野兽，多布置一些网，并且密切关注，你就能多捕捉到一些野兽。当然，这里的野兽指的是实情，当你方方面面都试探过了，那还有什么人是驾驭不了的呢？接着，你再根据试探出的结果，运用捭阖术，引诱对方被情绪和欲望左右，让对方起伏不定或者是利令智昏，这样对方就会被你牵着鼻子走。就像苏代通过反应术和捭阖术并用，抓住秦相范雎的老毛病，试探出了他的软肋，狠狠出招，继而引诱他犯下大错一样。

鬼谷子认为，无论是聪明人还是蠢人，圣人都是有办法诱使他说出实情的，就像钓语投饵一样，投饵则鱼来，发问则语应。

我们举一个李渊使用钓语之道巧妙利用李密的例子对此进行说明。

隋末天下大乱，群雄并起，其中最强劲的势力莫过于"威之所被半天下"的瓦岗军了。李密原本是贵族，他在加入瓦岗军后，因为足智多谋，善于用兵，获得了瓦岗军上下一致的好评。瓦岗军的首领翟让也很赏识他，对他信任有加，因此李密也逐渐掌握了大权。然而李密可不甘心做诸葛亮那样的忠臣，他野心极大，后来直接把老大翟让干掉了，自己当了瓦岗军的首领。

当时，李渊也在太原起兵。他冷静地观察天下大势，分析群雄的特点。李渊认为，当务之急，是挺进关中，占据长安。三秦之地自古就是战略要地，八百里秦川物产丰富，函谷关一夫当关万夫莫开。秦国能够一统天下，没有在春秋战国时代灭亡，拥有这么好的地理条件绝对是重要原因之一。可以说，占据了关中，就有了睥睨天下的本钱。而且，长安当时虽然是隋朝的首都，但隋炀帝常年在江都溜达，大量精锐部队都被他带走护驾，长安防守空虚。另外，护卫隋炀帝东巡的部队在瓦岗军、江淮义军以及河北义军的牵制下，根本无暇西顾。所以这个时候拿下关中，扼住天下的咽喉是最好的时机。但问题是，好东西，你惦记，别人也惦记。倘若李渊在取关中的时候，瓦岗军杀过来，那绝对够他喝一壶的。

而且，李渊是隋朝的皇亲国戚，以前镇守太原的时候，没少替朝廷镇压起义军。

起义军对李渊的态度肯定不会太好，这该怎么办呢？于是，李渊回顾历史，分析李密的所作所为，对他的性格进行了充分的了解，也想好了对策。

李密自认为兵多将广，钱富粮足，甚至连不可一世的隋炀帝都因为惧怕他而龟缩在江都，不敢返回中原。所以，他开始"飘"了，认为天下没有人是他的对手。更关键的是，李密也确实有两把刷子。他觉得自己足智多谋，是靠真本事吃饭的，绝非那些靠吃老本割据一方的军阀可比。顶级军事家当首领，这天下不归他，似乎都没有天理了。于是，李密愈发地膨胀，不断贬低、苛责属下，排除异己，以致瓦岗军内部人心不齐，军纪涣散。而且，李密弑主自立的做法也不得人心。

李密的所作所为，历史上有没有先例呢？当然是有的，西楚霸王项羽就是先例。项羽杀义帝，烧咸阳，目空一切，所有人在他眼里都是废物，感觉没有一个人能比他强。在得了关中后，项羽还以"富贵不还乡，如锦衣夜行"为由，直接把国都定在了老家彭城，舍弃了大秦的龙兴之地。你能说项羽没有能力吗？当然不能。他和韩信是那个时代最能打仗的两个人。项羽把国都定在彭城而舍弃关中，真的是因为他糊涂吗？其实也不是。项羽只是太自负了，觉得即使关中有变，他作为西楚霸王也可以轻松搞定，这也为他的失败埋下了伏笔。

李渊评估了一下李密的情况后，觉得还是有操作空间的，于是就开始用钓语之道进一步试探了。他先向李密示好，表现出了要依附于李密的意思。李密在给李渊的回信中，大发激昂慷慨之词，大有以天下为己任之意，俨然把自己摆在了起义军盟主的位置。他还说出了"执子婴于咸阳，殪商辛于牧野"这样的话，这是把自己比作西楚霸王和周武王了，很露骨地展示了称帝之心。

李渊一看回信，感觉自己猜对了，这人真是"飘"了，狂傲之情已经到了直抒胸臆的程度。李密是什么底色，李渊心里也彻底有数了。于是他立马给李密回信，"坦诚"地吐露了自己的心声。李渊先是一顿吹捧李密，然后说自己只是隋朝一个没出息的糟老头，多少年来在皇帝的统治下如履薄冰，谨小慎微，从不敢犯错，更不敢有造反的心，只是天下已经烂成这个样子了，他也得想自己的退路。

接着他又表示李密是众望所归、民心所向的天下共主，他这个老头子非常想给李密效犬马之劳，只希望李密能够早安天下，造福万民。

李密一看来信，心里那叫一个美，给李渊回信说："亲啊，放心吧，天下很快就会平定啦！"这个时候的李密，完全沉浸在称帝的美梦中，对李渊彻底放松了警惕，觉得他就是个胸无大志的老军阀而已，连隋炀帝都不敢反，更何况自己呢？退一步讲，纵然李渊有可能搞小动作，自负的李密也没把李渊的能力放在眼里。

于是，李密继续跟隋炀帝死磕。李渊则趁机杀进了关中，占据长安，执天下之牛耳，给唐王朝的建立打下了根基。在李渊杀进关中后，镇守在成皋的瓦岗军还截断了江都通道，拦截隋军，使得他们无法救援长安。

复盘李渊的操作，不难看出，反应术的精髓就在于回顾历史，评估现在，试探对方，然后套出更多的信息，再遵循规律办事，成功自然水到渠成。

不过，需要强调的是，要想用好反应术，一定要注意"反复"这两个字，必须反复思考，反复对比，不然就会栽跟头。历史上别人成功的经验自然可以借鉴，但一定要反复思考自己到底能不能用。时代在变，古今的人和事也不尽相同，如果生搬硬套，因循守旧，照葫芦画瓢，那也是会吃大亏的。比如齐国想搞垮燕国，就派苏代前去忽悠燕王。当燕王问苏代齐王是个什么样的人时，苏代说："齐国马上就要完蛋了。"燕王说："我听说齐王是个贤明的人，齐国怎么会完蛋呢？"

苏代说："当年齐桓公在的时候，把所有的事都交给管仲去处理，自己则在后宫跟女人们玩乐，让贤良的人尽可能发挥自己的才智，于是就有了称霸天下，九合诸侯的功绩。但现在的齐王根本不信任手下贤良的人，让他们发挥不出才能来，齐国又怎能不衰亡呢？"接着，苏代又对燕王的相国子之一通吹捧。当时，权臣子之被燕王认为是贤良的人。听了苏代的话后，燕王更加信任子之了，还把俸禄三百石以上的官员印绶都交给子之掌管，最终也酿成了"子之之乱"。齐国趁着燕国内乱的机会发兵攻打燕国，占其土地，毁其宗庙，差点灭了燕国。

复盘苏代的操作，可以说是逆向使用反应术，直接把燕王带进了沟里。燕王倒是以史为鉴，吸取齐桓公成功的经验了。但问题是，天下有几个人能像管仲一样贤良呢？没有经过反复思考，反复对比，那怎么能不栽跟头呢？

我们举个现实生活中的例子体会一下。男孩交了个女朋友，对女朋友说："衣服不要乱扔，把它挂起来，方便取，也很规矩。"他本来的目的是彰显一下自己的整洁，毕竟女孩都喜欢爱干净的男孩，不爱邋遢的，这是普遍经验。结果女孩听完男孩的话后，脸一下就拉下来了。原来女孩小时候在家父母就经常因为她乱扔衣服批评她，现在她有了男朋友了，本来以为可以放松一下，结果发现男朋友和自己的父母很像，从而引起了她的厌恶之心。

这个例子告诉我们，看待人和事时，一定要认真了解对方的历史，有针对性地摸清对方的情况，而不要盲目照搬别人的"成功经验"。

我们再举一个商战中运用钓语之道的例子体会一下。某个电器商老板刚刚进入一个大城市准备开展业务，接待他的批发商很亲切地寒暄道："我们好像第一次打交道吧，以前没见过您。"电器商老板很实在，说道："我也是第一次来贵地，很多地方不是很懂，请多多关照。"接着，批发商询问完电器商老板要定什么样的预售价格后，便劝他初次来这里做生意，应该采取薄利多销的模式，进而把价格给打压了下来。电器商老板哑巴吃黄连，只得吃了一次大亏。

从这个例子我们就能看出来，别人的一句寒暄，其实只是试探性地想搞清楚你是老手还是新手。结果，电器商老板很实诚地交了自己的底牌，从而让自己处于被动的地位。

总而言之，运用反应术，关键就在于要反复思考过去与现在、己方与对方，可以使用钓语之道试探、排雷，从而全面掌握事态的主动权，让自己立于不败之地。

内揵术：
如何让别人接受自己的意见

俗话说，良药苦口利于病，忠言逆耳利于行。话虽很有道理，但良药真的一定要苦口吗？忠言就必须逆耳吗？恐怕也未必吧。很多疗效不错的药，其实并不苦；而有效的沟通，也绝非令人不悦的刺耳之言。

我们在人际交往中，特别是与上级的沟通中，应该有一套巧妙、高效的沟通方式，让自己深得信任的同时也能达到目的。

鬼谷子认为，向居上位者进忠言之前，一定要先摸清楚对方的秉性，然后顺着对方的心思去游说，这样就可以在避免犯上的同时，让对方愉快地接受你的意见。这套行之有效的方法，就是内揵术。"内"指的是深入别人的内心世界，与对方亲密无间；"揵"则是指要让自己和对方像是门与栓一样紧密结合，毫无阻碍地交流。只有和对方情投意合了，你说的话，对方才能听得进去。

那怎样才能运用内揵术？鬼谷子认为，首先就要做到与对方共情。

○ 沟通的前提是与对方共情

无论是古代的君臣，还是现代的领导与下级，关系其实是很微妙的。有的人离上级很近，却被疏远，得不到重用；有的人离上级很远，却和上级十分亲近，领导有什么好事总想着他。有的人离职了，领导想让他回来；有的人天天守在领导身边，却被领导视而不见。下属的能力固然重要，但更重要的是领导的信任，以及领导与下属是否合拍。以财务总监的工作为例，一定要金融学得最好的人才能干吗？当然不是，而是要让老板最信任的人干。

你只有取得了领导的信任，领导愿意和你交心，你的建议他才能听得进去，继而执行，这样你也能间接实现自己的目的。而想实现这一点，首先就是要做到和上级共情。

我们举和珅的例子来说明这一点。乾隆的母亲去世时，乾隆很伤心，便罢朝跪在灵前为太后守灵。在乾隆守灵时，很多大臣都来劝乾隆，说了很多陛下节哀、保重龙体、当以江山社稷为重之类的话。但无论怎么劝，乾隆就是不起来，也不回宫。而和珅呢？他一句话也没说，只是默默陪着乾隆跪了几天，乾隆不起身，他也不起身。和珅明白，这个时候一切言语都是多余的。作为一个孝子，为母亲的去世而悲伤，这是天经地义的。大臣们的表现，虽然是为了皇帝着想，但并没有走进皇帝的内心，根本没有充分与皇帝共情。故而，他们也无法做到内揵，和皇帝意气相投。

人的情感是复杂的，很多话虽然合理，却不一定合情。未经他人苦，就劝别人想开点，否则怎么可能走进别人的内心呢？如果对方是你的领导，那你做不到内揵也就不奇怪了。其实也不用说领导，哪怕是同事、下属，或者子女也是一样的。很多家长说的话，孩子就是不听，这也是没有做到内揵的原因。

我们举一个苏洵教育苏轼和苏辙的例子体会一下。苏轼和苏辙小时候很贪玩，对啥都充满了好奇心，就是不爱学习。苏洵怎么做的呢？他没有像其他家长一样，严厉地训斥孩子，而是顺着孩子的心思去考虑。

小孩子贪玩，好奇心重，这是天性。于是苏洵就在苏轼、苏辙玩的时候，坐在旁边偷偷看书。当两个儿子跑过来时，苏洵就赶紧把书给藏起来，不给他们看。这下两个孩子的好奇心就被勾了起来，一个劲缠着父亲问看的到底是什么书。苏洵也不回答，只是故作神秘兮兮的样子。一来二去，等兄弟俩的好奇心被激发得很高时，苏洵找了个机会，假装有急事离开，"不小心"暴露了自己的秘密。兄弟俩翻出书一看，原来是经史子集类的书籍。从此，兄弟俩就对读书产生了浓厚的兴趣，苏家院子里也响起了琅琅的读书声。再比如，苏轼、苏辙小的时候总喜欢从地里挖东西。有一次，他们从自家后院里挖出了一块大黑石头，开心得不得了。苏洵没有责怪俩孩子顽皮，弄得浑身脏兮兮的，而是和他们乐在一处，还饶有兴致地用这块大黑石头给兄弟俩打磨出了两块砚台。苏东坡一生无论经历了多少风雨、苦难，被朝廷没下限地贬来贬去，到了临终的那一刻，他还是将父亲做的那块砚台带在身边，不离不弃。

父亲的理解和爱，给予了他无穷的力量，足以温暖一生，治愈一生。

由此可见，感情无论亲疏，关系无论远近，位置无论高低，能做到共情，你才能真正走进别人的内心，别人才愿意听你的话。反之，即使是父子，对方也会不愿意听你的。

当然，共情只是实现内揵的基础，具体到沟通层面，我们肯定是要提出自己的想法和意见的。鬼谷子认为，给出意见之前，一定要充分揣摩对方的心思，顺着对方的意志暗中分析自己的想法是否可行，透彻辨明所得所失，然后再采取行动，不然就会栽跟头。

〇 沟通前一定要充分揣摩对方的心思

很多情况下，即使你做到了和别人共情，但你的意见别人不能接受，这也是个大问题，毕竟"好心办坏事"也是常有的。

根据鬼谷子的思想，向居上位者进献意见，一定要充分分析意见的可行性，权衡利弊得失。凡是不合时宜，违背对方意志的，就不能乱讲，而应该顺势而为地诱导，直到对方自己改变心意，不然就可能给自己带来灾祸。电视剧《朱元璋》中的那个监察御史陈怀义就是典型的反面例子。朱元璋借朱棣大婚之际大封藩王，陈怀义却跳出来反对，说分封藩王会造成同室操戈，祸起萧墙，再现八王之乱的悲剧。结果朱元璋暴怒，直接把陈怀义给摔死了。当然，陈怀义只是电视剧虚构的人物，他的历史原型是明朝平遥县的一个九品小官叶伯巨。叶伯巨曾上书朱元璋陈述大封诸王的弊端。朱元璋看后大怒，说他离间自己的骨肉亲情，直接让锦衣卫把他抓到京师杀掉了。

其实，无论是陈怀义也好，叶伯巨也罢，针对当时的洪武大帝，都是不适合提出阻止封王的意见的。臣子们当然是为了君主好，但他们对君主的意志了解得并不透彻。他们被杀是因为没有做到共情吗？就像朱元璋所说的，离间了自己的骨肉亲情？不！那只是朱元璋的借口。臣子阻止皇帝封王，其中的合理性，朱元璋那么聪明的人当然是明白的。但在当时的历史大背景下，朱元璋也有自己的难言之隐。大明朝的建立和其他王朝的更迭很不一样，朱元璋所带领的那帮武将团队，是历朝历代中文化素养最低的。他们全部出自草根，既没文化，更无修养，只有一身的勇武。这帮淮西勋贵可不像那些儒生一样，真以为皇帝就是真龙天子。

他们当中很多人和朱元璋从小玩到大，知道朱元璋和他们一样，都是村子里放牛的野汉。他们一起经历过九死一生，有着异乎寻常的胆量和谋略，一旦他们动了造反之心，那可真是什么事都能干出来的。而且当时北元尚在，守护边疆还得指望他们。所以，朱元璋就想让儿子们当藩王，就藩后一边学习将军们的统兵本领，一边把兵权从将军们手里逐渐收回来。朱元璋虽然明白大封藩王的弊端，但两害相权取其轻，把天下的兵权都装进朱家人的口袋里才最重要。至于封藩王的弊端，那可以以后再调整。

这个世界上的很多事，有些看似要急，其实得缓；有些看似不急，实际上已经火烧眉毛了。有些事看起来很重要，但只打雷不能下雨；有些事看似不重要，却必须重点关注，立即执行。

上位者的真实想法不可能跟下面的人讲；下面的人在提意见的时候，一定要揣摩好上位者的心思，做好可行性评估，然后再提意见。作为下属，不要指望每一个上位者都能像李世民包容魏征一样包容自己，毕竟几千年也就出了一个贞观天子。而且即使是李世民，也有吹胡子瞪眼，要杀魏征的时候。而长孙皇后的操作，可以说是运用内揵术非常成功的一个案例。当李世民咬牙切齿要杀了魏征这个"乡巴佬"时，我们有理由相信，当时他是真的动了杀心的。这个时候如果劝他，说什么要大度啊，忠言逆耳之类的话，他肯定心烦，因为这些道理他用不着别人来教。

那长孙皇后是怎么做的呢？她回到内室，换了一身盛装朝服，出来后向李世民下拜道贺。李世民很惊讶，注意力从对魏征的愤怒中转移了，好奇地问她："这是干什么？因为什么事道贺？"长孙皇后说："我听说君主圣明了，大臣才会忠直，现在魏征敢于直言顶撞陛下，恰恰说明陛下是个英明的圣主啊，所以我要向陛下祝贺。"李世民听罢，不怒转喜，虽然他也知道长孙皇后搞这么一出还是为了劝谏自己，但皇后说得很有道理，自己确实是英明的圣主，于是也就消了怒气。

所以，我们在提意见的时候，绝对不可以揪住一个问题不放，跟对方辩论。那样会让对方产生极强的逆反心理，像魏征一样，就连虚心纳谏的李世民也快受不了了。要学会"四两拨千斤"，虚晃一招，先转移对方的注意力，化解对方的情绪，然后再使对方理性思考，这样往往就会获得成功。长孙皇后就是成功让李世民用好奇心替换了内心的愤怒。

当李世民已经把杀魏征的事扔到一边的时候,她再剑走偏锋,用夸奖的方式将李世民引入理性思考来劝谏。如此一来,在被夸奖的情绪的填充下,李世民的愤怒情绪自然就会小很多了。

很多人之所以劝谏上位者失败,并非上位者糊涂,也不是他们说得没有道理,而是他们没能先把"情绪"这座大山移走。所以,向上位者提意见的时候一定要先摸清对方的心思和情绪,这是决定成败的关键。

我们再举一个"海大鱼"的例子来体会一下。战国时期,齐国的田婴为了发展家族势力,要在自己的封地薛大兴土木修建城池。可他这样做会使自己远离朝廷,对国家不利,也会引起国君的猜忌,对家族不利。门客们纷纷劝阻田婴,但他根本听不进去,还下令:"凡来劝阻者,一律不要通报。"这个时候,一个门客前来让下人通报,说自己只说三个字,多一个字愿意受烹煮之刑。就这样,门客成功勾起了田婴的好奇心,得到了田婴的接见。门客进来后,就说了三个字——海大鱼,接着便转身走了。田婴一脸蒙,急忙说道:"且留下,把话说完。"

门客说:"我可不敢拿自己的性命开玩笑。"田婴说:"不碍事,请讲。"

门客便解释道:"您没听过海里的大鱼吗?渔网也好,钓钩也罢,对它们都无能为力,可一旦它们离开了大海,连蝼蚁都可以欺负它们。以此相比,齐国就像是您的大海,如果拥有了齐国这片大海,要薛地的城池有什么用呢?相反,如果齐国没了,就算薛地的城池修得再高,也没什么用啊。"田婴听罢,微微点头,放弃了在薛地修筑城池的想法。

这个例子告诉我们,除了用先夸奖再将对方引入理性思维的劝谏方式外,也可以用比喻的方法将逻辑关系更清晰地向对方进行说明。有时候人在一件事上犯糊涂,你越揪着这件事跟对方讲,对方越糊涂。不如不讲这件事,而是用类比的方式,把事情逻辑关系更清晰、更简单地展现出来,让对方自己去领悟其中的道理,这样就能起到很好的劝谏效果。

当然，前提还是不要在情绪上跟对方搞对立，而是要转移话题，让对方用好奇心来代替抵触心，再用类比的方式旁敲侧击。只要对方不傻，自然能明白其中的道理。田婴的门客巧妙就巧妙在变被动为主动，田婴不想听别人说，他却能让田婴迫不及待地想听自己说。如此这般，田婴的抵触心都没了，还有什么道理是说不通的呢？

可能有人会说，如果上位者就不想听你转移话题，就想就事论事，这又该咋办呢？遇到这种情况，还是不要和对方情绪对立，而是要顺着对方的心思往下沟通。比如晋文公重耳举行晚宴，吃的是烧烤。厨师端上来一盘烤肉，重耳刚想吃，发现烤肉上居然绕着一根毛发，顿时大怒，呵斥厨师道："你是想噎死寡人吗？"

厨师大惊，连忙磕头跪地请罪。他说："我有三条死罪，请大王惩罚。第一，我用磨刀石磨刀，刀子磨得很锋利，肉能切断，毛发却切不断；第二，我用木签子一块块地穿肉，肉穿得很仔细，却没看到有毛发绕在上面；第三，我用烈火烤肉，却没把毛发烧掉……"听到这儿，重耳恍然大悟，明白了这是有人在陷害厨师。

从这个故事我们就能看出，很多时候，直接否定一些事是很苍白无力的。倒不如顺着对方的心思，有逻辑地往下沟通，如果合理的话，就会无懈可击；反之，如果不合理的话，那必然会出现纰漏。让对方自己主动意识到错了，要比你直接告诉对方管用一万倍。

总而言之，鬼谷子认为，向上位者进献意见时一定要随机应变、灵活操作，这样才能既达到自己的目的，又保全自己。而实现这一点的前提是，揣摩好对方的心思，评估好自己的意见。以"情"为中心，以"谋"为变通，这是鬼谷子内揵术的核心思想。

○ 良禽择木而栖

良禽择木而栖，明明知道对方不是啥好人，还要选择明珠暗投的"愚忠"，这是非常不可取的。鬼谷子也认可这一点，他认为在与上位者交往的过程中，要用内揵术认真剖析对方，从而考虑是继续与对方合作，还是果断离开。

如果自己的意见能被采纳，才华能够得以施展，那就建功立德；如果上位者冥顽不灵，心术不正，那就果断离开，不要继续浪费感情。英雄有用武之地，那就积极进取；英雄无用武之地，那就急流勇退，不要贪恋钱财富贵，给自己带来灾祸。

春秋时期，吴王夫差打败了越王勾践。此后，越王勾践卧薪尝胆，在范蠡、文种等人的辅佐下，励精图治，终于报仇成功。吴国灭亡后，范蠡看准形势，果断离开了越国。临走前，他还劝文种说："飞鸟尽，良弓藏，勾践这个人，可共患难，不可共富贵，还是尽早离开为好。"然而文种却觉得，好不容易把吴国灭了，正是功德圆满、享受胜利果实的时候，选择急流勇退实在是太可惜了，况且越王也不是那么没有人情味的人。于是，他就因为贪恋富贵，没有离开越国。结果不久后，越王勾践听信谗言，怀疑文种不忠，逼他自杀了。

从这个例子我们就能看出来，内揵的意义是对立统一的，既是为了别人，也是为了自己。正因为你走进了别人的内心世界，看清了对方的为人处世，你也就能够正确选择自己下一步该怎么办了。

有些上位者是挺糊涂的，但本性还不错，偶尔还会显出人性的闪光点，这样的人就值得辅佐。比如齐桓公小白，他继承君位后很胆怯，实诚地问管仲自己这国君之位能坐几天。管仲告诉他，应该放眼天下，志向远大，往上看，这样就不用担心保不住国君之位了。虽然小白贪吃贪玩又好色，还胆小窝囊，但心胸很是宽阔，有同情心，为人也很厚道，更关键的是，能听得进去别人的劝。这样的人，管仲也愿意尽心尽力地辅佐。

有些上位者，虽然表面上看志向远大、精明睿智，实则心胸狭窄，做人做事没有下限，这样的人就是不可以过分亲近的。文种只看到了勾践卧薪尝胆、忍辱负重、志向远大的一面，却没有看到他心胸狭窄、阴鸷狠毒、卑鄙龌龊的一面。

那勾践都做了哪些事，让范蠡看清了他的本质呢？比如有一次为了训练士兵的胆量，勾践故意点燃了一艘船，然后擂鼓让士兵们向火船的方向前进。士兵们不敢违抗命令，只能一步步向火船靠近，最后不是被烧死，就是被淹死，情形惨不忍睹。再比如，有一次勾践率领越国军队同吴国军队交战，竟然安排了数百名死囚站在两军阵前，让他们一起拔出刀来齐刷刷自刎。这个情形吓坏了当时的吴军，毕竟谁也没见过这么震撼的场面，不知道对方要搞什么幺蛾子。结果吴军军心一乱，勾践趁势出击，大败吴军。更让人难以置信的是，勾践带兵打仗时，为了满足士兵们的生理需求，下令凡是丧夫的寡妇都要随军服侍士兵。他的这一做法极大地伤害了百姓的感情，是十分卑鄙的。而他自己，为了能够东山再起，忍辱偷生，竟然尝过夫差的粪便，甚至还让自己的妻子陪侍过夫差。等妻子终于回国后，他又担心妻子在吴国做的耻辱之事泄露出去，竟逼迫妻子自杀。

有很多事迹都表明，勾践对自己狠，对别人更狠。这类人有一种潜意识：这罪我能受，凭啥你就不能受？这耻辱我能承担，你为啥就不能承担？他可以把自己的妻子送给夫差，自然也就不在乎抢别人的老婆随军服侍了。勾践的人性下限很低，低到根本无法跟正常人共情。所以，范蠡从点点滴滴中看清了他的本质。

我们不能被做大事不拘小节、忍辱负重这类漂亮话蒙蔽了对人性的审视。

总而言之，鬼谷子的内揵术，既是一种以"情"为核心，以"谋"为变通，以道德为辅助的沟通交流之法，也是一种揣摩他人心性的方法论。它既能构建良好的人际关系和和谐的工作环境，也能让我们擦亮双眼，永居善地，不立于危墙之下。

抵巇术：
如何把灾祸扼杀在萌芽状态

内揵术主要是一种走进别人内心，实现有效沟通的方法；抵巇术则是教人如何洞察世间的隐患，将灾祸扼杀在萌芽状态的办法。

"物有自然，事有离合"，世间的万物都是自然生发的，一切事情也都有对立统一的法则。在事物发展的过程中，免不了会出现一些人们不愿意看到的结果，比如火灾、交通事故、煤气泄漏以及被小人陷害、被恶人纠缠等。

有些祸事来得突然，甚至莫名其妙，简直就像人在家里躺着，却把街上的人给得罪了一样。鬼谷子认为，任何不好的事，在发生前都是有苗头的，只是因为人们习以为常地忽略了，没有重视，才让灾祸的裂缝越来越大，最后酿成不好的结果。比如骑电动车不戴头盔，一次两次没事，甚至一年两年都没事，可一旦出现交通事故，就可能给骑手带来生命危险。

灾祸的苗头刚出现时，都像秋毫之末一样微小，可如果不及时处理，让其发展起来，就会像泰山一样庞大，所谓"千里之堤毁于蚁穴"就是这个道理。

那怎样才能做到抵巇呢？鬼谷子认为，应该"因化说事，通达计谋，以识细微"，也就是应该顺应变化，分析事物发展规律，善于使用计谋，洞察细微之处，并提前预防。

○ 顺应变化，分析事物发展规律

我们生活中的很多事，当它们单独存在的时候，并不会给我们带来灾祸。可一旦几件事并存，发生了"交集"，灾祸可能就爆发了。事实上，世界上的万事万物不可能像平行线一样没有交点，这就需要我们有顺应形势变化，分析事态发展的能力。

唐德宗时期有一个叫卢杞的小人，他出身名门望族范阳卢氏，凭借祖先的功勋入朝为官。卢杞这个人可以说是中唐第一坏，嫉贤妒能，残害忠良，欺压百姓，无恶不作。他有一个核心技能，就是极会迎合上意，所以唐德宗很喜欢他。他也因此一路平步青云，从一个小官做到了宰相。这个卢杞不但坏，而且长得特别丑，脸居然是蓝色的，体型也特别难看，很多人都取笑他。在官职还不高的时候，他有一次去探望病中的郭子仪。其他官员来探望郭子仪，郭府中的妻妾丫鬟都不用回避。但听说是卢杞来了的时候，郭子仪就吓得赶紧把家中的女眷全都撵回内宅，没有允许不能出来。要知道，当时的郭子仪可是平定了安史之乱，挽救了大唐的"擎天博玉柱"，被皇帝尊为"尚父"，身兼太尉和中书令，还跟皇帝是儿女亲家。从常理上来看，他怎么也不该"惧怕"卢杞。事后家里人也问他："你的身份如此尊贵，为何惧怕卢杞？"郭子仪语重心长地解释道："你们呀，想得太简单了。卢杞这个人长得奇丑不说，心胸还极为狭窄，如果让肤浅的女眷们看到他，免不了会笑话他或是露出鄙夷的神色，那样他势必怀恨在心。如果他以后掌握了大权，那我们的家族可就会有灭顶之灾了！"家中人听完，倒抽一口凉气，这才感到毛骨悚然。

事实证明，郭子仪的预测果然没错。卢杞在当了宰相后，在德宗朝掀起了一场又一场血雨腥风的政治斗争，一大批朝中的大臣被他整得家破人亡。而郭子仪，能在中唐那么复杂的政治斗争中权倾天下而朝不忌，功盖一世而上不疑，生前身后，哀荣始终，正是因为他懂得抵巇的道理。

复盘卢杞拜见郭子仪这件事，其实卢杞的丑和心胸狭窄，女眷们的肤浅，皇帝的昏聩，这三件事好像八竿子打不着，根本不沾边。它们独立存在的时候，并不会发生什么。但当它们耦合在一起的时候，就会产生恐怖的"化学反应"，足以要人的命。这就需要我们用发展的眼光看问题。女眷们看见丑人，眼神中露出鄙夷的神色这是大概率事件。平时没啥，可一旦跟卢杞沾了边，那必然会遭到他的嫉恨。卢杞虽然坏，但皇帝就喜欢这种会迎合上意的人，那么他将来也极有可能会获得大权。碳和氧都没有毒，但变成了一氧化碳就有毒了；鸡蛋和糖精也都没毒，但放在一起吃就会中毒。所以，我们看待周围的人和事时，不能孤立地光看事物本身，还要顺应变化，留心它们有了交集后产生的"化学反应"，提前将"危险品"隔离开，避免灾祸。

另外，不同的事，在不同的人眼里意义是不一样的。可能你认为是件好事，在别人眼里却不尽然如此。这就需要我们多换位思考，洞察别人的内心。

○ 洞察别人的内心

很多时候，我们被小人陷害，被领导刁难，会感到很郁闷，觉得自己也没做错什么，奸人却偏要和自己过不去。单看事情本身，确实是如此。但事物是存在普遍的联系的，给自己带来灾祸与否，跟你做得对不对、好不好其实并无直接关系。这就需要我们拎清逻辑链，洞察别人的内心，弄明白自己究竟在什么地方和对方产生了冲突。

举例来说，古代的君主，都喜欢正直清廉、品行端正的大臣吗？其实不尽然。

君主最担心的恰恰是大臣没有缺点、没有把柄在他手里攥着。就像酒壶一样，如果没有把儿，就不好拎；也像核桃，如果没有缝，就不好开壳。反之，如果大臣暴露了一些弱点和把柄让君主知道，君主就会认为可以很好地控制大臣，继而也更放心。

战国末期，秦欲灭楚，大将王翦提出了需要六十万大军。嬴政一开始不同意，让李信带领二十万精锐去灭楚，结果遭到了失败。嬴政痛定思痛，答应让王翦带领六十万大军出征。在出征的路上，王翦派人折返咸阳好几次，向嬴政提要求，要美宅，要土地，甚至还有点"坐地起价"的意思，恨不得能趁这次机会从嬴政手里多捞点油水。可王翦的这番操作，真是为了美宅、土地和爵禄吗？当然不是，王翦带六十万大军出征，连秦国王宫的卫队都几乎被抽空了。如此这般，国君势必会担心，万一王翦有点别的想法，杀个回马枪，自立为王，那可就麻烦大了。

恰恰是王翦要这要那，说明他的关注点只在良田美宅和金银珠宝上，而并非国君的江山。若是真正的野心家，怎么会在乎这点身外之物？

不得不说，千古一帝就是千古一帝，看着王翦一份份千叮咛，万嘱咐的"福利申请"，嬴政秒懂他的良苦用心，淡然一笑："这是老将军怕有人进谗言，故意给寡人上的眼药啊。"

正因为嬴政的用人不疑、睿智大度，秦国才最终取得了对楚战争的胜利。不过，可不是每一位君主都能像秦始皇一样开明通达的。一旦君主意志不坚定，听信小人的谗言，那么手握重兵的将军就极有可能惹祸。所以，作为大臣，在适当的时候"自污"，把人性弱点"暴露"给君主，让君主明白你追求的并非他在意的事，这也是运用抵巇术的一种方法。

从王翦的例子中，我们可以看到想知道自己哪里会得罪别人，就一定要琢磨清楚对方最在意什么。作为君主，最在意的当然是江山，那作为大臣，权力越大，位置越高，君主自然就越不放心。这和大臣做得对不对、忠心不忠心没关系，君主只在意可能性的问题。所以，大臣必须表现出自己的关注点和皇帝的敏感点不在一个频道上。只要二者不在一个频道上，哪怕大臣的名声臭了，君主也不会猜忌大臣。比如萧何晚年贪污、郭子仪索要美人、王翦要美宅，都是这个道理。

反而大臣大公无私，像子路那样拿自己的钱给百姓或者像沈万三那样要犒赏三军，君主就会认为大臣在跟他抢夺民心和兵权，触碰到了他最看重的东西。

我们再来说说把柄。君主为什么喜欢用贪官呢？那是因为贪官有把柄在君主手里，君主随时可以收拾他。也正因为这一点，贪官们才不得不唯君主的话是从，不敢自作主张。而那种道德上完美无瑕的大臣，会按照自己认为对的价值观办事，屡屡让君主头疼。这在我们的现实生活中也很常见，比如领导要是知道哪个下属在外面嫖娼过，那么这个下属就会主动向领导献媚卖乖，急欲成为领导的"自己人"，生怕自己身败名裂，同时很多事也会唯领导的话是从，原则性大打折扣。

相反，如果没有把柄在领导的手里，下属也没必要啥都听领导的了。这就是把柄的威力。

当然，我们举这些例子，并不是要让大家主动给别人留把柄，或者制造一个弱点给别人，那是毫无道理的。而是我们在与他人接触时，要善于分析别人在意的事。如果彼此间有可能发生冲突，这个矛盾还可能升级成祸端的话，那么我们就应该提前规避。瓜田不纳履，李下不正冠就是这个道理。

很多祸事的起因，不取决于"你认为"，而取决于"他认为"。故而，洞察别人的内心是很重要的。

○ 合理的程序，良好的制度

想用好抵巇术，合理的程序跟良好的制度是非常重要的。

在我们的现实生活中，很多灾祸防不胜防。有时候你操碎了心，也不知道哪个地方埋着"雷"。这就需要我们对整个程序进行合理性的规划。比如工厂生产，哪些环节可能出危险，工厂在施工建设前设计图纸的时候就应该考虑到，将各种可能带来灾祸的隐患扼杀在萌芽状态。各种管理制度、用人制度以及安全守则，都有助于规避灾祸。同理，当社会有完善的法制、良好的风俗秩序、积极正向的价值观时，整体性灾祸也会很少发生。

鬼谷子认为，环境好，奸佞之人就没有作恶的空间，圣人推广德政时，奸佞小人的阴谋诡计就都会被排斥。相反，如果没有圣明的君主，公侯丧失道德，那么小人就会频频出现，继而导致贤明之人得不到重用，各种坏人坏事兴风作浪。如果局面还可以控制，那就亡羊补牢，抵住漏洞，进行改造；如果局面已经无法控制了，那就彻底打碎它，取而代之，使局面重获新生，比如商汤讨伐夏桀、武王伐商纣都是这个道理。

鬼谷子认为，圣人应观察世间有没有裂隙需要弥补，如果没有，那么就等待时机；如果有，就要为此谋划，及时抵巇。这样，对上可以合作，对下可以督察。

事实上，这个道理在我们的工作中也可以运用。留心观察公司运作中有没有问题，没有的话，那就继续观察；有的话，就及时和上级交流，谋划对策，将灾祸扼杀在萌芽状态。如此这般，就能形成一套很好的管理方法论。

运用抵巘术除了杜绝灾祸外，还可以反着用，让对手的漏洞越来越大，从而达到消灭对方的目的。

○ 反用抵巘术

王翦可以说是把抵巘术玩得出神入化的高手，不但会正着用，消除嬴政的猜忌，还会反着用，把楚国带进沟里。

他的抵巘术，重点并不在要求六十万大军上，而在他动用六十万大军灭楚的动机上。这里隐含着一层反用抵巘术的智慧。可能有人会说，楚国也是大国，拿出四五十万军队也不是什么困难的事，所以王翦必须在兵力上压过对方才行。然而，问题可没这么简单，王翦的做法并非保守，而是只能这么做。

楚国的国家结构和其他诸侯国很不一样，其他诸侯兼并小国，是实打实的吞并，可楚国虽然吞并了四十多个小国，但它的国家构成却是类似于一种"加盟店"的联盟制。那些小国仅仅是没了国君，但其封土上的领主们，只需表示臣服就可以了，几乎不用交出任何实质性的权力，还保留着行政、司法甚至军事上的独立权力。这也就意味着，楚王有点类似于周天子的感觉。而楚国这个庞然大物，就像是海洋里的软体动物，很难做到对准它的神经中枢一击必杀。就算打下它的国都，抓住楚王，也不代表它就灭亡了，它还可以继续跟你死缠烂打。

李信跟随王翦多年，作战能力很强，但他进入楚国后，立刻就陷入了地头蛇们的麻雀战围殴中。所有领主一致对外，东一榔头，西一棒槌，搞得他很被动。想要消灭楚国，只能让它的主力部队集合起来，然后做到一次性歼灭。所以，王翦就采用了看起来最没技术含量，却又最高明的一招。六十万大军像山一样停靠在楚国的边境，不进不退，每天勤洗澡、勤操练，改善伙食，就像在度假一样。

面对秦国六十万大军，处于弱势的楚国军队肯定不会主动出击，但也不可能当作没事，所以它的几十万军队也是集结着的。结果从春等到秋，从秋等到春，秦军一动不动，楚国这边就熬不住了，分散管理模式的弊端暴露出来了。楚国不可能像秦国和赵国一样，国君一声令下，全国无条件支持前线。时间一长，大量粮草各家如何分摊？谁家去驻防危险的关口？大量兵力被抽走，各家的耕地就没人耕种了，第二年没了收成谁给报销？于是他们相互扯皮，相互埋怨的情绪弥漫开来。这些事对其他国家来说根本不是问题，但对楚国来说却是摆脱不了的先天劣势。

王翦看到了楚国的漏洞，虽然一开始小得跟秋毫一样，但时间一长，祸端就明显了。整个楚国，就像等着楼上的邻居扔下第二只鞋子的失眠者一样，陷入了"熬大鹰"的煎熬中。同时，楚国的军队也懈怠了，他们对一动不动长达一年之久的六十万秦军没一开始时那么敏感了。这种警惕性上的漏洞也越来越大。当项燕带着四十万大军想挪挪地方，离秦军稍微远一点的时候，原本不动如山的秦军突然像雷电一样追了上去，一举消灭了楚国的主力。

复盘王翦的操作，他认真分析了敌我的不同，看清了对方的优势和劣势，以及彻底消灭敌方的办法，用了一种几乎是最原始的手段，不断刺激对方，让对方的漏洞变大。等到时机成熟的时候，他的动作比喜欢打闪电战的李信还快，这就是帅才的智慧。那六十万大军真的是因为楚国强大才集结的吗？其实不然，以秦军喜欢以少打多的风格来看，李信说二十万军队足够，并不是盲目乐观。事实上这六十万大军有诱敌的意味，目的就是让楚国的全部有生力量集结起来，这样才好实现全盘歼灭。

不过，需要强调的一点是，王翦能创造这样的奇迹，跟有一个好领导还是脱不开干系的。这六十万人在前线不打仗，不种地，光吃喝，每天的财务流水都是天文数字,换作其他君主早就翻脸了,会产生各种各样的可怕想法。但嬴政硬生生支撑了一年,这份信任,这份豁达,这份眼光,真不是一般君主能比的。

所以,我们在日常生活和工作中,除了自己要学会抵巇,也要留意竞争对手是不是在对你"养巇"。知己知彼,方能百战不殆。

飞箝术：
如何让别人心甘情愿地为你效劳

俗话说，哄死人不偿命，这个俗语有时候可以指夸奖、认可别人的长处，从而激发对方最大的潜能。

古往今来，凡成大事者，无不需要人才的辅佐。而取用人才的关键，就在于能够准确衡量人才的智慧、才干和特质，并激发其积极性，使其发挥专长，为己所用。除此以外，我们也可以通过褒扬别人的优点让对方敞开心扉，听信于我们，比如劝领导同意我们的意见或者让对方因为听信于我们而舍弃原来的团队等。而这套"亦正亦邪"的权谋之术，就是鬼谷子的飞箝术。

所谓"飞"，就是通过赞美、激励让对方"飞"起来，进而使对方对我们充满信心、感恩之心或知遇之心；而"箝"则是用情感、处境、舆论、人心向背等牵制住对方，让对方心甘情愿地为我们效劳。

飞箝术的厉害之处就在于，它能帮我们在不知不觉中调动、整合资源，同时让资源最大程度地为我们发挥能量。

总而言之，飞箝术就是一种用人之术、驭人之术、引人之术。

○ 真正的好领导，要善于发现人才

一个好汉三个帮，要想成大事，就必须学会资源整合，把优秀的人才聚拢到自己身边，因才授职，尽其所长，让他们在合适的位置发挥最大的潜能。

所以，作为领导，首先要有鉴人之能，只有领导是伯乐，千里马才会愿意投靠，就如鬼谷子所说，"凡度权量能，所以征远来近"。如果领导没有识人之明，那么人才也就不会愿意明珠暗投坐"冷板凳"，这样的领导就算身边有很多人，也是没什么用的。

那怎样才能识别人才呢？鬼谷子认为，首先得确立事业目标，也就是"立势而制事"，这是最基本的前提。大家聚拢在一块，到底是为了吃吃喝喝，还是除暴安良替天行道，抑或重整乾坤以安万民？只有让大家明白你的事业目标，大家才可能跟着你混，否则就会是"道不同，不相为谋"。

鬼谷子认为，要考察一个人，就要考察他的意见和其他人有何异同，他如何判断是非，他对内对外的言辞有什么差别，他出谋划策的能力怎么样，他对谁亲近又对谁疏远，等等。综合这些加以权衡分析，就可以探知一个人的虚实和综合素质。

此外，鬼谷子特别强调的是，一定要重视可塑性强的人才，正是因为可塑性强，他们才可能更好地为你所用。所谓可塑性强，就是这个人有潜力，有改变的可能。

领导在考察人才的时候，不要总盯着别人的缺点，而要重点看对方的长处，只有这样才能在关键时刻用上对方的专长，对症下药地解决大问题。

"温良恭俭让"的品质是容易养成的，也是可以装出来的，但令人醍醐灌顶的真知灼见，可不是容易获得的。所以，作为领导千万不要被所谓好名声或者好出身蒙蔽了双眼，这些虚的东西其实是不值钱的。战国时期的姚贾，是一位非常优秀的纵横家，但他的出身很糟糕，父亲是看城门的，而且他自己手脚也不太干净，当过小偷。他早先投靠过赵国，帮助赵国拉拢韩、魏、楚，完成四国合纵的任务。眼看四国联盟就要达成，李斯赶紧派人到赵王跟前说姚贾的坏话，告诉赵王姚贾的父亲是看城门的，他自己以前还偷过东西。知道了姚贾的"老底"，赵王勃然大怒，心说自己真是瞎了眼了，招了这么个道德败坏的人渣，于是立刻驱逐了姚贾，另派他人出使韩、魏、楚三国。沮丧的姚贾刚离开赵国，立刻就被李斯拉拢到了秦国，成了秦王嬴政手中的纵横利器！

嬴政是怎么对待姚贾的呢？事实上秦国内部也有人说姚贾的出身和品德问题，然而嬴政力排众议，直接拜姚贾为上卿，封千户。面对声势浩大的四国联军，姚贾毛遂自荐，主动提出出使四国，瓦解他们的合纵联盟。嬴政为了给姚贾壮行，赐他车百乘，黄金千斤，并将自己的衣服、王冠还有宝剑都赐给了他，壮其威仪，以示对他的器重。这在当时是绝无仅有的，在后世的历史中也极为罕见！可能我们今天的人对服装的概念不像古人那么敏感。在古人的眼中，衣服是身体的一部分，是绝对不能轻易给别人的。女人把衣服给别人，那是以身相许；男人把衣服给别人，那是同生共死。正所谓"岂曰无衣，与子同袍"，身为秦王的嬴政把自己的衣服给了姚贾，这在古人的价值观中，几乎是难以想象的。结果姚贾果然不负众望，成功瓦解了四国合纵联盟。这对正处于休养生息中的秦国来说，无疑是大功一件！

一个是将人才驱逐出国，一个是要和人才同生共死，赵王和秦王的识人、用人差距可见一斑。实际上，类似的情节在楚汉相争时也发生过。韩信攻占齐国后，被刘邦封为"真齐王"，此时项羽非常后悔当初没有重用韩信。面对同为军事天才的"兵仙"，项羽没有必胜的把握，便让武涉前去游说韩信背叛刘邦。当时的情形是，刘邦和项羽在荥阳、成皋对峙，犹如天平的两端，韩信向着谁，谁就能夺得天下，就算谁也不向着，他也能三分天下有其一。

那么，韩信是怎么回复项羽的呢？他说："汉王把自己的衣服给我穿，把自己的吃的给我吃。有这种恩情在，我不可能背叛他。"由此可见，识英雄，重英雄，才能换来英雄的真心。所谓"士为知己者死"，就是这个道理。这也是飞箝术中关于用人智慧的精髓。

另外，鬼谷子还强调，对于那些暂时没办法拉拢的人才，可以先把人弄到身边来，与对方培养感情，感化对方。如果对方还油盐不进，可以威逼利诱，再反复试探，或者在反复试探中摧毁对方。总而言之，对于不同的人，运用飞箝术的策略是不一样的。有些人可以通过赏赐珠宝美女笼络，有些人可以通过为之提供施展才华的平台笼络，有些人可以通过展现领导的个人魅力笼络，有些人则可以通过成为其知己笼络。

在不同的方法中，鬼谷子始终强调联络感情，用道义和情感这样的非物质手段来吸引对方为自己效力。因为有些东西，是金钱换不来的。

尉缭是战国末期的兵家天才，乃魏国大梁人。有一次他到秦国做学术交流，讲述自己的政治思想。秦王嬴政很欣赏他，为了彰显自己对尉缭的恩宠，嬴政不但放下帝王之尊，以对等的礼仪接见尉缭，还给予了尉缭同自己一样的饮食起居的待遇。这番待人以诚的态度，纵观整个中国历史，也是十分罕见的。

不过聘用人才从来都是双向选择，嬴政看中了尉缭，尉缭可没看中嬴政。他对别人说："嬴政这个人蜂准，长目，豺声，少恩而虎狼心，别看他现在对我很好，日后他若得了天下，一定不会是仁慈的君主。"尉缭不但把嬴政臭骂了一顿，还连夜逃跑了。

得知尉缭骂完自己便逃跑了后，嬴政并没有生气，而是派人将尉缭追了回来，授予了他国尉的职位，也就是最高军事统帅。在如此厚重的恩荣攻势下，尉缭的心终于软了下来，死心塌地地在秦国效力，帮助秦军建立了一整套新的军制，极大地提高了秦军的战斗力。并且，尉缭还帮嬴政制定了离间各国君臣关系，麻痹和瓦解各国抗秦意志的"黄金战略"，大大加速了秦国一统天下的进程。

由此可见，秦始皇能统一天下，绝非是人们想象中的"吃老本"就可以实现的。

他运用飞箝术已经到了出神入化的境界，把天下最优秀的人才都笼络到了自己身边，是那个时代最了不起的君主。

除了识英雄、重英雄外，会用英雄也是飞箝术重要的智慧之一。真正优秀的统帅，是从来不会在人才面前逞能的。

○ 要充分发挥人才的潜能

巴顿将军在第二次世界大战中战功卓著，其指挥风格可以说是国外版的"李云龙"。他言语粗鲁，要求严格，但从来都只是下达任务，并不会教下属具体该怎么办。有一次，他无意间说出了拿下对方阵地的打法，但随后就意识到失口了，连说了几句该死。他在日记中写道："在战斗中，我起的作用很小，我没有干什么，我认为一个人是否伟大，要看他是否有能力领导和鼓励下属。"他非常注重及时公平地颁发勋章，并用言语激发士兵们的斗志，但他从来不会过问士兵们具体的打法。

不得不说，巴顿将军的这种指挥风格，正是飞箝术用人的一种方式，即将下属的潜能发挥到最大。领导的身份并非老师，他的任务不是教下属该怎么办，而是进行资源整合，把合适的人放到合适的岗位上，然后提出要求，让他们充分发挥潜能。反之，如果领导摆不正自己的位置，觉得自己比下属方方面面都强，好为人师，那么这个队伍也不可能有战斗力，下属的潜能也将完全被束缚住。

蒋介石是几百万大军的最高统帅，他是个事无巨细，工作安排会负责到营、连、排级的人。1937年淞沪会战时，蒋介石连一个连的炮兵都要亲自指挥，直接导致前方打仗的军队指挥权限不一，行动混乱，无法随机应变。当时就流行一句话：没有老头子的命令，前线的一个师长不敢调动门口的一个哨兵。如此打法，部队又有何灵活性可言呢？

历史上的宋太宗赵光义也是这样，他怕将军们权力过大，打仗前自己会先通过图纸布置好阵法，根本不管前线的具体情况如何，前方的将军们谁敢随机应变谁就有造反的嫌疑。如此这般，宋军战斗力孱弱也就不足为奇了。

和蒋介石、宋太宗形成鲜明对比的，就是秦王嬴政和汉高祖刘邦了。嬴政把倾国之兵交给王翦后，并不干预王翦的指挥。王翦在秦楚边界"度假"了一年，嬴政也没说什么。刘邦最爱对下属说的一句话就是"为之奈何"，也就是这事该咋办的意思。要说嬴政、刘邦、曹操、诸葛亮都是使用飞箝术的高手，但刘邦与众不同的是，别人最多是承认自己错了，而刘邦则干脆就说自己不行。刘邦曾坦言自己治国不如萧何，运筹帷幄不如张良，行军打仗不如韩信，至于口才不如陈平、外交不如郦食其那就更不用说了。说自己错了和自己不行，这二者之间还是不太一样的。男人可以说自己错了，但男人说自己不行，这多少有些没面子。可作为领导，要想让下属充分发挥才能，说自己不行可谓运用飞箝术的一种至高智慧。

要说刘邦没一点才能，那是不可能的，可他收敛了自己的才华，让下属们充分发挥了自己的才干。他可以方方面面都是零分，但能让军事一百分的韩信、谋略一百分的张良、理政一百分的萧何、口才一百分的陈平、外交一百分的郦食其帮自己做事，并充分调动他们的积极性，那他的综合得分就是满分。反观项羽，方方面面都觉得自己比别人强，这个看不上，那个瞧不起，纵然他方方面面都是九十分，和刘邦一比，自然也要败下阵来。更要命的是，因为项羽主动屏蔽了下属的长处，到了关键时刻，他就根本不知道谁能用。也正因为如此，他虽事必躬亲，但下属们实现不了自己的价值，只能纷纷离他而去。就像韩信，在项羽那里言不听，计不从，只能当个门前的"保安"。

所以，领导不要过分卖弄自己的才干，要充分认识到每个人都有自己的价值。

如果领导觉得自己比猫还能捉老鼠，那他就去捉老鼠好了，这样家中就不会再有好猫了。

当然，如果下属意识到自己的领导喜欢卖弄才华、表现欲强，也可以使用飞箝术"对症下药"，让领导"飞"起来、忘乎所以，继而达到自己的目的。宋徽宗身边的"北宋六贼"就是这样的人。明英宗也是因为好大喜功，被王振吹捧忽悠后决定御驾亲征，终致"土木堡之变"。

所以，飞箝术并不一定是"上对下"的，在具体操作中，到底谁"飞"谁，谁"箝"谁，还要看彼此的智慧。也正因为如此，飞箝术除了可以用于用人外，还可以用于外交、游说、跳槽乃至离间对手。

○ 飞箝术的广泛用法

人都喜欢听好听的话，尤其是被人发现并认可了自己也觉得得意的地方，那样可以快速拉近双方的感情。所以，我们在游说别人前，一定要对充分了解对方的情况，以及对方所处的矛盾关系，这样就可以见缝插针地使用飞箝术了。

鬼谷子认为，要想用飞箝术纵横天下，就必须通过比较分析，考量他人的权谋和才干，明察各方势力的兴衰，掌握各地地形的战略意义，了解各国的人口、财富情况，以及各国关系的亲疏远近。这样，无论是要投靠某国君主还是游说某国君主，都可以做到投其所好。另外，鬼谷子也强调，要充分分析对方的想法和胸怀，审时度势，了解对方的喜好，抓住最重要的问题使用飞箝术。

我们举苏秦游说韩宣王的例子来对此进行说明。战国时期，天下纷争，在赵肃侯的嘱托下，苏秦分别出使韩、魏、齐、楚等国，意图实现合纵攻秦的战略目标。苏秦见到韩宣王后，先对韩国的国家实力进行了一番高度认可。

他说："韩国地理位置优越，北侧有巩和成皋固若金汤，西侧有宜阳和长坂是军事要塞，东侧有宛、穰和洧水隔绝，南侧有陉山天险，方圆九百多里，山川要塞应有尽有，还有数十万披甲之士……全天下的强弓劲弩都是韩国制造，有些著名的弓弩射程竟然可以达到六百步开外。韩国士兵在战场上用自家制造的强弓劲弩，竟然可以连发一百余支箭，而且箭矢可以轻松射穿敌军的铠甲直中要害。韩国剑戟的锻造水平也很高，剑削铁如泥，士兵用了足以以一敌百。所以举世无人不知韩国的强盛……"

韩宣王听完苏秦的话，脸上露出了得意之色。

我们分析苏秦的话，他几乎把韩国吹上了天。可是众所周知，韩国是战国七雄里最弱小的国家，而且处于四战之地，根本就没有什么发展潜力可言。苏秦如此吹韩国，真的不尴尬吗？还别说，一点也不尴尬，因为苏秦所说的全都是实话。

韩国自立国以来，处于这么差的地缘环境中，东有齐，南有楚，西有秦，北有魏，个个都是当过老大的，没有一个省油的灯。但韩国依旧能够存在，就说明它还是有自己的核心竞争力的。

战国时期，天下最精良的武器都出自韩国。倒不是因为韩国兵器加工水平高，而是韩国在三家分晋的时候得到了宜阳铁山。凭借丰富的铁矿资源，在其他国家还在使用青铜兵器的时候，韩国就已经率先使用更加坚硬的铁质武器了。不要小看这一点，铁比青铜更加坚硬、锋利和耐用，这在冷兵器时代已经属于"降维打击"了。韩国的"击刹弩兵"可以轻松射穿各国装备的铠甲，是让全天下都头疼的存在，所以韩国也被称为"劲韩"。

每个国家都是有各自优势和劣势的，苏秦在到访韩国前，就已经做好了功课，专门挑对方的长处说，这样自然不会尴尬。眼看韩宣王已经有些"飘"了，苏秦就开始钳制他了。苏秦说："很可惜啊，如此强悍的韩国，如此英明的韩王，居然要向偏居西隅的秦国称臣纳贡，还要为秦王在韩秦边境修建行宫，每年还要向秦国朝贡两次，真是丢人丢到家了。"

一听这话，韩宣王满脸羞愧，感慨万千。

见对方有所触动，苏秦继续说："韩国如果向秦国称臣，那秦王提出要宜阳和成皋之地，大王该怎么办？如果给吧，明年秦王还会继续要，直到把韩国的土地要光为止。可是不给吧，秦王马上会翻脸，之前给的地也白给了。韩国的土地有限，但是秦王的贪欲无限，如此强盛的韩国竟然要用有限的土地去满足秦王无限的贪欲，怎能不令人心痛呢？"

见韩宣王的脸上已经有了怒色，苏秦继续说道："我听说，宁为鸡口，勿为牛后。鸡嘴虽然小，但是干净；牛屁股虽然大，但污秽不堪。如果大王就此恭顺地向秦称臣，年年纳贡，那和牛屁股又有什么区别？韩国以大王之英明，士兵之强悍，弓弩之精锐，竟然要留下个牛屁股的臭名，我都替大王惭愧啊！"

一番话，说得韩宣王气血翻涌，下定决心不向秦称臣，同意与诸国一起抵御秦国。

复盘苏秦的游说，不难看出，他充分地褒扬韩国的长处，但对韩国的劣势却闭口不谈。如此这般，便充分激发了韩宣王的信心，使韩宣王暂时忘却了地缘劣势带来的各种可能性。等到韩宣王渐渐有了底气后，苏秦再加以言语刺激钳制，逼得韩宣王不按照自己说的做简直就没办法做人了。如此这般，他也成功实现了达成让韩国加入合纵联盟的目的。

总而言之，飞箝术的精要就在于，先分析对方的长处和短处，放大对方的优势进行褒扬，让其放松警惕，愿意敞开心扉视己方为知音，然后对对方加以诱导，让其陷入只能按照己方说的去做的"陷阱"里。

飞箝术"亦正亦邪"，关键要看怎么用以及为何而用。

忤合术：
如何正确地做选择

孟子说，鱼与熊掌不可兼得。我们在现实生活中，很多事是无法两全其美的，你选择了一方就必须放弃另一方，而且选择也是有风险的。选对了，可以少走很多弯路；选错了，则要付出高昂的试错成本。

那我们具体该怎么操作才不会选错呢？鬼谷子的忤合术就是教大家如何正确做选择的学问。可以说，掌握了这套法门，就可以快速找到通往成功的道路。

首先，鬼谷子认为，做出正确选择的前提是要"反覆相求，因事为制"。也就是要对各个选项的具体情况进行反复的研究，根据事态的发展来决定。

○ 反覆相求，因事为制

我们在生活中面临的诸多选项，实际上都是事物在发展过程中存在的矛盾的两个方面。这个世界上没有永恒不变的东西，唯一不会变的，就是"变"字。

月亮尚有阴晴圆缺，人和事自然也有旦夕祸福。阴和阳，对和错，福和祸……矛盾对立统一的两个方面，就像螺旋式的圆环一样是不断向上发展的。

怎么选择，往往取决于你什么时候选，在什么情况下选，选择的对象发展到了哪个阶段。没有永恒的对和错，很多以前对的东西，如果不合时宜，再去选择可能就是错的。所以，必须反复研究选择对象，看看选择对象发展到了哪个"档位"，"速度"如何，然后你再下脚"踩离合"，不然"熄火"就是在所难免的。

我们举萧何自污保命的例子来对此进行说明。刘邦平定天下之后，开始大赏功臣。赏赐肯定是要论功行赏，然而出乎所有人意料的是，头功竟然不是和刘邦一起出生入死、在战前杀敌的将军们的，而是稳居后方、坐镇关中的萧何的。于是，那些满身伤痕的武将不服了，说："我们身经百战，九死一生，凭什么比不上待在后方风吹不着、雨淋不着的萧何？"刘邦以其独有的流氓风格，嬉笑怒骂间解释了原因，他说："你们都打过猎吧？打猎追逐猎物的是猎狗，而指挥猎狗追逐的是猎人。你们在阵前立功，充其量只是'功狗'，但是萧何坐镇后方，他才是真正的'功人'啊。"众人听他这么说，也都没了脾气。

那刘邦的话有没有道理呢？确实有道理。古代农民起义要想成事，必须要有一块根据地，流寇主义是不可能成功的。根据地可以源源不断地为前方提供粮草和兵员，大大提高了起义军的生存能力。刘邦的根据地是关中，替他管理关中、稳定大后方的人，正是萧何。

我们试想一下，以刘邦那两把刷子，每次被项羽揍得人马尽失、心灰意冷的时候，如果有一批又一批的粮草和士兵送到，让他得以重整旗鼓，这不就是雪中送炭吗？而萧何能做到这一点，和他善于理政，善于聚拢人心、安抚百姓有很大的关系。不然老百姓凭什么愿意全力以赴地支持刘邦？另外，大家都听说过萧何月下追韩信的故事。当团队中有人要跳槽的时候，萧何积极地做思想工作，稳定人心，可以说无论是对百姓，还是对骨干精英，萧何都是团队里重要的黏合剂。

在刘邦创业初期，萧何的所作所为厥功至伟。刘邦赏赐他头功，可谓实至名归。但随着时间的推移，当事物矛盾对立统一的两个方面发生转化的时候，情形就发生改变了。在刘邦得了天下前萧何收拢民心，那是为刘邦夯实基本盘，使得部队的补给和兵员能够源源不断。但在刘邦得了天下后，聚拢人心的工作就不该由萧何来做了，如果他还像之前一样作为，那就触动了帝王的核心利益。

根据《史记》记载，英布造反，刘邦前去平叛，经常派人回来问萧何在干什么。使者回报说："萧相国在认真工作，安抚百姓，还把自己的钱拿出来充作军资，就和以前打天下时一样。"刘邦听到这样的汇报后，沉默不语，陷入了沉思中。不得不说，这时候萧何已经到了被杀的边缘了。他大公无私，拿自己的钱充作军资，搁在打项羽的时候，刘邦会感恩戴德，而且他此前确实就经常这么干。

可打下天下后他还如此作为，那就是染指军权，有用金钱笼络将领的嫌疑。本来萧何在打天下的时候，就一直在关中一带理政，民心基础很好，现在又笼络将领和部队。这样下去，刘邦必然担心自己的队伍哪一天会变了颜色。

好在萧何的门客中有明白人，告诉萧何："你离灭族不远了，现在你已经是相国了，陛下无法再封赏你，而且你在关中经营了十几年，甚得民心。现在陛下派人来问你在干什么，明显就是对你不放心啊，你得自污一下，失去些民心，这样才可以自保。"

萧何听进去了，开始低价强买百姓的土地，敛财数千万之巨。刘邦在班师回朝的路上，百姓们沿途告状，请求刘邦惩治萧何这个"大贪官"。刘邦虽然感觉到很惊讶，但同时也放下了要杀萧何的心。

由此可见，很多看似正确的选择，那只是此一时，彼一时。当形势发生变化的时候，就要及时调整，顺应事物的发展规律，不然就要碰钉子，栽跟头。

我们再举一个许攸作死的例子来对比一下。在《三国演义》中，许攸是被许褚杀的；但在正史《三国志》中，他是被曹操宰的。在官渡之战中，如果没有许攸泄露袁绍的机密给曹操，已经弹尽粮绝的曹操不可能打败袁绍。许攸本来跟袁绍、曹操就是好哥们，在曹操打败袁绍前，他一口一个"阿瞒"地叫，曹操当然不会生他的气。但当曹操平定了北方，成了东汉政权实际的主政者后，每次宴会许攸还是一口一个"阿瞒"地叫，曹操就很不爽了。而且许攸不分场合，动不动就对曹操说："阿瞒啊，没有我，你可得不到冀州哟。"曹操表面上不在意，但实际上他已经愤怒到极点了。后来，许攸在出邺城东门时对人说："没有我，这曹家人进不得此门。"有人将这话告诉了曹操，曹操终于翻脸了，直接将许攸下狱杀掉。

从这个例子我们就能看出，选择的概念其实可以是狭义的，也可以是广义的。

说出的每句话，办的每件事，都是一个人的态度、立场的表现。我们做出的选择符合事物发展规律时，那就会顺风顺水；和事物发展的规律不相匹配时，自然就会撞南墙。

所以，我们无论是选择下一步的行动，还是选择某个阵营，都要认真分析对方的发展阶段和自己的情况是否匹配。也就是鬼谷子说的，"用之于天下，必量天下而与之；用之于国，必量国而与之；用之于家，必量家而与之；用之于身，必量身材能气势而与之。大小进退，其用一也"。

无论是用忤合术治理天下，还是用忤合术治理家族，都要考察事物发展的规律和自己的实际情况。用在个人身上，就一定要认真审视自我的才干和能力，如果和事物发展规律相匹配，那不失为一次获得成功的机会；如果不匹配，被眼前的虚荣心或所谓对与错蒙蔽，那肯定要栽跟头。

我们在剖析别人的同时，也要认真审视自己。知己知彼，才能做出正确的选择。

○ 知己知彼，最适合自己的才是好的

这个世界上有很多东西，高大上的不见得是好的，最适合自己的才是好的，比如找工作，面对两个岗位，一个是部门经理，一个是总经理，总经理当然职位更高，薪水更多，也更体面。但在做选择时，我们应该认真考虑自己能不能胜任这个工作，或者说自己的情况适不适合做这个工作。如果干不了几个月就可能"砸锅"，那还不如稳当地"量体裁衣"，选择更有把握的岗位。当然，如果自己确实有能力做好总经理，这当然是一次施展才华和抱负的机会。

可惜赵括就不懂这个道理，他根本不知道自己几斤几两，就凭一腔热血和成就功名的虚荣心，直接接下了全军统帅的职位。结局自然是悲惨的，长平一役，赵国四十五万大军灰飞烟灭。而管仲就知道自己可以做到什么，不但要当相国，还要让齐桓公小白拜自己为"仲父"。事实证明，"千古第一相"确实没有吹牛，齐桓公在管仲的辅佐下，尊王攘夷，九合诸侯，成了春秋时代的第一任霸主。而且，管仲还借助这个机会达成了人生的巨大成功，流芳千古，彪炳史册，连诸葛亮都是他的粉丝。

不过，可不是每个人都能正确审视自我的，比如宋襄公。宋襄公素以仁义著称，他是嫡出，却劝父亲宋桓公把太子之位让给庶出的哥哥。虽然后来还是宋襄公继位了，但这件事也让他获得了"仁义"的美名。同时，也让齐桓公对他产生了兴趣。在葵丘会盟时，齐桓公拉着宋襄公的手亲切地交谈，还把自己第三个儿子太子昭托付给了宋襄公，说如果

以后齐国有人抢夺君位，希望宋襄公能够出兵帮助平叛。盟主这么给面子，作为弱国之君的宋襄公受宠若惊，连忙答应。

其实作为盟主，齐桓公的这一行为，等同于释放了一个强有力的信号：宋襄公这小伙子不错，我很看好他，你们大家看着办吧。这番操作也让其他诸侯高看了宋襄公一眼。后来，齐桓公被易牙、竖刁、开方三个奸佞饿死，齐国爆发内乱，易牙、竖刁、开方立公子无亏继承君位。宋襄公不忘当年的承诺，给各国发通知，说希望大家不要忘记约定，一起护送齐国的正牌太子昭返回齐国继位。结果，除了卫、曹、邾三个弱国派了一些兵马外，其他诸侯国根本不理他。于是，宋襄公带着四国联军硬着头皮杀向了齐国。因为昭是正牌太子，在齐国很有号召力。齐军见真正的太子回来了，很快就涣散了，继而倒戈。

在朝中支持者的内应下，宋襄公轻松击败了叛军，帮助太子昭成功进入了临淄继位，是为齐孝公。平定了超级大国的内乱，完成了几乎不可能完成的任务。这下宋襄公的人望达到了顶点，成了传奇人物，全天下对他好评如潮。他本人也在掌声中渐渐迷失了自我，开始"飘"了，居然也想学齐桓公的样子，称霸诸侯，当当盟主。

当时齐国经过了内乱，国力自然衰落了下来，盟主之位空缺，所有的强国国君都想成为新盟主，是所谓"齐失其鹿，天下共逐之"。但这是强国之间的游戏，没有自知之明的宋襄公居然也想插一腿。于是，在平定齐国内乱的第二年，他就开始策划会盟。宋国公族子鱼劝他："小国争盟，祸也！"但宋襄公不听，坚持要在鹿地会盟诸侯。齐、楚、鲁国等国君倒是都来了，但宋襄公以盟主的身份自居，让齐、楚两国的国君很是反感和不认可。楚国干脆提议秋天在盂地再会盟一次，确定盟主的人选。这一回，宋襄公不听臣子的建议，不带军队去，结果在和楚成王抬杠争盟主的时候，当场就被不讲武德的楚成王囚禁了起来。直到冬天，经过鲁僖公的调停，他才被放了出来，成了全天下的笑柄。

然而，宋襄公最丢人的还不是这件事，而是在和楚国的泓水之战中弘扬"仁义精神"，强调胜之要武，不趁楚军过河的时候袭击楚军，结果被人家打得一败涂地。宋襄公自己也中了一箭，第二年就去世了，他也因为这件事被后世评为"蠢猪式的军事家"。

复盘宋襄公的作为，他就是典型的没有正确地审视自我。所谓"退避三舍""不重伤，不擒二毛，不鼓不成列"这些主流的玩法，只有秦、晋、楚这样的大国可以玩。宋国一个小国，居然也要效仿，那结果自然是不会太好了。这也给我们提了一个醒，有时候别人的认可或赞美是一回事，自己真正的实力又是另外一回事。偶然的一次成功并不能代表常态，如果把别人的称赞、偶然的成功当作自己真正的实力，那必然会在选择的时候迷失自我，从而做出错误的判断。

当然，鬼谷子也提出，既然事物处于不断的变化发展中，那大家做选择自然也不是都能一次就对的。比如贤相伊尹，五次臣服夏桀、五次臣服商汤，最终确定和商汤一起混，推翻夏朝。再比如姜子牙，三次臣服纣王、三次臣服周文王，最终才确定要和周文王一起共举大事。这些贤明的人与众不同的地方在于，他们能在一次次选择中愈发看清事物发展的方向，然后及时进行调整，以符合事物发展的客观规律，而不是缺少真知地选择愚忠，一条道走到黑。

当然，鬼谷子的忤合术绝对不是教大家做风吹两边倒的"骑墙派"，那是完全不动脑子的投机行为、偷懒行为。真正的忤合术，是需要下功夫劳心苦思的，那样才能真正接近事物发展的真相。

○ 忤合术是需要劳心苦思的有原则有立场的谋略

人们在做一些选择的时候，参考前人的经验，总会有一种想当然的习惯，甚至觉得很多选择都是不言自明的。

比如，秦国统一天下后，就面临一个重要的选择：到底是实行分封制，还是郡县制？以我们今天的视角来看，当然是郡县制更有优势。周朝之所以分崩离析，混战了几百年，就是分封制的弊端导致的。可当时的人却不是这样看的。这天下太大了，从幽燕到苗疆，从东海到陇西，从大漠到百越，如此庞大的世界，光靠一个君主怎么可能治理得好？那样非出乱子不可。人们早已习惯了诸侯国林立的状态，现在突然让不同文字、不同习俗、语言千差万别的人组成一个国家，实在是太复杂、太颠覆传统了。所以，这个时候选择郡县制对当时的人来说，简直就是疯狂的、成功概率极低的冒险行为，甚至可以说是幼稚的、不成熟的痴人想法。至于东周时期的混乱，当时的人们普遍认为是礼崩乐坏导致的，不是分封制的错。如果按照"听人劝，吃饱饭""不听老人言，吃亏在眼前"的逻辑去考虑，似乎选择分封制才是最明智的。毕竟这套制度从三皇五帝时期就开始运行了，是相当成熟的。但真正的圣人，是不会被表面的现象迷惑的。他们肯认真思考，肯动脑子，也就能做出正确的选择。

东周的混乱真的是因为缺乏道德，人们没有严格遵循周礼吗？当然不是，根本原因还是生产关系没有适应生产力的发展。就像韩非子说的，尧舜禹时期，老百姓随便摘摘果子、打打猎就能活，但现在天下这么多人，在资源有限的情况下，给你了，我就没了，秩序能不乱吗？所以，解决问题的根本办法还是要调整生产关系，解放生产力。这也是列国纷纷变法图强的原因。

正是在认清本质的情况下，秦始皇和李斯旗帜鲜明地站了出来，树起了"不以古害今"的大旗，没有被前人的经验蒙蔽双眼，坚决选择郡县制，并统一货币、文字和度量衡，开始认真敲写新时代生产关系的源代码。

事实证明，他们成功了。在之后两千多年封建社会的漫长岁月里，无论经历了多少乱世，天下乱成什么样，都总有一股力量将中国人还有这片古老的土地一次又一次地凝聚在一起。为什么呢？因为当初秦始皇"敢为天下先"的选择，彻底扭转了中国人的思想观念。一个君主管理天下并非不可能，天下就该一统，九州华夏本就该紧密结合在一起！普天之下，莫非王土；率土之滨，莫非王臣。

这样的观念成了主流价值观，至于之前的分封制，反倒成了让人难以理解和排斥的"取祸之道"。

正如鬼谷子所说，"非至圣达奥，不能御世；非劳心苦思，不能原事"，一个不肯动脑子的人，是不可能接近真理的，更不用说没有主见、随风倒的"骑墙派"了。

我们在做选择的时候，不要盲从别人的意见，一定要有自己的思考、原则以及立场。如果什么事情都听"高人"的意见，参考"专家"的想法，那说不定就会被带进沟里。

明朝第二个皇帝建文帝朱允炆就是这方面的反面例子。他长于深宫，从小饱受儒家思想的熏陶，在黄子澄、齐泰、方孝孺等一群大儒的教导下，一招一式全部按照儒家的标准去做，但从来不思考这些教条是否合理、与当时的社会能否匹配，以至于在削藩过程中昏招频出，最终丢了江山。更可笑的是，明朝的生产力已经发展到资本主义萌芽的阶段了，但朱允炆却成天跟方孝孺泡在一起，研究如何恢复西周时期奴隶社会的井田制，认为西周时期的一切都是好的，当时的制度是理想的治国良方。

在这种思想的教导下，朱允炆言听计从，从不动脑子思考底层逻辑，他不被带进沟里丢掉江山那反倒是件怪事了。

综上所述，鬼谷之学，既是古代权谋智慧的总结，更是古代先贤们发现问题，思考问题，解决问题并总结问题的方法论。

它既能着眼于细微之处，未雨绸缪，将灾祸扼杀在萌芽状态，保全我们的自身，也能放大于天地之间，对事物发展的底层逻辑，人自身发展突破瓶颈的奥秘，乃至整个国家和社会的命运都做出系统性的归纳和总结。

学好鬼谷之学，除了能让我们在待人接物，修身养性，思考对策，解决困难方面胜人一筹，也能让我们从中总结出智慧的脉络，发现成功的奥秘！

当一切都做到心里有数的时候，那这个世界上还有什么困难是无法克服的呢？还有什么杠杆是不能撬动的呢？

然而，在最后，还要强调一句：鬼谷子的做局方法也好，谋略技巧也罢，并不是教我们如何通过这些"术"上手段，去获得一些不恰当的利益，实现某种损害他人利益的"非分之想"。因为有这种念头，本身就是背离逻辑的。

鬼谷之学的核心，强调的就是人必须注重自己的德行，根据事物的发展规律去做事。如果我们所做的事情，是背离事物发展规律，背离社会运转模式，背离人情事理的，那失败也是不可避免的。

鬼谷子的哲学，是让我们发现逻辑的哲学，而不是让我们去改变逻辑走向，逆大势而为的哲学。这一点，对于学习鬼谷子的内容至关重要，不然永远无法习得精髓。